微生物学实验教程系列

食用菌学实验教程

主编　王贺祥
主审　顾桂芬

科学出版社
北京

内 容 简 介

本教材为微生物学实验教程系列之一，由中国农业大学等高校组织编写。主要包括食用菌资源调查、典型食用菌形态及其分类鉴定、食用菌菌种制作、不同食用菌栽培技术及特点、产品加工、食用菌遗传育种及生理活性物质的分离纯化等内容。此外，还提供了关于食用菌的等级划分依据、蘑菇罐头加工标准和卫生标准等相关知识。

本书可作为高等院校食用菌学相关课程实验教学的教材，也可以作为食用菌科研和技术人员的参考书。

图书在版编目（CIP）数据

食用菌学实验教程/王贺祥主编. —北京：科学出版社，2014.5
微生物学实验教程系列
ISBN 978-7-03-040647-7

Ⅰ. ①食… Ⅱ. ①王… Ⅲ. ①食用菌-实验-教材 Ⅳ. ①S646-33

中国版本图书馆 CIP 数据核字（2014）第 100656 号

责任编辑：王玉时 / 责任校对：赵桂芬
责任印制：张 伟 / 封面设计：迷底书装

科学出版社 出版
北京东黄城根北街 16 号
邮政编码：100717
http://www.sciencep.com
北京厚诚则铭印刷科技有限公司 印刷
科学出版社发行 各地新华书店经销
*
2014 年 6 月第 一 版 开本：720 × 1000 B5
2022 年 8 月第六次印刷 印张：12 1/2
字数：256 000

定价：39.80 元

（如有印装质量问题，我社负责调换）

微生物学实验教程系列编委会

《食用菌学实验教程》编委会

主　　编　王贺祥

编　　委（按姓氏汉语拼音排序）

王贺祥　中国农业大学

张国庆　北京农学院

郑素月　河北工程大学

朱孟娟　山东农业大学

主　　审　顾桂芬

总 序

中国农业大学生物学院微生物学科创建于 1958 年，由原北京农业大学植保系和土化系的微生物学教研组合并组建而成，是我国高等院校第一个农业微生物学专业。1981 年被国务院学位委员会列为第一批博士点，1993 年被评为农业部重点学科，2001 年被评为国家级重点学科。

本学科特色是研究、挖掘和利用丰富的微生物资源，为农业生产服务。研究方向包括根瘤菌资源调查和系统发育学、固氮酶的生化机制及遗传调控、真菌生理及遗传学、药用及食用真菌学、微生物发酵工程、土壤和环境微生物学，并在此基础上，加强了微生物分子遗传，增加了病毒学、免疫学和生物质能源等研究方向。1985 年，原在植保系的微生物专业参与了中国农业大学生物学院的组建，建立了微生物系，于 2003 年更名为“微生物及免疫学系”。目前本系开设的本科生课程包括：微生物生物学，原核生物进化与系统分类学，真菌生物学，微生物生理学，微生物遗传学，微生物发酵工程，食用菌学，资源与环境微生物学，病毒学及免疫学，每门课程均有理论课和实验课。

本系俞大绂教授等老一代学者及多位已经退休的老师在微生物学教学思想、课程设置及团队建设等方面，为学科发展做出了巨大的贡献，也为后人的工作奠定了良好的基础。在教学中突出的特色是理论课程与实验课程的紧密结合，特别是对于本专业入门的实验课程，积极推进将“死标本”的观察转变为学生自行分离和观察活体标本，使学生们从被动地接受知识转变为主动地参与学习，有利于促进学生们掌握实验技能，并锻炼思考和分析能力。这种教学理念和模式一直沿用至今。目前本系担任教学工作的是一支中、青年教师结合的队伍，他们责任心强、思想活跃、虚心进取，不断进行教学改革，积极探讨在新的形势下，如何正确解决，“基础与创新”、“理论与实践”、“教学与科研”的关系，认真履行着教师的职责。

本套实验教程的基本资料均来自教师们多年的积累。本系历来坚持教学与科研并重的原则，在多年的发展过程中，逐步规划将教师的科研方向与所承担的课程内容紧密相关，保证教学内容中基础知识与前沿知识相结合，很多实验设计出自任课教师的科研积累。大家齐心协力，勇于创新，不断更新实验教学内容，使各门实验课程的教学工作一直受到学生的好评。

本系承担的 9 门本科生微生物学实验课程一直没有编写正式出版的教材。最近，在大家的努力和领导的支持下，各位主编在近年完成实验课教学大纲修订的前提下，汇集了来自其他兄弟院校教师们的智慧，终于完成 9 本实验教程的编写，这是大家共同努力的结果。

衷心感谢南开大学邢来君教授、山东大学陈冠军教授、山西大学赵良启教授欣然接受我们的邀请，不仅为本套教材的审稿付出辛勤劳动，同时作为本套实验教程编委会成员，为保证教材的质量献计献策。感谢中国农业大学生物学院领导的支持和“教育部高等学校专业综合改革试点”项目的资助，感谢来自兄弟院校全体参编教师们的认真合作。感谢科学出版社为编辑和出版本套教材所付出的努力。希望这套实验教程的出版，为本学科和相关学科读者的学习和工作带来有益的参考，也希望广大读者提出批评和建议，以便我们今后做出修改。

李季伦

2014 年 1 月

前　言

食用菌学是微生物学的一个重要分支，也是人们生产和生活中不可缺少的食品。越来越多的食用菌被驯化成功，成为人们餐桌上的美味佳肴，一些食用菌和药用真菌也早已被发现具有提高免疫力和抗肿瘤等功效。学习和掌握食用菌的基础知识，对深入研究大型真菌具有重要的意义。

本实验教程内容全面，分别介绍了食用菌资源调查与分类、食用菌生理及遗传育种、食用菌细胞中生理活性物质的提取与加工、代表性食用菌栽培等方面技术。参加本书编写的有中国农业大学、北京农学院、河北工程大学和山东农业大学等从事食用菌教学与科研工作的教师。具体分工为：实验一至实验六、实验二十和实验二十一由郑素月编写，实验七至实验十四由王贺祥编写，实验十五至实验十七由朱孟娟编写，实验十八和实验十九、实验二十二至实验二十六由张国庆编写，附录由朱孟娟和张国庆整理，全书由王贺祥统稿，由顾桂芬主审。

本书的编写获得中国农业大学生物学院“教育部高等学校专业综合改革试点”项目和公益性行业(农业)科研专项经费项目“食用菌保鲜加工与循环利用技术研究与示范（201303080）”的支持，科学出版社给予大力支持和帮助，在此一并致谢。

限于编者水平，本书难免会有不足之处，敬请读者随时向我们提出宝贵意见，以便及时修改。

编　者

2014 年 2 月

目　　录

总序

前言

实验一　母种、原种、栽培种的制作……1

一、实验目的……1

二、实验原理……1

三、实验材料……1

四、实验步骤……2

五、思考题……6

六、参考文献……6

实验二　菌种分离技术……7

一、实验目的……7

二、实验原理……7

三、实验材料……7

四、实验步骤……8

五、思考题……11

六、参考文献……11

实验三　液体菌种制作技术……12

一、实验目的……12

二、实验原理……12

三、实验材料……12

四、实验步骤……13

五、思考题……15

六、参考文献……15

实验四　菌种保藏方法……16

一、实验目的……16

二、实验原理……16

三、实验材料……17

四、实验步骤……18

五、思考题……19

六、参考文献……19

实验五　平菇不同菌株的酯酶同工酶凝胶电泳鉴定……20
一、实验目的……20
二、实验原理……20
三、实验材料……21
四、实验步骤……22
五、思考题……23
六、参考文献……24
实验六　RAPD 检测平菇菌株间基因组差异……25
一、实验目的……25
二、实验原理……25
三、实验材料……27
四、实验步骤……28
五、思考题……31
六、参考文献……31
实验七　平菇栽培技术……32
一、实验目的……32
二、实验原理……32
三、实验材料……35
四、实验步骤……35
五、思考题……36
六、参考文献……37
实验八　香菇栽培技术……38
一、实验目的……38
二、实验原理……38
三、实验材料……42
四、实验步骤……43
五、思考题……46
六、参考文献……46
实验九　金针菇栽培技术……48
一、实验目的……48
二、实验原理……48
三、实验材料……51
四、实验步骤……51
五、思考题……53
六、参考文献……53

实验十　黑木耳栽培技术……54
一、实验目的……54
二、实验原理……54
三、实验材料……56
四、实验步骤……57
五、思考题……58
六、参考文献……59
实验十一　双孢蘑菇栽培技术……60
一、实验目的……60
二、实验原理……60
三、实验材料……63
四、实验步骤……63
五、思考题……67
六、参考文献……68
实验十二　鸡腿菇栽培技术……69
一、实验目的……69
二、实验原理……69
三、实验材料……70
四、实验步骤……70
五、思考题……72
六、参考文献……72
实验十三　草菇栽培技术……74
一、实验目的……74
二、实验原理……74
三、实验材料……76
四、实验步骤……76
五、思考题……78
六、参考文献……78
实验十四　杏鲍菇栽培技术……79
一、实验目的……79
二、实验原理……79
三、实验材料……80
四、实验步骤……80
五、思考题……81
六、参考文献……81

实验十五　白灵菇栽培技术……83
一、实验目的……83
二、实验原理……83
三、实验材料……84
四、实验步骤……84
五、思考题……85
六、参考文献……86
实验十六　灵芝栽培技术……87
一、实验目的……87
二、实验原理……87
三、实验材料……88
四、实验步骤……88
五、思考题……90
六、参考文献……90
实验十七　蛹虫草栽培技术……91
一、实验目的……91
二、实验原理……91
三、实验材料……92
四、实验步骤……92
五、思考题……93
六、参考文献……94
实验十八　香菇烘干技术……95
一、实验目的……95
二、实验原理……95
三、实验材料……98
四、实验步骤……98
五、实验结果……99
六、思考题……99
七、参考文献……99
实验十九　双孢蘑菇罐头加工技术……100
一、实验目的……100
二、实验原理……100
三、实验材料……103
四、实验步骤……103
五、实验结果……104
六、思考题……104

七、参考文献……104
实验二十　食用菌子实体总糖含量的测定……105
一、实验目的……105
二、实验原理……105
三、实验材料……105
四、实验步骤……106
五、思考题……107
六、参考文献……107
实验二十一　食用菌子实体粗蛋白含量的测定……108
一、实验目的……108
二、实验原理……108
三、实验材料……108
四、实验步骤……109
五、思考题……111
六、参考文献……111
实验二十二　香菇多糖的粗分离及含量测定……112
一、实验目的……112
二、实验原理……112
三、实验材料……114
四、实验步骤……115
五、实验结果……116
六、思考题……116
七、参考文献……116
实验二十三　巨大革耳子实体漆酶的分离纯化……118
一、实验目的……118
二、实验原理……118
三、实验材料……122
四、实验步骤……124
五、实验结果……128
六、思考题……128
七、参考文献……128
实验二十四　茶树菇子实体凝集素的分离纯化……130
一、实验目的……130
二、实验原理……130
三、实验材料……132
四、实验步骤……133

五、实验结果……136
六、思考题……137
七、参考文献……137
实验二十五　野生食用菌资源调查……138
一、实验目的……138
二、实验原理……138
三、实验材料……145
四、实验步骤……145
五、实验结果……146
六、思考题……146
七、参考文献……147
实验二十六　食用菌标本保存技术……148
一、实验目的……148
二、实验原理……148
三、实验材料……150
四、实验步骤……150
五、实验结果……151
六、思考题……151
七、参考文献……151
附录……152
附录一　常用培养基配方……152
附录二　消毒与灭菌……155
附录三　接种……158
附录四　培养料中碳氮比例（C/N）的计算方法……160
附录五　培养料的含水量……161
附录六　不允许使用的化学药剂*……162
附录七　食用菌产品的分级……162
附录八　食品中可能违法添加的非食用物质和易滥用的食品添加剂名单（第1～5批汇总）……164
附录九　中华人民共和国农业行业标准：香菇等级规格……168
附录十　中华人民共和国国家标准：食用菌罐头卫生标准……173
附录十一　中华人民共和国国家标准：蘑菇罐头……176

实验一　母种、原种、栽培种的制作

一、实验目的

1. 掌握食用菌母种培养基的制作、灭菌、母种转接等操作技术和方法。
2. 掌握食用菌原种的制作方法和接种技术。
3. 掌握食用菌栽培种的制作方法和接种技术。

二、实验原理

母种又称一级种，常用试管作为容器，故又称试管种。是指经组织分离、孢子分离或基内菌丝分离而得到的具有结实性的菌丝体纯培养物及继代培养物。母种的制作过程分为培养基的制作、灭菌、接种和培养。

原种又称二级种，是指把培养好的优良母种转接到谷粒、棉籽壳、木屑或粪草等原料制成的培养基上，使其进一步扩大繁殖而成的菌种。原种常用透明的玻璃瓶、塑料瓶或聚丙烯塑料袋作为容器，主要用来繁殖三级种。不同菇类的原种培养基成分不同。一般草腐菌（双孢蘑菇、草菇等）可用粪草为主要原料作培养基；木腐菌（香菇、平菇等）培养基可用木屑或棉籽壳为主要原料来配制；谷粒培养基适合于大多数食用菌生长。随着食用菌产业的发展，用作原种培养基的原料来源会越来越广泛。

栽培种又称三级种，是由原种转接、扩繁到相同或相似培养基上培养而制成的菌种，制作方法基本上与原种相同。菇类不同，制备栽培种所用培养基的成分也有差异，常用培养料有木屑、棉籽壳、粪草等。栽培种常用聚丙烯塑料袋作为容器，使用时要仔细检查塑料袋有无沙眼或破损，否则容易造成污染。

三、实验材料

1. 母种制作

马铃薯、葡萄糖或蔗糖、琼脂、pH 试纸（或 pH 计）、1 mol/L NaOH 溶液、1 mol/L HCl 溶液、磷酸二氢钾、硫酸镁、维生素 B_1。

2. 原种制作

麦粒、石膏粉、碳酸钙、棉籽壳（或木屑）、麦麸（或米糠）、蔗糖、过磷酸钙、母种。

3. 栽培种制作

棉籽壳（或木屑）、麦麸（或米糠）、过磷酸钙、蔗糖、原种。

4. 其他

手提式高压灭菌锅、立式（卧式）高压灭菌锅、接种箱或接种室、电热恒温培养箱、培养室、分装漏斗、搪瓷缸、电磁炉、纱布、18 mm×180 mm 试管、牛皮纸、酒精灯、75%酒精棉球、接种工具、记号笔、菌种瓶（菌种袋）、天平、盘秤等。

四、实验步骤

（一）母种的制作

1. 培养基的制作

为获得优良和生长旺盛的母种，母种培养基的成分应选用营养丰富、容易被菌丝吸收利用的原料来进行配制。因为不同菌类对营养物质的需求不同，所以不同母种培养基的成分和比例也各有差异。食用菌常用的母种培养基配方有马铃薯葡萄糖琼脂培养基（PDA 培养基）和 PDA 综合培养基，配方如下：

PDA 培养基：马铃薯（去皮）200 g，葡萄糖（或蔗糖）20 g，琼脂 18～20 g，水 1000 mL，pH 自然。

PDA 综合培养基：马铃薯（去皮）200 g，葡萄糖（或蔗糖）20 g，磷酸二氢钾 3 g，硫酸镁 1.5 g，维生素 B_1 10 mg，琼脂 18～20 g，水 1000 mL，pH 自然。

配制过程（以配制 1000 mL 为例）：

1）马铃薯去皮洗净，称取 200 g，切成 1 cm^3 小块或 2～3 mm 厚的薄片。

2）将切好的马铃薯加入到 1000 mL 自来水中，电磁炉上煮沸后维持 15～20 min，至马铃薯熟而不烂，4 层或 8 层预湿的纱布过滤，滤液补水至 1000 mL。

3）将称好的琼脂加入到滤液中，在电磁炉上用小火加热，边煮边搅拌，防止琼脂糊底，直至琼脂完全融化，再加入葡萄糖等可溶性物质，搅拌均匀。

4）调节 pH：PDA 培养基配好后，pH 一般为中性，不必调节。若培养其他食用菌菌丝体，如猴头菌，需将培养基调节至最适 pH 范围。如培养基低于所要求的 pH 时，应向培养基中滴加 1 mol/L NaOH 溶液；若培养基高于所要求的 pH，应滴加 1 mol/L HCl 溶液进行调节。边滴入，边搅拌，边用精密 pH 试纸或 pH 计测定，直至合适为止。应该注意培养基的酸碱度在灭菌前不宜调至 pH 6.0 以下，否则灭菌后培养基不凝固。有些菇类的培养基要求 pH 6.0 以下时，要求灭菌后在无菌条件下滴加盐酸或乳酸等进行调节。pH 调节好后，加水定容至 1000 mL。

5）分装试管：配制好的培养基应趁热用分装漏斗进行分装，常选用 18 mm×180 mm 玻璃试管，每个试管分装 10 mL 左右培养基，一般装入试管高度的 1/5～1/4，分装时应注意不得使培养基粘在试管的口壁上，以防止杂菌污染。培养基分装完以后立即塞上大小合适的棉塞或透气的胶塞。将塞好棉塞的试管 7 或 9 支扎成一把，在棉塞外面包一层防潮纸或牛皮纸，防止灭菌时棉塞被冷凝水打湿。

2. 灭菌

培养基分装完后立即采用高压灭菌锅进行灭菌。一般马铃薯葡萄糖琼脂培养基采用 0.103～0.110 MPa 的压强，灭菌 20～30 min。灭菌时应注意以下几个方面：

1）将灭菌物品直立放入内锅，试管口或三角瓶口向上且不要贴锅边，避免冷凝水浸入试管或三角瓶。灭菌物品不要装得太满，留出一定空间，便于蒸汽流通，否则易造成灭菌不彻底和培养基粘在容器的口壁上而发生污染。

2）盖锅盖时应将锅盖上的排气管插入锅内壁管孔内，然后对角线方向拧紧锅盖上的螺丝，并将放气阀直立打开，安全阀横向关闭。

3）将灭菌锅通电加热，当锅内蒸汽大量排出时再继续排气 3～5 min，以便排净锅内的冷空气，然后关闭放气阀。

4）当压力表指针达到所需压力时开始计时，维持 20～30 min。灭菌结束待压力表指针自然回到“0”位时打开放气阀，排出锅内剩余蒸汽后，打开锅盖。注意切忌在压力表未到“0”位时就放汽，以免试管内的培养基向上冲浸湿棉塞，造成以后菌种的污染。

3. 摆斜面

试管取出后一定要趁热摆斜面，斜面的长度一般为试管长度的 3/5。用于保藏菌种的试管斜面应适当短些。

4. 接种和培养

将制作好的斜面培养基放进接种室、接种箱或超净工作台内，用紫外灯（或化学药品，如气雾消毒盒等）消毒 30 min 以上，关闭紫光灯或熏蒸消毒 20 min 后，再开始进入接种室内进行接种。

接种时要严格按照无菌操作规程进行操作，具体接种方法如下：

1）左手平托两支试管，手指按住试管底部，外侧一支是供接种用的菌种试管，内侧一支是待接母种的试管。

2）右手拿接种针或接种铲，用拇指、食指和中指握住其柄部，将接种针或接种铲插入 75%乙醇消毒瓶中，在酒精灯火焰上灼烧接种针或接种铲的顶端，逐渐将杆部也在火焰上慢慢通过，这样反复 3 次即可将接种针或接种铲彻底灭菌，切记最后一次灼烧后不能再浸入乙醇消毒瓶中，应在火焰旁自然冷却。

3）将左手平托的两支试管管口靠近火焰，用右手的小指和手掌将外侧的菌种管上的棉塞拔出，再用中指和无名指拔出内侧试管口上的棉塞夹在手中，不得放在桌子上或台面上，将两支试管口迅速移到酒精灯火焰旁边。

4）将烧过并冷却的接种针或接种铲伸入母种试管中，在菌丝斜面上勾取火柴头大小的一块菌丝块，迅速放到待接试管斜面的中部，将试管口在火焰上烧一下，然后立即塞上棉塞。

5）接种完毕，再将接种针或接种铲在火焰上灼烧灭菌。以免使接种的菌丝扩散，造成污染。

6）菌种接完后，贴好标签或用记号笔在试管壁上注明菌种名称及接种日期等。

7）将同类菌种扎好，置于该菌所要求的适宜温度下（恒温箱或恒温室内）培养，一般培养 2 d，检查有无杂菌生长，7～15 d 母种菌丝即可长满斜面。

5. 母种质量检查

通过培养，在试管斜面上长出洁白、粗壮的菌丝体，说明接种成功。若在试管斜面上出现有光泽、黏液状培养物或呈黄、绿、灰、黑等毛状物时，即是污染，不能使用。优良菌种的感观应具备“纯、正、壮、润、香”的特点：“纯”指菌种的纯度高，未感染杂菌，无斑块、无抑制线，无“退菌、断菌”现象；“正”指菌丝生长无异常，具有亲本正宗的特点；“壮”指菌丝发育粗壮，长势旺盛，有力；“润”指菌种含水量适中，无干缩、松散现象；“香”指具有品种特有的香味、无异味。而菌种生产性能（产量高低、品质优劣、抗逆性强弱）的考核，通常只有根据栽培试验的结果才能得出结论。

（二）原种的制作

1. 麦粒种的制作方法

（1）配方　麦粒 98%，石膏粉 1%，碳酸钙 1%。

（2）制作过程　按比例称取麦粒、石膏粉和碳酸钙，将称好的麦粒用清水清洗几次，去掉杂质，再用清水浸泡 16～24 h，至麦粒充足吸收水分，但不过分膨胀和不开口为宜。将泡好的麦粒放在锅内，加水浸过麦粒，放在电磁炉上煮，边煮边搅拌，煮到种子内无白心为止，切不可将种皮煮破。将煮好的麦粒捞出控干水，使麦粒含水量为 55%～60%。再将称好的石膏粉和碳酸钙与麦粒搅拌均匀，装瓶，装至瓶肩处。装好瓶后，用棉塞或透气塞塞住瓶口，再包一层防潮纸（或牛皮纸），用线绳将瓶口扎好，准备灭菌。

（3）灭菌　方法同前，灭菌压强一般为 0.124～0.135 MPa，灭菌时间为 1.5～2.0 h。

（4）接种培养　接种间消毒同前。接种时一般两个人配合，一人拿母种试管，在酒精灯火焰旁边用接种钩（铲）将试管内斜面上菌丝块切成小块；另一人将原种瓶瓶口倾斜在酒精灯火焰旁，将瓶盖掀出一个小缝，迅速将切好的一小块母种移接到原种瓶内，瓶口用酒精灯烧一下，然后立即把原种瓶口盖严、扎好。一支母种一般可接四五瓶（袋）原种。把接种好的原种瓶置于适温下培养。

（5）检查　接种过程中应检查有无杂菌污染，发现污染瓶，立即挑出，灭菌淘汰。生长好的原种菌丝洁白、粗壮、纯净，可用来扩大繁殖栽培种。

2. 棉籽壳原种的制作方法

（1）配方　棉籽壳（或木屑）78%，麦麸（或米糠）20%，过磷酸钙或石膏 1%，蔗糖 1%。

（2）拌料　按比例称料、混合，加水拌料。混合时，先将棉籽壳和麦麸混合在一起，过磷酸钾和蔗糖混溶在拌料用的水中。拌料时，边加水边搅拌，边测试含水量。

（3）含水量的测定　拌好料后，用手抓一把培养料，捏在手中紧握，手指缝中有水浸出但无水滴下落为宜。

（4）装瓶　将拌好的培养料装入原种瓶或塑料袋中，边装边压实（但不得过紧），一直装到瓶肩处或菌种袋的 2/3 处为宜。装好培养料以后，用锥形木棒从瓶或塑料袋中央向下打一个洞，洞深距底部 2～3 cm。将瓶口和瓶外粘的培养料擦掉，以免接种后污染杂菌。用棉塞塞住瓶口或用通气膜包住瓶口，再包一层防潮纸（或牛皮纸），用线绳将瓶口扎好，准备灭菌。

（5）灭菌　灭菌方法同麦粒培养基，压强为 0.124～0.135 MPa，时间 1.5～2.0 h。

（6）原种质量检查　无论麦粒原种还是棉籽壳原种，接种后在 25℃左右培养 20～40 d，菌种即可长满瓶。品质优良的原种，菌丝洁白、纯净、有食用菌特有的香味。若出现黄、绿、黑等颜色的毛状物或菌种瓶内有酸、臭味道，即是污染杂菌，不能使用。

（三）栽培种的制作

1. 培养基的制作

（1）配方　棉籽壳 78%，麦麸（或米糠）20%，过磷酸钙（或石膏）1%，蔗糖 1%。

（2）拌料　根据比例称取各培养料，将棉籽壳和麦麸先混合在一起，过磷酸钙和蔗糖等混溶在拌料用的水中，搅拌均匀。培养料拌好后，测含水量，测试方法是用手抓一把培养料握在手中，用力捏紧，手指缝中有水浸出但无水滴下落为宜。

（3）装袋　将拌好的培养料装入聚丙烯塑料袋中，边装边压实，装至塑料袋容积的 3/5 左右。装好培养料后，从袋中央用锥形木棒打一孔，孔深距袋底部 2～3 cm。用塑料颈环或棉塞封口。擦净塑料袋外面所粘的培养料。

2. 灭菌

栽培种数量大，可用大型立式或卧式电热高压蒸汽灭菌锅灭菌。灭菌一般要求压强 0.124～0.135 MPa，灭菌 2.0 h。

3. 接种和培养

将灭菌后的菌种袋放入接种室或接种箱内，打开紫外灯或气雾盒熏蒸消毒 30 min。栽培种的接种方法与原种接种相似。两人合作接种时，一人以无菌操作方法用接种铲或大镊子取一小块原种菌丝，另一人在酒精灯火焰旁打开栽培种袋口（袋口应倾斜在火焰旁，切勿直立），迅速将原种接到袋中，塞上棉塞或盖上无棉盖体的盖子即可。接种完毕，将栽培袋搬到适温下培养。

4. 栽培种质量检查

栽培种在培养过程中，应经常检查，遇有污染袋及时检出处理掉。经 30～40 d 的培养后，菌丝可长满栽培袋，即可供栽培使用。若菌袋内长出原基，说明菌种已老化；若有黄、绿、黑等杂色斑点或连成片时，说明菌种已污染，不可使用。

五、思考题

1. 如何获得优质的母种?
2. 制作原种过程中应注意哪些问题?
3. 制作栽培种的技术关键是什么?

六、参考文献

王贺祥. 2008. 食用菌栽培学. 北京：中国农业大学出版社

实验二　菌种分离技术

一、实验目的

1. 掌握食用菌组织分离的技术原理和方法。
2. 学习食用菌的孢子分离方法，掌握操作技术。
3. 掌握孢子印的制作方法。

二、实验原理

组织分离是一种无性繁殖技术，指切取食用菌子实体或菌核、菌索等的任何一部分组织接种到培养基上培养成纯菌丝体的方法。食用菌的子实体、菌核和菌索都是由双核菌丝扭结发育形成的特殊组织，它们均具有较强的再生能力和亲本的全部遗传信息，利用此特点，将小块组织移接到合适的培养基上，经过适温培养，即可得到能保持原来菌株性状的新生菌丝体。新生菌丝体经过出菇试验证明性状优良，即可作母种使用。

孢子分离是利用食用菌成熟的有性孢子萌发形成菌丝体来获得纯菌种的方法。由孢子分离得到的菌种，性状优良、菌龄较短、生命力旺盛。孢子分离方法有多孢分离和单孢分离两种。一般来说，多孢分离所获得的菌丝体基本上能形成子实体。对于一些不易进行组织分离、孢子易萌发的胶质菌类（黑木耳、毛木耳等），采用多孢分离较易成功。单孢分离是将采集到的孢子单个分开，让它单独萌发形成菌丝而获得纯种的方法。同宗结合的菇类如双孢蘑菇和草菇单孢分离的菌丝具有结实能力，其他食用菌如香菇、平菇、金针菇、毛木耳等异宗结合菇类单孢分离得到的菌丝不能结实，只有可亲和的两个单核菌丝结合形成双核菌丝后才具有结实能力，因此，单孢分离是进行食用菌遗传育种的手段之一。

孢子印，又称“孢子纹”，就是菌褶或菌管上子实层所产生的担孢子被弹射在白纸或黑纸上所形成的印迹，孢子印及其颜色是伞菌分类依据之一。不同菌类的孢子，在形态、大小、颜色等方面各有差异，是分类鉴定的主要特征之一。

三、实验材料

1. 子实体材料

香菇、平菇、银耳或木耳子实体；菌核。

2. 其他

接种室（箱）、恒温箱、试管斜面培养基、75%酒精棉球、酒精灯、无菌培养皿、镊子、解剖刀、接种针、记号笔、16 cm 培养皿、9 cm 白色或黑色纸片、孢子收集罩、9 cm 无菌培养皿、90 mL 无菌水三角瓶、9 mL 无菌水试管、250 mL 三角瓶、移液器、细胞计数板、玻璃刮铲、无菌棉球或无菌滤纸片、2%琼脂、解剖刀、剪子、铁丝支架、“S”形铁丝钩、封口膜（Parafilm）等。

四、实验步骤

（一）组织分离

1. 伞菌的组织分离

（1）挑选种菇　挑选生长健壮、菌龄适中、无病虫害，具有本品种优良性状的菇体作为种菇。

（2）分离　分离时应在接种室或超净工作台内进行，先用酒精棉球将手擦拭消毒，再用镊子夹取酒精棉球将菇正、反面消毒。用手将菌柄撕开或用无菌解剖刀切开，从菌柄和菌盖交界部位切取绿豆粒大小的组织块，以无菌操作方法，将切取的组织块移至试管斜面培养基中央。塞好棉塞，注明菇种、分离日期及地点。

（3）培养　将分离好的试管置于适温下培养，1～2 d 后，检查有无杂菌污染，发现污染及时挑出。一般 7～10 d，菌丝即可长满斜面。如需纯化，再挑取尖端菌丝移接到试管斜面培养基进行培养。

2. 胶质菌类的组织分离

胶质菌类（银耳、黑木耳、毛木耳等）组织层较薄且具有一定的韧性，不易进行组织分离。下面以黑木耳为例进行介绍。

1）挑选朵型大、色泽黑、肉质厚、无霉、无病虫害、生长良好的第一潮黑木耳耳片反复用无菌水冲洗后，无菌吸水纸吸干水分，放入无菌培养皿中，用无菌刀片将其切成 0.5 cm 左右的小块，再用接种针将组织块移入平板培养基上，置 28～30 ℃条件下培养。

2）待菌丝长出后，用接种针挑取菌落中纯净的菌丝体，接入试管斜面培养基上培养，待菌丝长满试管斜面，即可作为母种进行出耳试验。

3. 菌核组织分离法

一些药用菌如茯苓、猪苓、雷丸都是菌核，在菌核中除少量菌丝体外，大部分都是多糖类的贮藏物质。分离方法如下：

1）在无菌条件下，用解剖刀将菌核切开，在接近菌核表皮附近，用解剖刀切取蚕豆粒大小的菌核组织块，迅速移入平板培养皿或试管斜面培养基上，置 26～30 ℃温箱中培养。

2）待组织块长出菌丝后进一步纯化，即用接种针挑取纯净菌丝体，移入试管斜面培养基中，当菌丝长满整个试管斜面，无杂菌污染即可保存和进行出菇试验。

4. 基内菌丝分离法

基内菌丝分离法就是利用食用菌生长发育的基质作为分离材料获取纯菌丝的一种方法。基内菌丝分离法操作复杂，经常用于野生菌的分离。如野外采集时，常会遇到木腐菌野生菇已经腐烂，不能从子实体组织中进行分离，但可以用该种方法从其着生的菇木中分离得到菌丝。具体方法如下：

（1）菇木的风干　从野外采来的菇木，含水量较多，分离时易污染杂菌，除使用添加抗生素（链霉素 100～200 U/mL 或加入适量其他的抗细菌抗生素）的培养基外，应预先将供分离的菇木风干，减少杂菌感染的机会。

（2）菇木表面消毒　菇木分离前应进行表面消毒。方法是将菇木放入 0.1% 升汞中消毒 3～5 min 或在酒精灯火焰上烧一下，以烧死霉菌孢子。为防止螨类侵染，也可将菇木先放入盛有三氯杀螨醇药剂的密封容器内过夜，杀死螨类后再消毒。

（3）分离培养　用无菌刀在消毒后待分离菇木的菇柄着生处将其切开，保证切取的接种块在该菌菌丝分布的范围内。根据菌丝在菇床上的位置，用灭菌刀片在要分离的部位割成数个“井”字形小块。用灭菌接种针挑取一小块菇木移入平板培养基上，置 25～27 ℃温箱中（适宜该菌生长的温度）培养，观察菌丝生长情况，2 周后仍不生长，菌丝可能死亡。待菌丝长成后，用灭菌接种针挑取纯净、生长良好的菌丝移入试管斜面培养基上继续进行培养，菌丝长满试管后即可保藏和进行出菇试验。

5. 组织分离的质量检查

组织分离后的试管斜面，经过 7～10 d 培养后，若在斜面上或组织块周围没有任何杂菌生长，只有从组织块上长出的洁白、粗壮纯净的菌丝体，说明组织分离成功。经过再次移接，生产试验，性状表现优良的即可作母种使用；相反，若有其他杂菌生长，说明组织分离时消毒不彻底或无菌操作不严格，使得组织分离失败。

（二）孢子分离法

1. 多孢分离法

（1）贴附法

1）将接种针在酒精灯上灼烧，然后将接种针迅速插入斜面培养基的中间位置，使产生的水蒸气冷凝到试管壁上，再用接种针勾取一小片刚破裂的成熟菌褶，贴附于与斜面相对应的试管内壁上，并使试管斜面朝上，平放在培养箱内，数小时后，在试管斜面上就落下了许多孢子。

2）在无菌条件下，用接种针将贴附在试管壁上的菌褶取出，并用接种环将孢子涂散，使其均匀分布在整个试管斜面上。

3）将试管放入 25 ℃温箱中培养 1～2 周，观察菌丝生长情况，选菌丝纯洁、粗壮、生长旺盛的试管进行保存或做出菇试验。该法操作简单易行，分离效果好。

（2）多孢子收集法

1）选择个体健壮、朵形正常、外表清洁、无病虫害、八分成熟的种菇。如有外菌幕或内菌幕的种菇，应选择将要破膜的子实体作种菇。用灭菌的解剖刀从菌盖下1.0～1.5 cm处切去下部菌柄。

2）用酒精棉球对菇体表面进行充分的擦拭消毒。

3）在接种箱或接种室内，以无菌操作方法将种菇的菌褶朝下，插在孢子收集器内的铁丝支架上，适宜温度下静置12～20 h。

4）待收集器内培养皿的纸片上能见到有一层孢子印时用接种针挑取少量的孢子，插到无菌水试管内做成孢子悬液，用1 mL无菌吸管或无菌注射器吸取少量孢子悬液，滴在试管斜面上，在25 ℃温箱中培养1～2周，观察菌丝生长情况。

5）选取生长旺盛、粗壮的菌丝进行转管培养。

（3）悬钩法

1）在250 mL三角瓶内，装入50 mL马铃薯葡萄糖琼脂培养基，瓶口处垂挂一根"S"形的铁丝钩，塞上棉塞进行高压蒸汽灭菌，冷却后将三角瓶置30 ℃温箱中培养2～3 d，使培养基表面的冷凝水蒸发，备用。

2）选取新鲜子实体进行表面消毒，用无菌解剖刀切取带有菌肉及菌褶（或菌管）的组织块，悬挂在"S"形钩子上，子实层面朝下放入三角瓶内，使组织块离培养基表面2～3 cm，勿碰到三角瓶壁，室温下静置数小时，即有很多孢子散落在培养基表面上。

3）取出组织块，将三角瓶置于28～30 ℃温箱中培养，待孢子萌发后，将萌发的孢子带着培养基块移入新的试管斜面培养基内，继续进行培养，待长出纯净、洁白的菌丝后即视为分离成功。

（4）改进的多孢分离法（以香菇为例）

选择菇形圆整、肉质肥厚的优质香菇子实体，在无菌室内，用75%酒精棉球进行表面消毒后再用无菌滤纸揩干香菇菌盖，用502胶水均匀涂抹到香菇菌盖上，垂直打开直径16 cm的无菌培养皿盖，迅速将香菇子实体按到培养皿的盖上，使其粘固牢靠，然后迅速盖上培养皿，用封口膜封口，置于室温下并在适当散射光下接收孢子。通常15 h后即有孢子弹射，24 h后，当培养皿内沉积的孢子呈现出白色孢子印时，应停止弹射。将弹射装置移入无菌室，取下种菇。用移液器吸取1 mL的无菌水，反复冲洗孢子印，置无菌离心管中，获得孢子悬液。

2. 单孢分离法

同宗结合的菌类，如双孢蘑菇和草菇，单孢分离后，由孢子萌发的菌丝经双核化后形成双核菌丝，这些菌丝一般大部分能够出菇，但也有少部分菌丝不能出菇。因此，一定要进行出菇试验，方能用于生产。

异宗结合的菌类，单孢分离后所得到的菌丝仅能提供育种的亲本，它必须和可亲和性的菌丝结合形成双核菌丝后才具有出菇能力。因此，出菇试验更为重要。

单孢分离方法很多，主要有液体稀释法，主要步骤如下：

1）取多孢分离所收集的孢子适量放入盛有 10 mL 无菌水的试管内，充分振荡，使孢子落入水中，制成孢子悬液。

2）用 1 mL 无菌吸管或移液器吸取 1 mL 孢子悬液加入 9 mL 无菌水试管内，充分振荡，使孢子在无菌水内均匀分散，依次进行 10 倍稀释。

3）取稀释后的孢子悬液，滴一滴在细胞计数板上，盖上盖玻片，在显微镜下检查孢子数量。若孢子悬液中孢子数量过多，应再进行稀释，直至悬液中有 5～10 个 / mL 孢子为宜。

4）吸取上述稀释度的孢子悬液 0.1 mL，滴入已溶化并冷却至 45 ℃左右的马铃薯葡萄糖培养基平板上，用无菌刮铲涂匀，置于该菇类孢子萌发的最适温度下培养。用显微镜检查孢子萌发的情况，待孢子芽管长到 100～150 μm 时，在无菌室内，用尖细的接种针将单孢子挑出，移入新的平板培养皿或试管斜面中培养，镜检无锁状联合即为获得的单孢菌丝纯菌落。

（三）孢子印的制作

将新鲜的子实体用刀片把整个菌柄切下，菌柄与菌褶平齐，然后将菌盖扣在白纸上（有色孢子）或黑纸上（白色孢子），再用玻璃罩扣上，经过 12～20 h，担孢子散落在纸上，得到一张与菌褶或菌管排列方式相同的孢子印。

五、思考题

1. 用组织分离方法获得母种，为什么要进行出菇试验才能应用于生产？
2. 孢子分离法获得纯菌丝的技术关键是什么？
3. 单孢分离法所得纯菌丝的主要用途是什么？

六、参考文献

李晓，刘振钦，刘晓龙，等. 2002. 大型经济真菌单孢分离方法的研究. 吉林农业大学学报，24（3）：41～42

王贺祥. 2008. 食用菌栽培学. 北京：中国农业大学出版社

实验三　液体菌种制作技术

一、实验目的

1. 学习液体菌种的制作原理与方法。
2. 掌握液体菌种接种技术及质量检测方法。
3. 了解液体菌种在食用菌生产中的优点。

二、实验原理

液体菌种是指采用液体培养基培养食用菌的菌丝体，在一定的培养条件下使其生长增殖形成的液体形态的菌种，作为食用菌栽培的原种或栽培种使用，液体菌种必须经显微镜检查后方可用于科研和生产。

液体菌种使用的培养基根据不同菌类营养要求的特点而设计，其主要成分为碳源、氮源、矿质元素和维生素。碳源常用蔗糖和葡萄糖，氮源主要是蛋白胨、酵母粉等，无机盐常添加硫酸镁、磷酸二氢钾等，维生素多用维生素 B_1。

传统固体菌种生产，一般由试管母种扩繁成二级种、三级种，生产周期长、成本高，而且菌种多次传代扩繁容易引起菌种退化，影响食用菌生产。液体菌种生产技术与传统食用菌固体菌种生产相比，具有分散性好、萌发迅速、菌丝生长快、覆盖料面早等优点。而且在液体深层培养过程中，菌丝体在发酵罐内处于最适温度、酸碱度、氧气和碳氮比的条件下生长，呼吸产生的废气能及时排出，新陈代谢旺盛，菌丝生长迅速，5～7 d 就能获得大量可用于生产的液体菌种，明显缩短了生产周期，提高了生产效率。

三、实验材料

1. 菌种

平菇母种。

2. 培养基

摇瓶培养基配方：马铃薯（去皮）200 g，葡萄糖20 g，磷酸二氢钾2 g，硫酸镁1 g，蛋白胨2 g，氯化钠0.1 g，水1000 mL，pH 自然。

发酵罐培养基配方：马铃薯10%，麸皮3%，磷酸二氢钾0.2%，硫酸镁0.075%，红糖1%，蛋白胨0.2%，消泡剂0.035%。

3. 仪器或其他用具

恒温培养箱、恒温摇床、超净工作台、高压灭菌锅、电磁炉、250 mL 三角瓶、纱布、接种钩、接种铲、小刀、封口膜、牛皮纸、发酵罐等。

四、实验步骤

（一）摇瓶液体菌种制作

1. 培养基制备

1）根据培养基配方和用量称取适量去皮的马铃薯，切成 1 cm^3 大小的小块，加入一定量的水，在电磁炉上加热煮沸 15～20 min（熟而不烂），用 6 层纱布过滤后将滤液补足水至初始体积。

2）按比例向滤液中加入配方中的其他各成分，搅拌（必要时可加热）使各成分充分溶解（若溶液较浑浊可再过滤一次），再补充至初始体积，冷却（不烫手）。

3）将培养液分装到 250 mL 三角瓶中，每瓶装量 80～100 mL，再放入 5～10 颗玻璃珠，加塞，包扎，121 ℃灭菌 30 min。

2. 接种

待培养液充分冷却至室温后，无菌操作从母种斜面铲取约 1 cm^2 的菌丝体块（勿带过多的培养基），使菌丝块悬浮于液面上。

3. 培养

先 25 ℃静止培养 2 d，待接种菌块萌发长出新菌丝后，再于摇床上振荡（150～180 r/min）培养 3～4 d，观察检测液体菌种的质量。

4. 液体菌种质量检查

1）培养结束后，培养液澄澈透明，悬浮大量菌丝球，并伴有食用菌菌丝特有的香味，培养液为浅黄色。

2）菌液质量检查。①纯度检查：镜检或平板培养，无细菌、霉菌。②活力检测：菌球边缘菌丝分支细密，结晶紫染色着色深，菌丝细胞原生质尚未出现凝集现象和空胞；菌球颜色较浅，变深说明开始或已经老化，老化的液体菌种会自溶成黏糊粥状物。③菌球大小：80%的菌球直径小于 2 mm，浓度在 500 个/mL 以上，大小均匀，界线分明，不易沉降。

（二）发酵罐液体菌种制作

1. 制作过程

（1）发酵罐清洗　　发酵罐在每次使用后或再次使用之前都必须对其进行彻底的清洗之后才能投料使用。洗罐主要是除去罐壁的菌球、菌块、料液与其他污物。操作时用自来水管冲洗内壁，内壁黏附的污物可用木棒包上一些软布擦拭。

（2）发酵罐空灭　　属下述情况者都要进行空灭，①新发酵罐初次使用时；②上一罐感染杂菌时；③发酵罐长时间不用时；④更换新品种时。连续生产时只需将罐洗净就可以进入下批生产，不需空灭。

（3）发酵罐空灭操作程序　发酵罐内层及夹层加水至试镜中线，启动加热器加热，首先排完夹层和内层的冷空气，然后关闭所有的阀门升温升压，压力升至 0.05 MPa 时，打开接种口放气阀，排放罐内冷空气。当温度达到 121～126 ℃，压力在 0.12～0.15 MPa 时维持 30～50 min。压力降至 0.05 MPa 时，打开接种阀，使罐内的水通过接种管及接种枪排出，关闭接种阀门，将接种枪放在装有 75%乙醇的塑料袋内，使其无菌，以备接种用。

（4）发酵罐培养基的制作　按照发酵罐培养基的配方称取原料，培养基的配制方法同摇瓶培养基，熬好后加入发酵罐中，再加入消泡剂消泡，打开气泵搅拌，加水至视镜中线定容。

（5）培养基灭菌　开启加热器对发酵罐夹层及内层加热，当压力达到 0.05 MPa 时打开接种口放冷气至接种口蒸汽变直时关闭接种口，培养液温度升至 95 ℃时，打开气泵对发酵液进行搅拌 2 min，气泵停止通气。当压力达到 0.12～0.15 MPa，温度为 121 ℃开始记时，维持 30～40 min。

（6）降温　培养基灭菌完毕，迅速通水降温。降温过程中发酵罐要适当通气，一方面搅拌降温，另一方面加压，使发酵罐维持正压，尽快使发酵液温度降至 30 ℃以下。

（7）接种　将摇瓶接种管和发酵罐接种口用 75%乙醇消毒，用 95%乙醇的火焰圈套在接种口上，轻微打开放气阀，使发酵罐压力为 0。点燃火焰圈，摇瓶接种管放在火焰上方，用镊子去掉接种管上的牛皮纸和棉塞，将胶管插入接种口，打开接种口阀门，将摇瓶菌种注入发酵罐，关闭接种阀门，然后拔出接种胶管，去掉火焰圈，打开气泵。

（8）培养　通气后调节放气阀，使内罐压力稳定在 0.01～0.03 MPa，培养 48～72 h 后即可看出小米粒状的菌丝球，放气阀排出的培养料的香味随着培养周期的延长越来越淡，到培养后期取而代之的是一种淡淡的菌液清香味，菌丝球浓度和菌液黏度逐渐增大。一般品种的生长周期为 72～96 h，培养好的液体取样后放置 5 min 基本不分层，且菌球大小均匀，颗粒分明，菌球周边菌丝明显。培养过程中要间隔 12 h 取样，恒温箱培养 6～12 h 萌发，取样同样需要火焰圈保护。

2. 液体菌种的使用

液体菌种培养好以后，将接种气管（胶管）和接种枪提前灭菌，接种房间也应提前消毒，若在电子消毒器的保护下接种效果更佳。接种时先放掉一部分菌种，尽量减少感染机会。用接种枪把料面用液体菌种封住，一般每袋（瓶）接入 8～10 mL 即可。

3. 液体菌种存放时间

液体菌种培养好后，应立即用于菌种或栽培袋的接种，若因某些原因不能立即使用时，需降温保压处理。一般在 12～15 ℃可保存 2～3 d，10 ℃以下可存放 3～5 d，但也与品种和残余营养成分有关。

五、思考题

1. 制作液体菌种前应注意哪些问题？
2. 从哪几个方面检测液体菌种质量的好坏？如何检测？
3. 液体菌种有哪些优缺点？它对食用菌栽培技术的应用及发展有何影响？

六、参考文献

李俊. 2012. 食用菌液体菌种生产技术操作规程. 陕西农业科学，(3)：272～273
刘永旭，刘永宝，王德林，等. 2008. 一种快速有效的液体菌种检验方法. 中国食用菌，27(3)：62
孟丽君，王芳，张玉萍，等. 2007. 平菇液体菌种的制备条件及应用研究. 中国食用菌，26(5)：48～50
阮时珍，阮晓东，李月桂，等. 2012. 食用菌液体菌种制作技术. 食药用菌，20(2)：97～99
王丽娥，赵文娟，秦涛，等. 2009. 食用菌液体菌种发酵罐规范化操作规程. 食用菌，(5)：62～63

实验四 菌种保藏方法

一、实验目的

1. 了解食用菌菌种变异和退化的特性。
2. 掌握利用低温、蒸馏水、液体石蜡、液氮进行菌种保藏的原理和方法。
3. 学会保持食用菌菌种生活力及优良性状的主要方法。

二、实验原理

菌种是重要的生物资源，也是生产、教学和科学研究的基本材料。食用菌和其他生物一样，具有遗传性和变异性。菌种保藏过程中，不仅要保持菌种不死亡、不被杂菌污染，更主要的是保持菌种遗传性状不发生或尽可能少发生变异，这样才不至于降低生产性能，能长期在生产中使用。因此，菌种保藏在食用菌生产上具有重要意义。

菌种保藏的方法很多，但原理大同小异。首先，要挑选优良纯种。其次，根据其生理生化特性，人为创造低温、干燥或缺氧等条件，抑制菌种的代谢作用，使其生命活动降低到极低的程度或处于休眠状态，从而延长菌种生命及使菌种保持原有的性状，防止变异。不管采用哪种保藏方法，在菌种保存过程中要求不死亡、不污染杂菌和不退化。

斜面低温保藏法（4 ℃冰箱保藏法）是菌种保藏最常用的方法。即将菌种在适宜的斜面培养基上培养成熟后，放入3～5 ℃冰箱中保存，一般3～5个月移植一次。为使菌丝体在培养基上不干、不死，以延长保藏时间，应做到以下几点。一要使用营养丰富的天然培养基，使菌丝体发育健壮。二要将试管棉塞齐管口处剪平，用矿蜡封严，再包扎一层塑料薄膜，以减少培养基水分的散失，延长保藏时间。三要加大试管内琼脂培养基的用量，使每管不少于12 mL，适当摆短斜面，以延缓水分的损耗。四要在配制保藏培养基时加入少量缓冲剂，一般加入0.2%～0.3%的磷酸氢二钾或磷酸二氢钾。五要设置一个永久性的保藏冰箱，与经常取用菌种的冰箱分开使用，不要随意或过多地打开冰箱，以保持冰箱内温度的稳定。六要在菌种培养基干缩到一定程度时，再取出转接试管，一般应每隔一定时期调换一次培养基配方，以补充营养、水分，消除菌丝体代谢产物的影响，保持菌种正常的生活能力。此法操作简单、使用方便、不需特殊设备，能随时检查所保藏的菌株是否死亡、变异与污染杂菌等。缺点是保藏时间短、需定期传代且易被污染，菌种的主要性状容易改变。

蒸馏水保藏法是一种最简单的保藏方法，就是把欲保藏的菌丝体悬浮在蒸馏水中，并将容器封好，便能达到保藏的目的，该种方法保藏菌种一般可 1～2 年转接一次。

液体石蜡保藏法是在斜面培养物上覆盖一层无菌的液体石蜡，一方面防止因培养基水分蒸发而引起菌种死亡，另一方面石蜡层可将菌种与空气隔离，减弱细胞的代谢作用，以防菌种老化，从而达到保藏的目的。此法一般可保藏 2～3 年，但最好 1～2 年移植一次。加了石蜡的菌种，置于室温下保藏比放在冰箱中保存更好。液体石蜡在使用前，经高压灭菌 2～3 h 后，要在 40 ℃烘箱中烤干水分。液体石蜡的装入量以没过斜面尖端 1 cm 为宜，然后塞上棉塞（最好将棉塞齐管口剪平，用矿蜡密封），放于清洁避光处、4～15 ℃常温下保存。在保存期间应定期检查，发现培养基露出液面，应及时补充灭菌液体石蜡。使用时，可用接种铲直接挑取少许菌丝，接种于另一斜面培养基上。刚从液体石蜡菌种中移出的菌丝体，常粘有较多的石蜡，生长较弱，需再转管 1 次，方能恢复正常。此法实用而且效果较好，优点是制作简单，不需要特殊设备，且不需经常移种。缺点是保存时必须直立放置，所占位置较大，同时也不便携带。

液氮超低温保藏法简称液氮保藏法或液氮法。它是以甘油、二甲基亚砜等作为保护剂，在液氮超低温（–196 ℃）下保藏的方法。其主要原理是在超低温状态下，生物代谢是停顿的，可能或长或短无定限地保持着生物原有的性状。菌种细胞从常温过渡到低温，并在降到低温之前，使细胞内的自由水通过细胞膜外渗出来，以免膜内因自由水凝结成冰晶而使细胞损伤。首先，将要保藏的菌种制成菌悬液备用；其次，准备安瓿瓶，每瓶加入 0.8 mL 冷冻保护剂 10%甘油蒸馏水溶液（体积比），塞棉塞灭菌（98.0 kPa，15 min）。无菌检查后，接入要保藏的菌种，火焰熔封瓶口，检查是否漏气，将封好口的安瓿瓶放在冻结器内，以每分钟下降 1 ℃的速度缓慢降温，使保藏品逐步均匀地冻结，直至–40～–35 ℃，再以每分钟 10 ℃降温至–90 ℃，然后迅速放入液氮罐中，在–196～–150 ℃保藏。此法能够保藏几乎所有的微生物菌种，甚至不耐低温的草菇菌种也能利用液氮超低温保藏法保藏。并且液氮超低温保藏是一种长期保藏方法，菌种性状不变异，一般可 5～6 年转接一次。但其设备和成本较高，适用于专业的菌种保藏机构和科研单位。

三、实验材料

1. 菌种

平菇、香菇、金针菇等试管种。

2. 培养基

马铃薯葡萄糖琼脂培养基（PDA 培养基）。

3. 溶液或试剂

液体石蜡、蒸馏水、氯化钠甘油（或二甲基亚砜）。

4. 仪器或其他用具

无菌吸管、无菌滴管、无菌培养皿、安瓿管、1.5 mL 刻度离心管、干燥器、冰箱、低温冰箱（–20 ℃）、超低温冰箱、液氮罐和高压蒸汽灭菌锅等。

四、实验步骤

1. 斜面低温保藏法（4 ℃冰箱保藏法）

斜面低温保藏法是最常用的菌种保藏方法。将需要保藏的菌种接种在固体斜面培养基上，在适宜的温度下培养，当健壮的菌丝长满斜面后，用硫酸纸或牛皮纸将棉塞部分包扎好，防止霉菌污染，置于4 ℃冰箱保藏。斜面试管冰箱保藏菌种，一般3～5个月转管一次。草菇菌种不耐低温，不能在冰箱中保藏。

2. 蒸馏水保藏法

（1）*安瓿管准备*　选择密封性强、带螺旋盖的塑料或玻璃安瓿管（2～5 mL），先装入 1.5 mL 或 4 mL 蒸馏水，在 121 ℃下灭菌 20 min，备用。

（2）*菌种制备*　用 7 cm 或 9 cm 培养皿将菌种接种在 PDA 培养基平板中，25 ℃恒温箱中培养 5～15 d，菌丝体长满培养皿之前（菌落直径为平皿直径的 3/4）时，在无菌条件下，用 0.5 cm 打孔器打取菌丝体块，在每个安瓿瓶中分装 6～8 个菌丝体块，拧紧螺旋盖，于 10 ℃下保藏。

3. 液体石蜡保藏法

1）选用纯的液体石蜡（不含水、不霉变），把石蜡分装于三角烧瓶中，250 mL 三角瓶中注入液体石蜡100 mL，塞上棉塞，并用牛皮纸包扎，在102.9 kPa，121 ℃灭菌2次，每次30 min，然后放在60 ℃烘箱中烘烤几小时，蒸发水分，使石蜡完全透明为止。

2）采用无菌操作方法，用灭菌吸管吸取灭菌的液体石蜡，注入已长满菌丝的试管中，注入量以高出培养基斜面顶端1 cm 为宜，然后加盖无菌橡皮塞。

3）将试管直立，室温条件下，直立保藏。刚从矿物油中转接出的菌丝体常粘有少量石蜡，生长弱，因此需要再转接1次，才能恢复生长。此法保藏菌种一般可2～3年转接一次。

4. 液氮冷冻保藏法

（1）*准备安瓿管*　用于液氮保藏的安瓿管，要求能耐受温度突然变化而不致破裂，因此，需要采用硼硅酸盐玻璃制造的安瓿管，安瓿管的大小通常使用75 mm × 10 mm 的或能容1.2 mL 液体的。

（2）*加保护剂与灭菌*　在安瓿管内预先加入10%的甘油蒸馏水溶液（或10%二甲基亚砜蒸馏水溶液），加入量以能浸没加入的菌种块为限，而后再用0.103～0.110 MPa，121 ℃灭菌15 min。

（3）*接入菌种*　将液体培养的菌丝球用10%的甘油蒸馏水溶液制成菌悬液，或将固体平板培养的菌种块及10%甘油蒸馏水溶液装入已灭菌的安瓿管，然后用火焰熔封，浸入水中检查有无漏洞。

（4）冻结　将上述已封口的安瓿管，放在程序降温仪内，以每分钟1 ℃降温至–40 ℃，再以每分钟10 ℃降温至–90 ℃，然后迅速放入液氮罐中。液氮保藏器内的气相为–150 ℃，液态氮内为–196 ℃。

（5）恢复培养　保藏的菌种需要用时，将安瓿管取出，立即放入30～40 ℃的水浴中进行急剧解冻，直到全部融化为止。再打开安瓿管，将内容物移入适宜的培养基上培养。

五、思考题

1. 菌种保藏的目的和原理是什么？
2. 低温、蒸馏水、液体石蜡、液氮进行菌种保藏分别具有什么优缺点？
3. 如何保持食用菌菌种的优良性状？

六、参考文献

冯德华，张汉武. 2008. 防止食用菌菌种衰退与菌种科学保藏技术. 蔬菜园，（8）：29～30
韩芹芹，李国庆，叶凡，等. 2010. 液氮保藏平菇菌种的处理方法初探. 食用菌学报，增刊：57～60
刘新悦，叶夏，王玉清，等. 2011. 香菇菌种液氮保藏技术研究. 热带作物学报，32（7）：1360～1363
吕和平，吴红宇，刑仁昌，等. 2007. 食用菌菌种的长期保藏方法. 中国食用菌，26（2）：29～30
张金霞. 2011. 中国食用菌菌种学. 北京：中国农业出版社

实验五　平菇不同菌株的酯酶同工酶凝胶电泳鉴定

一、实验目的

1. 学习并掌握酯酶同工酶凝胶电泳技术的原理和方法。
2. 学习并掌握酯酶同工酶的染色技术和方法。
3. 认识平菇不同菌株间酯酶同工酶酶谱的差异。

二、实验原理

平菇是侧耳属食用菌的俗称，主要包括糙皮侧耳（*Pleurotus ostreatus*）、佛罗里达侧耳（*Pleurotus florida*）、肺形侧耳（*Pleurotus pulmonarius*）、黄白侧耳（*Pleurotus cornucopiae*）等形态和生物学特性很相近的几个种。同工酶技术是动植物生理生化及遗传分析研究的重要手段之一，用聚丙烯酰胺凝胶电泳分离同工酶方法简便，灵敏度高，重现性强，结果便于观察、记录和保存，近年来，在食用菌种质鉴定、遗传多样性及亲缘关系研究等方面得到了广泛应用。用于食用菌分类鉴定和遗传多样性等方面研究的同工酶主要有酯酶同工酶、过氧化物同工酶、漆酶同工酶、多酚氧化酶同工酶、苹果酸脱氢酶同工酶、醇脱氢酶同工酶等，其中酯酶同工酶应用最广泛。

同工酶是指同一种属中，不同基因位点或等位基因编码的多肽链的单体、纯聚体或杂聚体，其理化或生物性质不同而能催化相同反应的酶，是动植物生理生化及遗传学研究的重要手段之一。广义的同工酶是指催化同一生化反应，在电泳中有不同迁移率的一种酶的多种形式。1969 年，Prakash 等提出了把同一基因位点的不同等位基因所编码的一种酶的不同形式叫做“等位酶”，把等位酶从广义的“同工酶”概念中分了出来，使得酶谱分析具更深刻的遗传学意义。同工酶作为一种蛋白质，根据中心法则，组成酶多态链的氨基酸种类和顺序是由 DNA 核苷酸链的碱基编码所决定的，所以，当 DNA 链上的酶结构基因发生点突变时，一个或多个核苷酸发生了替换，就会导致它所编码的氨基酸的改变，从而可以直接影响酶蛋白质的构型和静电荷，因此，酶在电场里移动性的改变反映了编码 DNA 顺序的改变。同时，大多数酶的不同形式都是等显性的，即一个基因位点上的两个或多个等位基因都能表达，由它们编码的多态链所构成的酶，经过组织化学染色后，在凝胶上作为酶基因的表现型都能显示出色带来，故同工酶酶谱作为基因编码的产物，其变化能代表 DNA 分子水平上的变化，其结构的相似性反映了生物间的亲缘关系。

同工酶的分离和鉴定方法很多，常用的有电泳法、层析法和免疫法等，其中最常用的方法是聚丙烯酰胺凝胶电泳（polyacrylamide gel electrophoresis，PAGE）。聚丙烯酰胺凝胶电泳是以聚丙烯酰胺凝胶作支持介质的一种电泳方法，它是由丙烯酰胺单体（acrylamide，Acr）和交联剂甲叉双丙烯酰胺（*N*，*N'*-methylene bis-acrylamide，Bis）在催化剂和加速剂作用下聚合而成的，具有三维网状结构，其孔径大小可由凝胶浓度和交联度加以调节。100 mL 凝胶溶液中含有的单体和交联剂总克数为凝胶浓度，用 *T*%表示。凝胶溶液中交联剂占单体加交联剂总量的百分数称为交联度，用 *C*%表示。

$$T\% = \frac{a+b}{m} \times 100\% \qquad\qquad C\% = \frac{b}{a+b} \times 100\%$$

式中：*a*——Acr 的质量（g）；*b*——Bis 的质量（g）；*m*——凝胶溶液总体积（mL）。

引起 Acr 和 Bis 聚合的方法有两种：化学聚合法和光聚合法。化学聚合法的引发剂是过硫酸铵（AP），在催化剂 *N*，*N*，*N'*，*N'*-甲基乙二胺（*N*，*N*，*N'*，*N'*-tetramethylenethylenediamine，TEMED）的作用下，由 AP 形成氧自由基而引发聚合反应。增加 TEMED 或过硫酸铵浓度可以增加聚合反应速度，但速度过快影响制板操作，两者浓度过高也影响蛋白质活性。光聚合法以核黄素（维生素 B_2）作为催化剂，在痕量氧的存在下，光照启动核黄素光解形成自由基，从而引发聚合作用，在光聚合时加入 TEMED 可以加速聚合。光聚合形成的凝胶孔径较大，常用来制备大孔径浓缩胶。采用过硫酸铵和 TEMED 化学聚合形成的凝胶孔径较小，而且重复性好，常用来制备分离胶。

从食用菌菌丝体中提取的酯酶同工酶在凝胶的分子筛效应和电场的电荷效应作用下而发生分离。电泳后，将凝胶置于有 α-萘酯乙酸、β-萘酯乙酸和固蓝 RR 盐的溶液中染色，利用酯酶催化 α-萘酯乙酸和 β-萘酯乙酸发生水解后得到的萘酚与固蓝 RR 盐发生反应生成有色物质这一性质，在电泳凝胶上观察到酯酶同工酶的染色位置，多条有色条带即构成酯酶同工酶酶谱。相同的菌种遗传背景相同，其酯酶同工酶酶谱也相同。不同品种或菌株由于遗传组成不同，反映在酶谱类型上也有差异，从而对品种及菌株进行鉴别。

三、实验材料

1. 菌种

平菇不同菌株。

2. 培养基（PDA 综合培养基）

配方：马铃薯（去皮）200 g，葡萄糖 20 g，磷酸二氢钾 2 g，硫酸镁 1 g，维生素 B_1 2 片（20 mg），琼脂 18 g，水 1000 mL，pH 自然。

将马铃薯洗净，去皮，称重后切成 1 cm^3 的小块，放入水中煮 15～20 min，4 层纱布过滤，取滤汁，加入葡萄糖、磷酸二氢钾、硫酸镁、维生素 B_1 和琼脂，煮至琼脂完全融化，补水至 1000 mL。常规分装，高温高压灭菌。

3. 试剂

全部试剂均为分析纯，使用水为蒸馏水。

1）分离胶缓冲液（pH 8.9）：36.3 g Tris，用 48 mL HCl（1 mol/L）溶解，加 TEMED 0.23 mL，用蒸馏水定容至 100 mL，4 ℃保存有效期为一个月。

2）分离胶母液：28.0 g 丙烯酰胺＋0.735 g 甲叉双丙烯酰胺，先用 90 mL 蒸馏水溶解，搅拌，直到溶液变成透明，再定容至 100 mL，过滤，用棕色瓶贮存可在 4 ℃保存一个月。

3）浓缩胶缓冲液（pH 6.7）：5.98 g Tris，用 48 mL HCl（1 mol/L）溶解，加 TEMED 0.46 mL，用蒸馏水定容至 100 mL，4 ℃保存有效期为一个月。

4）浓缩胶母液：10.0 g 丙烯酰胺＋2.5 g 甲叉双丙烯酰胺，先用 90 mL 蒸馏水溶解，搅拌，直到溶液变成透明，再定容至 100 mL，过滤，用棕色瓶贮存可在 4 ℃保存一个月。

5）过硫酸铵溶液：0.14 g 过硫酸铵用蒸馏水溶解，定容至 100 mL，4 ℃冰箱贮存一周有效。

6）核黄素溶液：4.0 mg 核黄素用蒸馏水溶解，定容至 100 mL，现用现配。

7）电极缓冲液：称取 Tris 碱 6.0 g，甘氨酸 28.8 g，倒入 1000 mL 烧杯中，加入 800 mL 蒸馏水溶解，再加蒸馏水定容至 1000 mL（pH 8.3），混匀，使用时稀释 10 倍。

8）磷酸盐缓冲液。

pH 7.5 提取缓冲液：6.02 g $Na_2HPO_4 \cdot 12H_2O$＋0.5 g $NaH_2PO_4 \cdot 2H_2O$ 用蒸馏水溶解，定容到 100 mL。

pH 6.5 磷酸缓冲液：2.29 g $Na_2HPO_4 \cdot 12H_2O$＋2.12 g $NaH_2PO_4 \cdot 2H_2O$ 用蒸馏水溶解，定容到 100 mL。

9）四甲基乙二胺（TEMED）。

10）40%蔗糖溶液：40 g 蔗糖用蒸馏水溶解，定容至 100 mL。

11）酯酶染色液：称取 α-萘酯乙酸 25 mg，β-萘酯乙酸 25 mg，固蓝 RR 盐 50 mg，先用 3 mL 丙酮溶解，再加入 0.2 mol/L、pH 6.5 的磷酸缓冲液 72 mL，过滤即得染色液。

4. 其他

电泳仪、垂直板电泳槽、高速冷冻离心机、冰箱、离心管、研钵（备有研杵）、分析天平（感量 0.01 g、0.0001 g 各一台）、移液器、微量进样器、pH 计、培养皿、染色缸（或白瓷盘代替，染色用）、烧杯、胶头滴管、玻璃纸、高压灭菌锅、干燥箱、超净工作台、恒温培养箱等。

四、实验步骤

（一）菌丝体培养及样品处理

将平菇菌种活化后接种于 PDA 综合培养基平板上进行隔膜培养。25 ℃培养 8 d

左右，待菌丝长满平板后刮取菌丝体，称重后液氮研磨（或置于冰浴上研磨）。每 0.5 g 菌丝加入 1 mL pH 7.5 的磷酸盐缓冲液研磨成匀浆，转入离心管中，于 12 000 r/min、4 ℃离心 5 min，其上清液即为酶的提取液，小心吸出上清液至新的离心管中，供电泳分析用。

（二）凝胶制备

1. 分离胶

将玻璃板、胶垫、梳子用双蒸水洗干净，自然晾干，将电泳槽安装好，将配制好的试剂分离胶缓冲液、分离胶母液、蒸馏水、过硫酸铵按 1∶2∶1∶4 比例混合，搅拌均匀后灌入胶室至距短玻璃板上沿 2.5～3.0 cm，加入适量水封住胶面，待凝胶聚合后将水吸出。

2. 浓缩胶

将浓缩胶缓冲液、浓缩胶母液、核黄素溶液、蔗糖溶液按 1∶2∶1∶4 比例混合，搅拌均匀后灌入胶室，立即插好样品梳，注意不要带有气泡，日光或灯光下聚合。

（三）进样

浓缩胶聚合后，小心拔出样品梳，吸去点样孔中多余的水分，注入电极缓冲液，用微量进样器吸取适量样品与上样缓冲液混合后加入到样品孔中。

（四）电泳

将电泳槽和电泳仪连接后，打开电源，采用稳流电泳，电流为 1～2 mA/cm，待指示剂进入分离胶后，将电流升至 2～3 mA/cm。待溴酚蓝指示剂下移至距胶底部约 1 cm 时，停止电泳。

（五）染色

倒出电极缓冲液，卸下胶条，在水中开启玻璃板，取出凝胶片，浸入染色液中，室温下染色 15～30 min，用蒸馏水冲洗后置乙酸溶液中固定。

（六）分析

将染色后的凝胶置凝胶成像仪拍照后进行分析，各酶带的相对位置用相对迁移率（R_f）标定并表示。

五、思考题

1. 什么是同工酶？
2. 试述酯酶同工酶电泳技术鉴别平菇不同菌株的原理和方法。

3. 酯酶同工酶电泳鉴别平菇菌株操作中应注意哪些事项？

六、参考文献

胡国元，朱兰宝，周玉鳞. 1997. 金针菇杂交菌株的同工酶标记与菌株特性. 华中农业大学学报，16（1）：56～60

李胜南，宋慧，隋玉龙，等. 2013. 离褶伞属菌株酯酶同工酶分析. 菌物研究，1：38～44

刘祖同，罗信昌. 2002. 食用蕈菌生物技术及应用. 北京：清华大学出版社

毛慧玲，熊羽琳，穆伟书. 2003. 茶薪菇不同发育期过氧化物酶同工酶的研究. 食用菌，S1：5～6

王一，王波，卢冰，等. 2009. 川西高原蘑菇菌株遗传差异的酯酶同工酶分析. 西南农业学报，22（1）：136～140

王中仁. 1996. 植物等位酶分析. 北京：科学出版社

谢宝贵，羿红，黄志龙，等. 2001. 草菇杂交育种及同工酶分析. 福建农业大学学报，30（3）：372～376

叶明，王和平，潘迎捷. 1999. 利用酯酶同工酶技术检测香菇双-单杂交后代. 生物学杂志，16（5）：21～22

张长铠，梁岩. 1995. 香菇原生质体融合及融合子的鉴定. 微生物学通报，22（2）：67～71

May B，Royse D J. 1988. Interspecific allozyme variation within the fungal genus *Pleurotus*. Transactions of the British Mycological Society，90：29～36

Royse D J，May B. 1992. Use of isozyme variation to identity genotypic classes of *Agaricus brunnescons*. Mycologia，74（1）：93～102

Zervakis G，Sourdis J，Balis C. 1994. Genetic variability and systematics of eleven *Pleurotus* species based on isozyme analysis. Mycology Research，98：329～341

实验六　RAPD 检测平菇菌株间基因组差异

一、实验目的

1. 学习并掌握 RAPD 技术的原理和方法。
2. 学习并掌握平菇基因组 DNA 提取原理和方法。
3. 了解平菇不同品种或菌株之间基因组差异。

二、实验原理

平菇不是单纯的一个分类单元，是侧耳属食用菌的俗称，主要包括糙皮侧耳（*Pleurotus ostreatus*）、佛罗里达侧耳（*Pleurotus florida*）、肺形侧耳（*Pleurotus pulmonarius*）、黄白侧耳（*Pleurotus cornucopiae*）等形态和生物学特性很相近的几个种，每个栽培种内又有不同的菌株。这些近缘种和种内不同菌株之间形态和栽培性状非常相似，非专业人士难以区分，但遗传特性又各有不同。随着分子生物学的发展，限制性内切酶片段长度多态性（restriction fragment length polymorphism，RFLP）、随机扩增多态性 DNA（random amplified polymorphic DNA，RAPD）、扩增片段长度多态性（amplified fragment length polymorphisms，AFLP）、简单重复序列间多态性（inter-simple sequence repeat，ISSR）等多种分子标记技术被广泛应用于平菇的基因组差异鉴定研究中，其中 RAPD 技术与其他 DNA 分子标记相比，具有灵敏性高、快速有效、方便经济、模板 DNA 用量少、纯度要求低等特点，已被广泛应用于食用菌菌种与菌株的鉴定、遗传多样性、亲缘关系分析及连锁图谱构建等许多方面。

1. RAPD 技术原理

RAPD 即为随机扩增多态性 DNA，是 1990 年 Williams 和 Welsh 几乎同时提出的一种分子标记技术。Williams 等（1990）以聚合酶链式反应（polymerase chain reaction，PCR）为基础，用 10 个碱基构成的随机引物对人的血液、玉米、大豆、大肠杆菌、粗糙脉孢霉等的 DNA 通过 PCR 扩增获得一组不连续的 DNA 片段，使基因组 DNA 多态性充分展现了出来。这种扩增的 DNA 多态性称为 RAPD。几乎同时，Welsh 等（1990）用 20 个碱基或 30 个碱基的随机引物，以未知序列的人、鸟、猴、鼠及水稻的基因组为模板，通过 PCR 扩增获得基因 DNA 多态性片段，称为随机引物 PCR（arbitrary primer PCR，AP-PCR）。二者都是随机引物的扩增，只是所用引物的长度不同，现在一般将这类扩增多态性统称为 RAPD。所以，RAPD 是建立在 PCR 基础上的一种可对整个未知序列的基因组进行多态性分析的分子技术。

RAPD 的原理是利用不同的随机排列碱基顺序的寡核苷酸单链（通常为十聚体）

为引物，对研究的基因组 DNA 进行 PCR 扩增。扩增产物通过聚丙烯酰胺或琼脂糖凝胶电泳分离，经 Du Red 核酸染料染色后检测扩增产物的 DNA 片段多态性。对不同生物种的 DNA 来说，随机引物所结合的位置及位点数目不同，扩增出来的 DNA 片段长度也不同，从而形成扩增片段的多态性，扩增产物的多态性反映了基因组的多态性。具体的技术原理如图 6-1 所示，将待扩增 DNA 模板置于 92～94 ℃高温下变性解链成单链模板，当单个引物在模板的两条链上有互补位置时，在退火温度为 35～37 ℃条件下，单个引物由于碱基互补退火到模板 DNA 两条反向链的不同位置上，然后 DNA 聚合酶在 72 ℃的条件下，将脱氧单核苷酸（dNTP：dATP、dTTP、dCTP、dGTP）从引物的 3′端掺入，与模板上的各种单核苷酸互补，沿 5′→3′方向，使互补于模板 DNA 的新链得以延伸，如此循环往复。每一循环产生的新 DNA 链均能作为下次循环的模板，一般经 35 个循环，完成 DNA 的扩增。

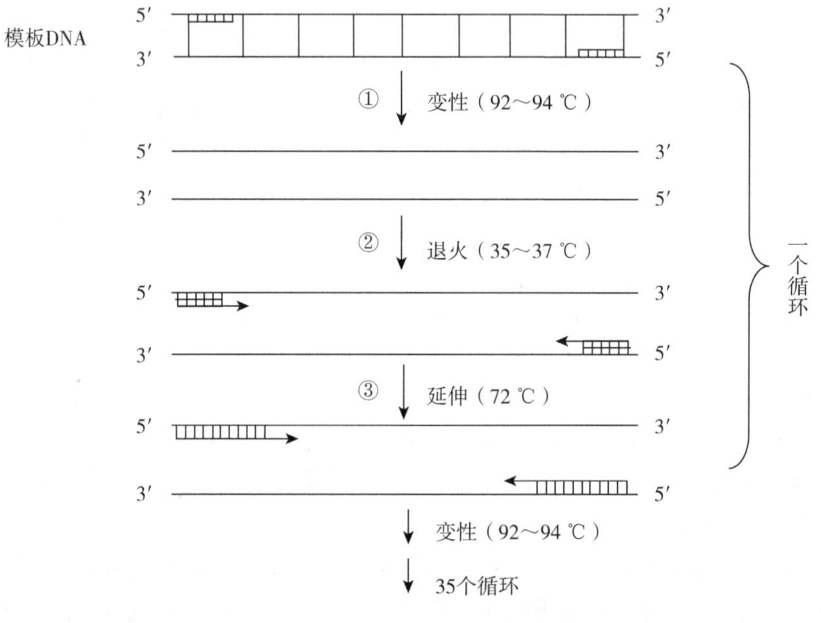

图 6-1　RAPD-PCR 的原理

2. 基因组 DNA 提取原理

（1）CTAB 法原理

CTAB（cetyl trimethyl ammonium bromide，十六烷基三甲基溴化铵）是一种阳离子去污剂，具有从低离子强度溶液中沉淀核酸与酸性多聚糖的特性。在高离子强度的溶液中（>0.7 mol/L NaCl），CTAB 与蛋白质和多聚糖形成复合物，只是不能沉淀核酸。通过有机溶剂抽提，去除蛋白质、多糖、酚类等杂质后加入乙醇沉淀即可使核酸分离出来。CTAB 溶液在低于 15 ℃时会形成沉淀析出，因此在将其加入冰冷的液氮研磨材料之前必须预热，而且离心时温度不要低于 15 ℃。其他提取试剂中，

Tris-HCl（pH 8.0）提供一个缓冲环境，防止核酸被破坏；EDTA 螯合 Mg^{2+}或 Mn^{2+}，抑制 DNase 活性；NaCl 提供一个高盐环境，使 DNA 与蛋白质的复合物（DNP）充分溶解在液相中，CTAB 溶解细胞膜并结合核酸，使核酸便于分离；β-巯基乙醇是抗氧化剂，有效地防止酚氧化成醌，避免褐变，使酚容易去除；PVP（聚乙烯吡咯烷酮）是酚的络合物，能与多酚形成一种不溶的络合物质，有效去除多酚，减少 DNA 中酚的污染，同时它也能和多糖结合，有效去除多糖。

（2）SDS 法原理

SDS（sodium dodecyl sulfate，十二烷基磺酸钠）是一种阴离子去污剂，在较高温度（55～65 ℃）条件下裂解细胞，使蛋白质变性，释放出核酸，然后采用高盐浓度（乙酸钾）和降低温度（冰上保温）的方法沉淀除去蛋白质和多糖（在低温条件下乙酸钾与蛋白质及多糖结合成不溶物），离心除去沉淀后，上清液中的 DNA 用酚/氯仿抽提，反复抽提后用乙醇沉淀水相中的 DNA。

三、实验材料

1. 菌种

平菇不同品种或同一品种内不同菌株。

2. 培养基（PDA 综合培养基）

配方：马铃薯（去皮）200 g，葡萄糖 20 g，磷酸二氢钾 2 g，硫酸镁 1 g，维生素 B_1 2 片（20 mg），琼脂 18 g，水 1000 mL，pH 自然。

将马铃薯洗净，去皮，称重后切成 1 cm^3 的小块，放入水中煮 15～20 min，4 层纱布过滤，取滤汁，加入葡萄糖、磷酸二氢钾、硫酸镁、维生素 B_1 和琼脂，煮至琼脂完全融化，补水至 1000 mL。常规分装，高温高压灭菌。

3. 试剂

1）CTAB 裂解缓冲液：100 mmol/L Tris-HCl，pH 8.0；20 mmol/L EDTA，pH 8.0；1.4 mol/L NaCl；2% CTAB；2% PVP；2%（*V/V*）β-巯基乙醇，使用前加入。

2）SDS 裂解缓冲液：100 mmol/L Tris-HCl，pH 8.0；50 mmol/L EDTA，pH 8.0；0.5 mol/L NaCl；2% SDS；2%（*V/V*）β-巯基乙醇，使用前加入。

3）5 mol/L 乙酸钾。

4）TE 缓冲液：10 mmol/L Tris-HCl，pH 8.0；1 mmol/L EDTA，pH 8.0。

5）萃取液：苯酚：氯仿＝1：1；氯仿：异戊醇＝24：1；70%乙醇用无水乙醇（分析纯）配制。

6）琼脂糖。

7）DNA Marker：λ DNA/*Hind*Ⅲ＋*Eco*RⅠ（上海生工产品），分子质量大小（bp）分别为：21 226 bp、5148 bp/4973 bp、4268 bp、3530 bp、2027 bp、1904 bp、1584 bp、1375 bp、947 bp、831 bp、564 bp。

8）上样缓冲液（6×缓冲液）：0.25%的溴酚蓝，40%（*m/V*）蔗糖。

9）TAE 电泳缓冲液（50×贮存液配方，pH 约 8.5）：242 g Tris 碱，57.1 mL 冰醋酸，37.2 g $Na_2EDTA·2H_2O$，加水至 1 L，使用时稀释。

10）Du Red 染色液（10 000×水溶液）。

11）PCR 反应试剂盒（TaKaRa 公司产品）：*Ex Taq*™ DNA polymerase，dNTP（dATP、dCTP、dGTP、dTTP 各 2.5 mmol/L），10×*Ex Taq* buffer（含 Mg^{2+}）。

12）PCR 扩增反应的随机引物：10 个。

1	CTGCTGGGAC	2	TGCCGAGCTG
3	AGTCAGCCAC	4	GTGAGGCGTC
5	GACGGATCAG	6	TGAGTGGGTG
7	GTTGCCAGCC	8	CCCATGGCCC
9	GGTGATCAGG	10	GGGAATTCGG

4. 实验仪器设备

电热恒温水浴锅、定时恒温磁力搅拌器、琼脂糖水平电泳槽、PCR 仪、凝胶成像分析仪、高速冷冻离心机、电泳仪、恒温培养箱、低温冰箱、高压灭菌锅、干燥箱、pH 计、电子天平等。

四、实验步骤

RAPD 技术检测平菇基因组 DNA 操作流程如下：

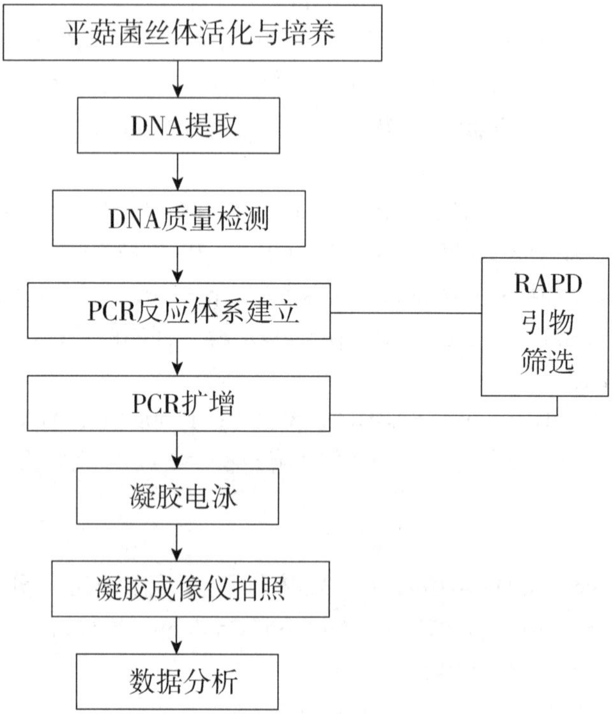

（一）平菇菌丝体活化与培养

将菌种活化后接种于 PDA 平板培养基上进行隔膜培养。25 ℃培养约 8 d，菌丝长满培养基平板后，刮取菌丝体，称重后液氮研磨成均匀的细粉。

（二）DNA 提取

采用 CTAB 法或 SDS 法提取。

1. CTAB 提取法

1）在 1.5 mL EP 管中加入 0.2 g 液氮研磨的菌丝体细粉，并加入 600 μL CTAB 裂解缓冲液。充分混匀置 65 ℃恒温中水浴 1 h。

2）室温条件下 12 000 r/min 离心 10 min。

3）上清液转入另一 EP 管中，加入等体积的酚/氯仿，轻轻往复倒转几次，混合均匀，4 ℃条件下 12 000 r/min 离心 10 min。

4）上清液移入另一 EP 管中，加入等体积的氯仿/异戊醇，轻轻混匀后 4 ℃条件下 12 000 r/min 离心 10 min，弃沉淀。

5）上清液加入 2 倍体积的无水乙醇，轻轻混匀，于–20 ℃冰箱沉淀 2 h，可见絮状沉淀，4 ℃条件下 8000 r/min 离心 10 min 收集沉淀，弃上清液。

6）沉淀用 70%的乙醇洗涤 2～3 次，倒置沥干乙醇。

7）加入 100 μL TE 缓冲液溶解沉淀。

2. SDS 提取法

1）在 1.5 mL EP 管中加入 0.2 g 液氮研磨的菌丝体细粉，并加入 600 μL SDS 裂解缓冲液。充分混匀置 65 ℃恒温中水浴 30 min，不时颠倒混匀。

2）加入 200 μL 5 mol/L 的乙酸钾，混匀，冰浴 20 min，取出室温条件下 1 000 r/min 离心 20 min。

3）上清液转入另一 EP 管中，加入等体积的酚/氯仿，轻轻地来回倒转几次，混合均匀，4 ℃条件下 12 000 r/min 离心 10 min。

4）上清液移入另一 EP 管中，加入等体积的氯仿/异戊醇，轻轻混匀后 4 ℃条件下 12 000 r/min 离心 10 min，弃沉淀。

5）上清液加入 2 倍体积的无水乙醇，轻轻混匀，于–20 ℃冰箱沉淀 2 h。4 ℃条件下 8000 r/min 离心 10 min，收集沉淀。

6）沉淀用 70%的乙醇洗涤 2～3 次，倒置沥干乙醇。

7）加入 100 μL TE 缓冲液溶解沉淀。

（三）DNA 质量的检测

取 5 μL 上述溶液，在 0.8%琼脂糖凝胶电泳，Du Red 核酸染料，紫外灯下观察所提取的基因组 DNA 质量及片段大小，与 λ DNA/*Hind*Ⅲ＋*Eco*RⅠ电泳后，Du Red 核酸染料的荧光强度比较，估计其含量，确定其分子质量大小，将片段大于 20 kb、无降解的 DNA 置-20 ℃冰箱保存备用。

（四）RAPD 反应体系

将所提取的不同平菇菌株的基因组 DNA 用超纯水稀释至终浓度在 0.1～10 ng/μL。PCR 反应的总体积为 25 μL，组分见表 6-1。另取一离心管作为阴性对照，其模板用 ddH_2O 代替。

表 6-1　PCR 扩增反应体系中各成分的含量

成分	体积/μL	终浓度
10 × PCR 缓冲液	2.5	1 ×
10 mmol/L dNTP	0.25	0.1 mmol/L
10 μmol/L 引物	1.0	0.2 μmol/L
Taq（5 U/μL）	0.2	1 U
DNA 模板	10	<20 ng
ddH_2O	11.05	
总计	25	

（五）RAPD 反应条件

扩增反应在 PCR 扩增仪上进行，92 ℃预变性 5 min，然后 92 ℃变性 1min，35 ℃复性 1 min，72 ℃延伸 2 min，共 35 个循环，最后 72 ℃补平 10 min，终止温度为 4 ℃。

（六）琼脂糖凝胶电泳及染色

反应结束后，取反应产物 10 μL 与 2 μL 溴酚蓝指示剂混匀，点样于 1.4%琼脂糖凝胶上，同时点 5 μL λ DNA/*Hind*Ⅲ＋*Eco*RⅠ作分子质量标记，在 1 × TAE 缓冲液中电泳，电压为 5 V/cm，待溴酚蓝距凝胶前缘 1 cm 左右停止电泳。电泳染色可采用胶染法或泡染法两种。胶染法是在制胶时加入 Du Red 核酸染料，每 50 mL 琼脂糖溶液中加入 5 μL Du Red 10 000 × 储液（以此比例类推）；泡染法是按照常规方法进行电泳，用水将 Du Red 10 000 × 储液稀释约 3300 倍到 0.1 mol/L NaCl 中，制成 3 × 染色液，缓慢加入到凝胶中，染色液要浸没凝胶，室温振荡染色 30 min 左右，用水冲洗后置凝胶成像仪上拍照。

（七）数据处理

用 Gel-Pro Analyzer 软件计算在琼脂糖凝胶上出现每条 PCR 扩增产物 DNA 片段的分子质量。把分子质量不同的片段作为多态性状，分子质量相同的条带作为一个相同性状，有性状记为 1，无性状记为 0。用 SPSS 统计软件中的系统聚类法进行聚类分析，构建树状图。菌株间的相似系数用匹配系数（SM）表示，计算公式为

$$SM=m_1/(m_1+m_2)$$

其中，m_1为匹配的变量个数（即两变量同时取1与同时取0的配对数），m_2为不匹配的变量个数（即两变量取不同值的配对数）。SM的取值为0～1，当SM越接近于1，表示两菌株间遗传相似程度越高，当SM越接近于0时，表示两菌株间遗传相似程度越低。

五、思考题

1. RAPD技术有何特点？
2. 如何利用RAPD技术检测平菇基因组差异？
3. DNA提取过程中应注意什么？

六、参考文献

卢纹岱. 2010. SPSS统计分析. 4版. 北京：电子工业出版社

许峰，刘宇，尹永刚，等. 2012. 北京地区杏鲍菇菌株遗传多样性的RAPD分析. 中国食用菌，31（6），35～37

叶长文，谭海芹，吴应淼，等. 2013. 香菇135和9015品种遗传多样性的RAPD分子标记研究. 浙江大学学报（理学版），40（2）：230～234

曾东方，罗信昌. 2001. 应用RAPD分析快速鉴定外生菌根蘑菇分离物的真伪. 林业科学，37（6）：59～65

Lee H K，Shin C S，Min K B，et al. 2000. Molecular systematics of the genus Pleurotus using sequence specific oligonucleotide prodes. *In*: Van Griensven. Science and Cultivation of Edible Fungi. Zurich：A. A. Balkema Nether Lands：207～213

Lewinsohn D，Nevo E. 2001. Genetic diversity in populations of the *Pleurotus eryngii* complex in Israel. Mycology Research，105（8）：941～951

Welsh J，Mcclelland M. 1990. Fingerprinting genomes using PCR with arbitrary primers. Nucl Acids Res，18：7213～7218

Williams J G，Kubelik A R，Livak J，et al. 1990. DNA polymorphisms amplified by arbitrary primers as useful as genetic markers. Nucl Acids Res，18：6531～6535

实验七　平菇栽培技术

一、实验目的

1. 理解并掌握平菇棉籽壳袋栽技术。
2. 学习平菇的生物学特性。
3. 了解平菇各类品种的特点。

二、实验原理

平菇是侧耳属食用菌的俗称，侧耳属（*Pleurotus*）是具有重要经济价值的食用菌，被广泛栽培的有10多个种。最常见的有糙皮侧耳、榆黄菇、凤尾菇、佛罗里达侧耳等。通常把侧耳属中普遍栽培的糙皮侧耳、凤尾菇和白黄侧耳等食用菌统称平菇。平菇是世界上栽培量最大的食用菌之一，也是我国发展速度较快、种植面积较广、经济效益较高的食用菌种类。目前，除我国外，种植面积较大的国家有韩国、日本、泰国、印度、新加坡、意大利、匈牙利、德国等。美国、加拿大、法国、波兰、澳大利亚等国家也开始重视平菇的生产，平菇已成为世界性的食用菌。

平菇肉质肥厚、风味独特、营养丰富、味道鲜美适口。分析结果表明，平菇含有的蛋白质丰富，且含有人体必需的多种氨基酸和矿质元素，经常食用可以增强人体免疫力、降低胆固醇、降低血压并防治肝炎。

由于平菇抗逆能力强，所以适应性很广，可以采用熟料、发酵料、半熟料栽培，也有人采用生料栽培。它的原料来源十分广泛，木屑、作物秸秆，以及蔗糖渣、甜菜渣、木糖肥料等工业生产的下脚料都可以用来栽培平菇。平菇栽培方式多种多样，可以是袋栽、畦栽，也可以是地栽。平菇栽培相对容易、出菇快、生产周期短、产量高，因此，初学者一般以栽培平菇为起点，逐步掌握其他菇种的栽培技术。

1. 生物学特性

平菇菌丝体白色，多细胞多分枝，子实体丛生或叠生，菌盖直径5～20 cm，呈贝壳形或舌状，褶长，延生，较密。菌褶从子实体形成时就一直裸露在空气中，没有菌膜包围，菌褶由菌盖一直延伸到菌柄上部，形成脉状直纹。菌柄生于菌盖一侧（偏生或侧生），白色，中实。孢子圆柱形，无色，光滑，弹射孢子时，似一缕缕轻烟，呈烟雾状。

平菇属于四极性异宗接合的食用菌，担孢子萌发后形成单核菌丝，两条不同性别的单核菌丝结合后形成双核菌丝，双核菌丝具锁状联合，达到生理成熟后，菌丝扭结形成子实体（图7-1），平菇子实体的分化发育可分成以下几个时期。

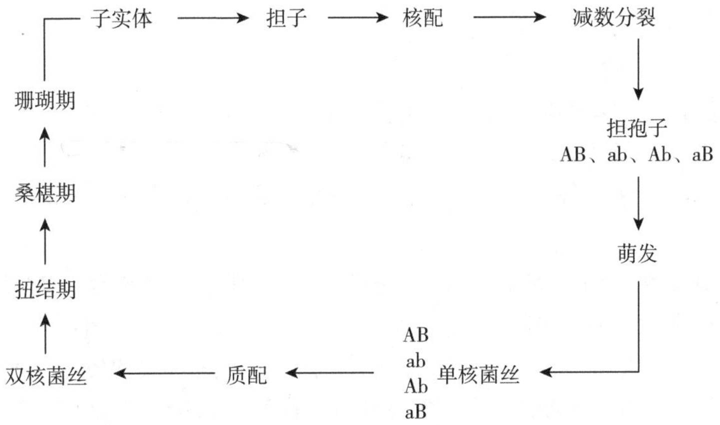

图 7-1　侧耳的生活史

扭结期：菌丝体在适宜的环境条件下，当培养料表面的气生菌丝的生长逐渐减弱，颜色由雪白转暗，菌丝扭结成团，并出现黄色水珠时，开始分化出呈瘤状突起的子实体原基。

桑椹期：原基进一步分化发育，成为小米粒状的菌蕾，形似桑椹，故称桑椹期。

珊瑚期：桑椹期的菌蕾逐步发育形成珊瑚状的菌蕾群，菌蕾伸长并且中间膨大，成为原始菌柄。其中只有少数菌蕾能发育成子实体，大部分萎缩。

伸长期：菌盖和菌柄已有明显区别。

成形期：菌柄逐渐加粗，菌盖进一步发育长大。

成熟期：从成形期至成熟期，根据菌盖形态变化及成熟程度，又分为以下 4 个时期。

1）幼菇期菌褶开始出现，孢子也开始形成。

2）成熟前期，菌盖展开，中部隆起呈半球形，孢子开始弹射。

3）成熟中期菌盖充分展开，边缘上卷，此期释放孢子最多，其中又以菌盖向上翻卷部分释放的孢子最多。

4）成熟后期菌盖开始萎缩，边缘有裂缝出现，孢子释放进入尾声。

2. 营养和环境条件

（1）营养

平菇的生活力很强，可以从各种天然材料中获得生长发育所需要的碳素营养、氮素营养及维生素。各种农林副产品，如木屑、棉籽壳、玉米芯、蔗渣、甜菜废丝、麦麸、米糠、豆饼粉、稻草等都可以作为栽培平菇的原料。

（2）温度

平菇的不同发育时期对温度要求不同。孢子萌发的适宜温度为 24～28 ℃；菌丝在 4～35 ℃均可生长，在 24～27 ℃生长最快。子实体形成需要较低温度，以 13～17 ℃最适宜，也因平菇的品种不同略有差异。平菇属于变温结实性菇类，菌丝成熟后，变温能刺激子实体的分化。

（3）湿度

水是平菇生长的重要条件。菌丝生长要求培养料含水量为 60%～65%。含水量过高、过低都不利菌丝生长。子实体发育要求较高湿度，以空气相对湿度 85%～90% 为宜。低于 80%，子实体发育缓慢；高于 95%，子实体易腐烂，容易污染杂菌。

（4）空气

平菇是好气性真菌，需要吸收氧、排出二氧化碳。但菌丝生长对氧的需要量不太高，发菌前期，混在培养料中的氧就够了，后期养菌室需要通风换气。子实体发育要求通气良好。如果二氧化碳过多，则抑制子实体的形成和发育，甚至形成畸形菇。所以，当平菇子实体形成时，菇房要通风换气，保持空气新鲜。但风也不能直接吹在菇体上，否则也会影响子实体的发育。

（5）光照

平菇菌丝在黑暗条件下能正常生长。子实体形成需要一定的散射光，因此，在平菇形成子实体时，菇房内保持一定的散射光，有利于菇体发育。光线过暗会形成畸形菇。直射光也会抑制子实体的形成或使子实体表面干裂。

（6）酸碱度（pH）

侧耳菌丝生长喜偏酸性环境，在 pH 3.0～7.5 能生长，最适 pH 5.4～6.0。在其生长过程中，由于代谢产酸，培养料的 pH 逐渐下降。用稻草作培养料，在偏碱的条件下，到产生子实体时，一般可下降到 pH 4.8～5.5，有的可降至 pH 4.5。为了使侧耳在整个生长过程中较好地生长发育，降低污染率，尤其是在生料或发酵料栽培时，配制培养料时应调节 pH 至 8.0。pH 过高难发菌，pH 低于 5.4 时，菌丝生长缓慢。

3. 常见栽培品种

平菇品种很多，可根据季节、栽培场所、市场需求等因素选择适宜品种。按菌盖的色泽，平菇可分为黑色、灰色、灰白色、白色、黄色和粉红色等，但是菌盖的色泽会随着温度的升降而变化；按出菇的温度，可分为低温型品种、中低温型品种、中高温型品种和广温型品种。

（1）低温型品种

糙皮侧耳是目前广泛栽培的菇类。菌盖主要呈灰色或黑灰色，随其长大渐变为浅灰色或褐黄色。

（2）中温型品种

佛罗里达侧耳，菌盖漏斗或扇形，初期灰白色、成熟后多呈奶白色。性状稳定、产量高、耐贮运。

凤尾菇（漏斗菇），菌盖灰褐色，形状似凤尾，菇体肥厚，品质好，用稻草栽培效果好，成本低。

（3）高温型品种

桃红侧耳（红平菇），子实体幼嫩时桃红色，成熟时退至近白色。

鲍鱼菇（盖囊侧耳），菌柄短小、粗壮，菌盖呈暗灰色或褐色，成熟时菌褶边缘呈暗黑色。肉质肥厚，脆嫩可口，有独特的鲍鱼风味。

低温型品种栽培面积较大、品质好、产量高。品种一定要轮用，忌重复。

平菇在全国各地栽培非常广泛，栽培方式多种多样，但基本方法相似，常见的栽培方式有室内床栽、袋栽、菌砖栽培、田间塑料大棚栽培、阳畦栽培等。有些菇农常利用通风良好的地窖，人防地道作为出菇场所。还有些菇农将平菇与蔬菜、水稻套作，无论哪种栽培方式，它们在栽培料的配比、拌料、播种、发菌条件及出菇管理等方面都是基本相同的。

在平菇的生料栽培中，常加入少量多菌灵抑制杂菌。多菌灵是一种广谱抗真菌药剂，但在一定浓度范围内对平菇菌丝的生长没有抑制作用。培养料中多菌灵不能多加，以防农药残留超标。有些单位采用发酵料常压灭菌[95～100 ℃/（3～5 h）]后袋栽平菇，不添加多菌灵，效果也很好。

三、实验材料

新鲜无霉变的棉籽壳、石膏、25%含量的多菌灵、宽 25～30 cm 的聚乙烯薄膜塑料筒、高锰酸钾、来苏儿或新洁尔灭、生石灰、水桶、塑料绳、剪刀、铁锹、栽培种、75%消毒乙醇、脱脂棉球、火柴、培养室。

四、实验步骤

1. 配料

棉籽壳 99%，石膏 1%，多菌灵 0.1%～0.2%，培养料混合拌匀后的含水量为 60%～62%。

2. 拌料

拌料时，先称好棉籽壳，倒在已消毒好的水泥地面或桌面上，再把称好的石膏及多菌灵用水溶解，搅拌均匀，然后倒入棉籽壳中，边拌料边加水，直到均匀为止。

3. 测含水量

测定方法与做栽培种相同。

4. 装袋接种

采用宽 25～30 cm，长 40～50 cm 的聚乙烯塑料薄膜袋。一端用透气塞封口，先装入一层已掰成蚕豆粒大小的栽培种，再装入一层厚约 5 cm 的栽培料（边装边压实），再加一薄层栽培种，如此重复，直到快装满塑料袋时，最后在袋口放一层菌种，加入一透气塞后将袋口扎紧，也可仅在塑料袋的两端和中间部位放菌种，袋口直接扎紧后打孔通气。栽培种的用量一般为培养料的 15%～20%。

5. 培养

将接完种的菌袋，运到培养室中平放在培养架上培养。需要码放时，不要堆得太高。培养室要求室内卫生、清洁、通风良好。在较低的室温（15 ℃左右）条件下培养，能显著降低污染率。袋筒培养一段时间，应进行翻袋。目的在于让菌袋各部发菌一致，并在翻袋的同时挑出污染袋。经 30～40 d 菌丝可长满全袋。

6. 出菇管理

当袋筒内菌丝长好后应立即搬到出菇室进行出菇。出菇室要求清洁卫生、通风透光、保温保湿性能好。出菇室的地面以水泥地面或砖面为好。

（1）原基形成期　光线和变温刺激有助于原基分化，此时菇房应有散射光照射，菇房温度以 10～15 ℃为宜。菌袋在这样的条件下再继续培养 3～7 d，菌丝开始扭结形成原基（菌袋两端出现米粒状的扭结物）。此时应将袋筒两端透气塞拔掉，使袋筒通风换气，向室内空间喷雾状水，保持室内相对湿度 80%～85%。

（2）菇蕾形成期　原基得到空气和水分后生长很快，形成黄豆粒大小的菇蕾，这时应将袋筒两端多余的袋边卷起，使菇蕾和两端的栽培料露出袋筒。菇蕾形成之后，除需要光照外，菇房温度还应稳定，这样有利于菇蕾的生长发育，一般保持在 15～16 ℃。菇房内的空气相对湿度应为 80%～85%，要给予适当的通风，否则菇蕾会因缺氧而不能正常生长发育，通风应在喷水之后进行，以免菇蕾因通风而失水干缩，甚至死亡。

（3）子实体生长期　菇蕾在适宜的条件下，迅速形成长大。此时对氧气和水分的需求量很大，因此应加大菇房的通风，提高菇房内的相对湿度。一般采用增加通风次数，延长通风时间的方法来增加菇房内的 O_2，排除 CO_2。子实体生长时期菇房相对湿度要求在 85%～90%，达不到时应在菇房喷雾状水。喷水次数应根据当时的天气情况和菇房湿度的大小而定。喷水的原则是勤喷少喷，每天喷水 2～3 次，每次喷水后，通风 30 min 左右，并增加光照。总之，子实体生长时期的管理关键是要协调好通风、湿度及温度之间的关系。

7. 采收

子实体成熟后要及时采收，采收标准应根据商品的需求而定，如盐渍平菇，菌盖长至 3～5 cm 时即采收，而鲜售时可适当大些。第一潮菇采收后，要将残留的菌柄、碎菇、死菇清理干净，停止喷水 2～3 d，让菌袋中的菌丝积累养分，然后再喷水促使第二潮原基形成，整个生产周期可收获三潮菇。

五、思考题

1. 平菇的栽培方法有哪几种形式？试分析各种栽培方法的优缺点。
2. 简要说明袋栽平菇每一工艺流程的要点。
3. 导致侧耳子实体菌盖小、菌柄细长的因素是什么？

六、参考文献

蔡衍山，吕作舟，蔡耿新．2003. 食用菌无公害生产技术手册．北京：中国农业出版社
陈德明. 2001. 食用菌生产技术手册. 上海：上海科学技术出版社
陈士瑜，陈惠. 2003. 菇菌栽培手册. 北京：科学技术文献出版社
陈士瑜．1999. 菇菌生产技术全书. 北京：中国农业出版社
宫志远，任鹏飞. 2011. 图说平菇栽培关键技术. 北京：中国农业出版社
黄年来. 1997．中国食用菌百科. 北京：中国农业出版社
吕作舟. 2006. 食用菌栽培学. 北京：高等教育出版社
王传福. 2002. 新编食用菌生产手册. 郑州：中原农民出版社
王贺祥，刘庆洪. 2012. 食用菌采收与加工技术. 北京：中国农业出版社
王贺祥. 2008. 食用菌栽培学. 北京：中国农业大学出版社
王立安. 2012. 食用菌栽培常见问题解答. 石家庄：河北科学技术出版社
张金霞，黄晨阳. 2008. 无公害食用菌安全生产手册．北京：中国农业出版社
张金霞. 2004. 食用菌安全优质生产技术．北京：中国农业出版社

实验八　香菇栽培技术

一、实验目的

1. 掌握香菇代料栽培的工艺流程和栽培方法。
2. 学习香菇生长发育所需要的环境条件。
3. 了解香菇各品种的特点。

二、实验原理

香菇（*Lentinula edodes*），又名香蕈、香菌、厚菇、花菇，是一种著名的食用菌和药用菌。由于它味道鲜美，菌肉肥厚，且香味浓郁，口感纯正，营养丰富，又具有十分明显的医疗保健作用，因此多年来为各国消费者所喜爱。是国内外市场上最畅销的大宗人工栽培食用菌，产量居世界第二位。

每 100 g 干香菇的食用部分中，含水分 13 g，脂肪 1.8 g、碳水化合物 54 g、粗纤维 7.8 g、灰分 9 g、钙 124 mg、磷 415 mg、铁 25.3 mg、维生素 B_1 0.07 mg、维生素 B_2 1.13 mg、烟酸 18.9 mg。鲜菇含水量为 80%～90%，固形物中粗蛋白 19.9%，可溶性无氮物质 67%，灰分 3%。构成香菇蛋白质的氨基酸种类齐全，且人体必需氨基酸含量丰富，约占氨基酸总量的 35.7%。

香菇脂肪的碘价为 139，可见所含脂肪酸的不饱和程度甚高。不饱和脂肪酸中，亚油酸占 80%以上，油酸占 10%。香菇中的麦角甾醇，经日光或紫外线照射可转变为维生素 D_2，故香菇为抗佝偻病的食物之一。香菇所含的碳水化合物以半纤维素为最多，此外尚有甘露醇、海藻糖（菌糖）、葡萄糖、糖原、戊聚糖、甲基戊聚糖等。香菇的鲜味成分，是一类水溶性物质，其中主要成分是谷氨酸和 5′-鸟苷酸（5′-GMP）。香菇的香味成分主要是香菇酸分解生成的香菇精。

香菇也是我国一种著名的药用菌，历代医药学家对香菇的药性及功用均有著述。香菇多糖具有明显的抗肿瘤效果。香菇中的腺嘌呤及其衍生物，可降低血脂和预防肝硬化，所含的酪氨酸氧化酶，有降低血压的功效。民间用香菇作为小儿患天花和麻疹时的辅助治疗食物。香菇还具有抗衰老等功效。

香菇从段木栽培发展到用多种农林下脚料代料栽培，从室内栽培发展到室外栽培，其栽培技术已获得重大突破。香菇的品种很多。按菌肉厚薄分为厚、中、薄型品种；按菌盖大小分为大、中、小型品种；按出菇温度分为低、中、高温型品种；按出菇季节分为春、夏、秋、冬季栽培的品种。目前生产上形成了搭配比较合理的品种组合。

1. 香菇的生物学特性

香菇属于担子菌门、层菌纲、伞菌目、口蘑科、香菇属。在寒冷和干燥的特殊条件下，菌盖表面开裂成菊花状或龟甲状，露出白色的菌肉，叫花菇。由于其生长缓慢、组织致密、口感风味俱佳，是香菇中的珍品。

香菇子实体单生、丛生或群生，菌盖圆形，通常 5～10 cm，有时可达 30 cm，表面茶褐色、暗褐色，被有深色鳞片。幼时边缘内卷，有白色或黄色的绒毛，随生长而消失。菌盖下面有丝状菌幕，后破裂，形成不完整的菌环。老熟后菌盖平展、翻卷、开裂。菌肉白色，肉厚、质韧、耐储运。香菇烘干后具有特殊香味，故名香菇。菌褶弯生、白色，受伤后产生斑点，生长后期变成红褐色。菌柄（3～6）cm×（1～1.5）cm，中生或偏生，内实，纤维质，菌环以上部分白色，以下部分褐色。孢子印白色，孢子在显微镜下无色，椭圆形，一端稍大，（5～7）μm×（3.4～4）μm。双核菌丝有锁状联合。

香菇担孢子萌发时不产生典型的芽管，而是先膨大为原来的 2～5 倍，孢子延长轴方向生长，内部出现空泡，在细胞分裂时，核先拉长，后中部收缩，分裂成两个核，核膜始终存在。在 PDA 培养基上，萌发的担孢子经 18 h 之后，变成一条有 3～4 个细胞的单核菌丝。

条件适宜时，单核菌丝的尖端细胞反复分裂，向前伸长。细胞分裂时，细胞核首先分裂。香菇的单核菌丝没有产生子实体的能力，菌丝分枝的角度小，对木材的腐朽能力和对环境的抵抗力都比双核菌丝弱，单核菌丝具有四极性。

两条可亲和的单核菌丝结合之后，一方细胞内的细胞核迁移到另一方细胞内，进行质配。经过质配后，每个细胞中含有两个细胞核，称为双核菌丝。香菇的双核菌丝具有锁状联合。锁状联合的形成与细胞核的分裂是同步进行的，在细胞核的分裂后期形成完毕。双核菌丝分枝角度大，生活力旺盛，抵抗不良环境能力强，在适宜条件下大量繁殖并能产生子实体。

当外界具备香菇子实体分化和发育的条件时，达到生理成熟的菌丝就进入扭结阶段。最初阶段菌丝互相交织成直径 0.5～1.0 mm 的菌丝团（内部较疏松），其后逐渐增大，内部变得很致密。当直径达到 1～2 mm 时，成为坚固的菌丝团，称为盘状体或原基。原基上半部菌丝组织生长速度比下半部快，而且逐渐下包、扩展成菌盖原基，下半部则成为菌柄原基。菌盖原基继续向下扩展，其外缘逐渐内卷，最后菌盖边缘部分和菌柄原基连接起来，接触后菌柄上的菌丝与菌盖上的菌丝立刻交织在一起，形成一个封闭式的半球形的腔。至此，原基已发育成直径 4～6 cm 的菌蕾（菇蕾）。在球形腔的顶壁，双核菌丝向顶端细胞呈放射状水平排列，随后形成幼小的、放射状的、长短不一的褶。由于菌盖向外扩展和菌柄的加粗及伸长，菌盖边缘和菌柄之间的连接部分拉得很紧，形成覆盖褶腔的菌幕。继之菌盖胀破菌幕，使子实层完全裸露在空间。稍后，子实层上发育完全的担子，顺序而有节奏地发射出担孢子。最后菌盖几乎完全平展甚至反卷。

香菇的生活史和典型的担子菌的生活史是基本相似。大体由如下 9 步组成：

1）担孢子萌发。

2）产生 4 种不同交配型的单核菌丝。

3）两条可亲和的单核菌丝通过结合，进行质配。

4）产生每个细胞中有两个细胞核的、横隔处常有锁状联合的双核菌丝。

5）在适宜条件下，双核菌丝形成子实体。

6）在菌褶上，双核菌丝的顶端细胞发育成担子，担子排列成子实层。

7）在成熟的担子中，两个单元核发生融合（核配），形成一个双元核（$2n$）。

8）担子中的双元核进行两次细胞分裂，其中包括一次减数分裂。此时，双方的遗传物质进行交换、重组、分离，最后重新形成 4 个单元核（n），每个单元核分别通过担子小梗在其顶端形成 1 个担孢子。

9）担孢子弹射后（表示生活史结束），在萌发过程中，经常发生一次有丝分裂，表示生活史重新开始。

2. 香菇生长发育需要的营养和环境条件

（1）营养

香菇是典型的木腐真菌，香菇菌丝细胞体内含有分解木材中各种有机物质的酶类，并通过分泌胞外酶，将木质素、纤维素、半纤维素、蛋白质等大分子有机物分解成结构简单、可溶于水的葡萄糖、氨基酸等物质，供细胞吸收利用。香菇和其他生物一样，需要的营养物质也分为碳源、氮源、矿质元素、维生素类和生长素类。

1）碳源：香菇菌丝可利用广泛的碳源，包括单糖类（葡萄糖、果糖）、双糖（蔗糖、麦芽糖）和多糖类（纤维素、淀粉等）。具有很强的分解纤维素、半纤维素和木质素的能力，栽培中由于其生长周期较长，基质中应含有硬质的木屑，较长时间地供给其所需营养，有利于培养出优质的香菇子实体。

2）氮源：香菇菌丝能利用有机氮和氨态氮，不能利用硝态氮和亚硝态氮。香菇生长发育的最适氮源浓度，因氮源种类和香菇菌株的不同而有所不同。一般情况下，在香菇菌丝营养生长阶段，C/N 在（25～40）：1 为好，高浓度的氮会抑制香菇原基的分化。

3）矿质元素：除了镁、硫、磷、钾之外，铁、锌、锰同时存在能促进香菇菌丝的生长，并有相辅相成的效果。

4）维生素类：香菇菌丝生长必须吸收维生素 B_1，适合香菇菌丝生长的维生素 B_1 浓度大约是每升培养基 100 μg。其他维生素则不需要额外添加。

（2）温度

温度是影响香菇菌丝生长、子实体分化和发育的最重要因素。

香菇孢子萌发的适宜温度在 22～26 ℃；菌丝生长的温度是 5～34 ℃，最适温度 24～26 ℃，35 ℃停止生长，38 ℃以上死亡。菌丝在 0 ℃以上有微弱活动，5 ℃以上开始生长，15 ℃以上菌丝生长明显加快。香菇菌丝耐寒力较强，但过大的昼夜温差有抑制菌丝生长的作用，因此，养菌期间昼夜温差最好不要超过 5 ℃。生长在基质内的菌丝体，由于受基质的保护和秋季气温逐渐降低的锻炼，可抵御-20 ℃以下的低温。

香菇是低温和变温结实性的菇类，原基分化需要一定的温差刺激，一般需要 5～10 ℃的昼夜温差。子实体分化的温度是 7～21 ℃，最适温度为 10～12 ℃。子实体发育的温度是 5～28 ℃，适温为 12～18 ℃。子实体发育时，温度偏高生长较快，菌盖薄、菌柄长、质地疏松、易开伞，品质较差；温度偏低，子实体生长缓慢，菌肉肥厚、质地致密、不易开伞，品质优良。当子实体发育到 4～5 成熟时，遇到低温、干燥条件和较大的温差，菌盖表面细胞由于生长受阻或停止生长而致开裂，露出白色菌肉，成为花菇。因其口感、风味俱佳，被誉为香菇中之珍品。

生产中，根据各香菇菌株原基分化的温度范围，将菌株分为低温型（5～15 ℃）、中温型（10～20 ℃）和高温型（15～26 ℃）。

香菇子实体分化还需要积累一定的有效积温，不同的菌株（品种）有较大差异。早熟型品种的有效积温一般是 800～1300 ℃，中熟型品种为 1400～2000 ℃，晚熟型品种需 2000 ℃以上。

（3）水分和空气湿度

水分对担孢子的影响：在适温（22～24 ℃）条件下，孢子在水中或适宜的培养液中萌发率达 80%～100%。在蒸馏水中能够萌发，但菌丝不能生长。在冰水中经 24 h 萌发率降至 50%～60%。在 20 ℃，相对湿度 90%时，担孢子经 90 d 便失去萌发力；在 20 ℃，相对湿度 10%时，经 210 d，孢子萌发力仍然很好。

水分对菌丝的影响：在木屑培养基中，菌丝生长的最适含水量是 55%～65%；在菇木中适宜的含水量是 35%～45%。养菌期间密闭容器内的菌丝对环境中的空气湿度不敏感。发菌阶段空气相对湿度要求不高，一般控制在 70%以下，以免杂菌滋生。

水分对子实体的影响：子实体发生、生长发育需要较多的水分，木屑培养基中适宜的水分为 60%～65%，空气相对湿度一般为 85%～90%。基质水分过大，香菇质软易腐、菌盖呈暗褐色水浸状，商品价值低。基质水分适宜，可培养厚菇；若基质含水量偏少，空气湿度昼低夜高，气温昼高夜低，可以培养柄短肉厚，菌盖色浅，表面有裂纹的花菇。

子实体的分化需要干湿差的刺激，“干湿交替、干干湿湿”的条件有利于养菌与出菇的转换，即干养菌，湿出菇。

（4）氧气与二氧化碳

香菇是好气性菌类，足够的新鲜空气是保证香菇菌丝生长和子实体发育的重要环境条件之一。菌丝生长阶段缺氧，生长受阻，生长缓慢或停止生长，菌丝易衰老、死亡，从而导致污染。生产中常用刺孔、换气、打开包扎等措施增氧，以解决菌丝生长阶段对氧气的大量需求。

子实体分化期间缺氧，原基无法分化，发育期间缺氧，子实体畸形，菌柄长、菌盖小、菌褶难以形成。当菇房内二氧化碳浓度达 1%时，子实体长不大、易开伞；达 5%时，不能形成子实体。

（5）光照

强烈的光照对孢子萌发有不利的影响，孢子在直射阳光下晒 10 min，其萌发率减少一半，晒 30 min 几乎不萌发。在微弱的光照下形成的子实体中，孢子的发生量很少。

菌丝在黑暗条件下生长良好，强光对菌丝有强烈的抑制作用。波长为 380～540 nm 的蓝光对菌丝生长有抑制作用，而对原基形成有利。

完全黑暗条件下，子实体不分化，只要有微弱的光线（5 lx 以下），就能促进子实体的形成，但子实体的菌盖和菌褶发育较差，菌盖小、颜色浅、菌柄长、菌肉薄、品质差、畸形菇多。适当的散射光对子实体原基的分化及子实体的生长发育非常有利。生产中，原基正常形成后，在发育过程中，即使在直射阳光下，只要温度不高，子实体就能够正常发育，且易形成花菇。

黑暗条件下，菌棒（菌块）不能正常转色，适当的散射光是转色的必要条件。

（6）酸碱度

香菇菌丝生长的 pH 是 3～8，最适为 4.5～6.0，大于 7.5 时菌丝生长受抑制。

pH 3.5～4.5 适于香菇原基的分化和子实体的发育。在培养基中，香菇菌丝生长产生和积累的有机酸，如乙酸、琥珀酸、草酸等，可使培养基酸化，从而促进子实体的分化和发育。处于中性条件下的培养基，经香菇菌丝生长后，其 pH 一般为 3.7～3.8，有利于出菇。

3. 各品种的特点

1）早生种：接种后 70～80 d 出菇，多数出菇温度较高，如闽丰 1 号、五香 1 号等。

2）晚生种：接种后 120 d 出菇，多数出菇温度较低，如 241-4、135 等。

3）低温型品种：冬季品种，出菇温度 5～15 ℃，组织紧密，盖厚柄短，品质好。常见品种有 7402、241-4。

4）中温型品种：秋季种，出菇温度 10～20 ℃，质地较紧密，菌盖较厚，柄短，品质好。常见品种有 939。

5）高温型品种：春季菇，出菇温度 15～25 ℃，质地较松，菌盖较薄，菌柄较长，品质较差。常见品种有 7405、闽丰 1 号、五香 1 号、苏香 1 号等。

6）广温型品种：出菇温度 8～28 ℃，多为代料种。质地多随温度改变有差异，较低温度下质地紧密，柄短肉厚，品质好；较高温度下菌盖小而薄，菌柄细而长。常见品种有 L-66、Cr-02、82-2 等。

三、实验材料

香菇栽培种、木屑、麦麸或米糠、棉籽壳、蔗糖、石膏、尿素或硫酸铵、过磷酸钙、玉米粉或黄豆粉、15 cm × 50 cm 的聚丙烯塑料袋筒、水盆、水桶、磅秤、高锰酸钾、高压灭菌锅或常压灭菌锅、75%酒精棉球、75%乙醇消毒瓶、酒精灯、镊子、打孔器、胶布、接种工具、铁锹等拌料工具。

四、实验步骤

香菇代料栽培法工艺流程为：

配料→拌料→装袋→灭菌→接种→培养→检查生长情况→揭胶布→移入出菇室或荫棚内→脱袋排场→转色→催蕾→出菇管理→采收。

1. 原料的选择

栽培香菇最好使用不含芳香族化合物的山毛榉科、桦树科等阔叶树的木屑，其他杂木屑也可使用，但以硬质木树种加工的木屑更有利于提高香菇质量。混有松、柏、杉、樟等木屑时一定要经暴晒或蒸煮，使芳香性物质挥发掉再用，以免抑制菌丝生长。麦麸是主要的氮源，无论木屑还是麦麸都要新鲜、无霉变。木屑要过筛，去掉碎木块等杂质，以免刺破塑料袋。

2. 培养料配方

1）杂木屑 78%，麦麸 20%，糖 1%，石膏 1%，含水量 60%。

2）杂木屑 60%，棉籽壳 20%，麦麸 18%，石膏 1%，糖 1%，含水量 60%。

3）杂木屑 78%，麦麸 16.6%，糖 1.5%，石膏 2%，尿素或硫酸铵 0.4%，过磷酸钙 0.5%，玉米粉或黄豆粉 1%，含水量 60%。

培养料的配方可因地、因材料而异，但各种物质的用量一定要注意 C / N 的要求。

3. 拌料

将木屑、麦麸及玉米粉等按需要量称好，其他糖、石膏等辅料称取后溶于水中，然后倒入木屑干料中搅拌均匀。培养料的含水量以手攥料能成团，但指缝中无水溢出，为含水量适中，若指缝中有水溢出，则说明水分偏高。水分含量偏高时培养料通气性不良，菌丝生长缓慢，含水量偏低同样阻碍菌丝的生长。

4. 装袋

培养料配好后，装入塑料袋中，边装边压实，直至袋筒上方留有 6 cm 空间，清理筒口，擦掉袋筒表面粘附的培养料，随后用线绳在紧贴培养料处扎紧，再将袋口反折后用线绳扎上数圈，称双层扎封。

5. 灭菌

料筒装完之后立即进行灭菌，生产量小可使用高压灭菌，生产量大时可采用常压灭菌。

常压灭菌时必须注意：

1）锅内清洗干净，换上清水，将料袋移入常压灭菌灶内，料袋在灶内呈“井”字形排放，或将料袋先装入周转筐再整筐装入灶内，使灶内蒸汽流畅，筒袋受热均匀，避免出现灭菌死角。

2）火力要“攻头、保尾、控中间”，即料筒入灶后用旺火猛攻，尽可能在 3 h 之内使灶内的温度达到 97～100 ℃；然后改大火为文火，100 ℃保持 9～10 h；最后用旺火猛烧。灭菌后自然降温，待温度降至 60 ℃以下方能出锅。将筒袋摆放在清洁、干燥、通风处进行冷却。筒袋冷却的场所事先要做好清理和消毒工作。

6. 接种

当料温降至 25 ℃时进行接种，接种是香菇栽培的重要环节之一。接种应在无菌室内进行，在生产实际中，为减少接种后的搬运，降低污染率，多改在培养室内接种，就近上架培养。

1）用剪刀将栽培香菇专用胶布剪成 3.5 cm × 3.5 cm 的小块，使用前放在无菌箱内熏蒸灭菌。

2）用镊子夹取 75%酒精棉球将筒袋接种的部位擦拭消毒。

3）用接种打孔器在筒袋的正面打 3 个孔，孔径 1.5 cm，孔深 2 cm。

4）将香菇栽培种横置在支架上，瓶口靠近酒精灯火焰，轻轻打开瓶盖，挖取一小块菌种，立即对准料筒上接种孔，将菌种推入，填满接种孔。菌种块应略高出料袋 2～3 mm，左手用灭菌羽毛将接种孔周围培养料扫净。

5）用剪好的胶布贴封接种孔，再将筒袋翻转 180°，按前边方法在筒袋上消毒、打孔、接种，孔位与对面错开。如果采用套袋（双层袋）接种和发菌，可不用胶布贴封接种穴。

7. 堆垛养菌

将接种后的菌筒搬入培养室进行养菌。培养室应预先消毒，并要求通风、黑暗、清洁、地面平整，最好为水泥地或砖地，先在地面薄薄地撒一层石灰粉，室温控制在 22～24 ℃，按每层 4 袋，层间纵横交错，成“井”字形，菌筒上的接种孔穴应向两侧，利于通气。堆高 80～100 cm，当堆温达到 28 ℃时，应拆高堆为矮堆。每天定时通风 1～2 次，以调节空气，排出 CO_2，还可降温。室内相对湿度维持在 70%以下，减少杂菌污染。

8. 揭胶布

接种 7 d 后，应拆堆检查，此时接种孔内菌丝应呈放射状蔓延，直径可达 6～8 cm，发现污染袋及时挑出。这时可将胶布揭开一个角，增加供氧量，以满足菌丝继续生长时对氧气的要求。揭角后，接种孔内氧气增加，菌丝生长旺盛，堆温急速上升，因此应将每层 4 个菌筒改为每层 3 个菌筒，拉大筒间的距离。当气温较高时还应将堆间的距离拉宽。加强室内通风，切勿让室温超过 30 ℃，否则将发生“烧菌”现象。

9. 脱袋

接种后，在正常情况下，经过 40～50 d 菌丝即可长满菌筒。52～60 d，菌筒内瘤状隆起占培养料表面 2/3，接种孔附近出现棕色斑，预示菌筒内菌丝已达到生理成熟。此时若利用自然条件出菇，气温如果未稳定在 22 ℃时，不要急于外移，这时可用刀片在菌筒上划 2～3 处“V”字形，以增加菌筒内的氧气。同时增加室内光照，使菌筒边成熟边转色。当平均气温下降至 22 ℃以下时，即可搬入出菇棚内脱袋。脱袋时左手提菌棒，右手拿刀片，在袋的两端划割一圈，袋的纵向划一刀（尽量不要伤及菌丝），顺手把薄膜脱离。脱袋后的菌棒排放到菇床的排架横木上，与畦面成 60°～70°夹角，菌棒间距约 10 cm，每排可放 8～9 个菌棒。菌棒脱袋排架后，畦上拱棚随即用 0.1%高锰酸钾消毒过的塑料薄膜覆盖，薄膜四周用泥土压住，以防止菌棒脱水。菌筒脱袋后出菇面积增大，但菌棒易脱水干燥，所以有些栽培者不脱袋直接让其出菇。

10. 转色

菌棒在薄膜内 2～4 d，不宜翻动薄膜，保持膜罩内恒温恒湿。当膜罩内超过 25 ℃时应短时间掀膜降温，膜内有大量水珠出现属正常现象。4～7 d 后，菌棒表面出现浓密白色绒毛状菌丝。当菌丝长 2 mm 时，就要增加掀膜次数，降温降湿，促使菌丝倒伏，形成菌膜，同时分泌色素，菌膜由白色转为粉红色，逐渐变为棕褐色，最后形成树皮状的褐色菌膜。

11. 催蕾

香菇属低温、变温结实性食用菌。菌棒转色后要使它能顺利出现原基，就必须给予一定的昼夜温差刺激。昼夜温差大，有利于诱发子实体原基的形成。一般白天温度在 20 ℃左右时采取盖膜保温，夜间掀膜通风降温。连续 2～3 d 后即会有菇蕾产生。

12. 出菇管理

原基能否形成并顺利发育成子实体的关键取决于昼夜温差大小、菌棒含水量多少、空气相对湿度大小及菌棒表皮的干湿差等条件。子实体形态是否正常关键在于温度和通风供氧量，菇体色泽深浅主要取决于空气相对湿度大小和光线强弱。必须根据气候的变化情况进行人为的调节控制，创造一个适宜香菇生长发育的环境条件，才能取得香菇栽培的优质和高产。

具体管理措施如下：

（1）保持菇棚内空气相对湿度　菌棒转色出现花斑龟裂后，应逐渐增加菇棚的遮荫度，并维持膜罩内 90%的相对湿度。随着菇蕾的分化，进入子实体发育阶段。最理想的空气相对湿度为 80%～85%，这对提高香菇品质、增加菌盖厚度有促进作用。

（2）增加通风　香菇子实体生长阶段，氧气需要量较大，如果氧气不充足，香菇子实体原基分化不良，会发生菌盖小、菌柄粗而长，成为畸形菇，导致产量低、质量差、效益低。因此，在香菇出菇阶段的管理中，要根据不同的气候环境，做好控温控湿和通风供氧工作。通常可根据天气情况采用控制掀膜次数和每次掀膜的时间来实现通风。如阴天湿度大时，可增加通风量。晴天或外界湿度小，应先浇水后通风。

（3）光线　香菇子实体生长需要一定的散射光线，光照强度在 300～500 lx 时，菌盖能正常着色。

13. 采收

适时采收是香菇栽培中的重要一环，过迟或过早采收都会影响其产量和质量。采收时期还应根据销售鲜菇或干菇的不同来决定，一般干菇销售及鲜菇内销时，以子实体 7～8 分成熟，即菌膜已经破裂、菌盖尚有少许内卷时采收为宜，这时采收的香菇质量好、价值高。鲜菇出口时，以菌盖 5～6 分开伞、子实体 5～6 分成熟，即菌膜微破裂或刚刚破裂时采收为宜。

采收前数小时不能喷水，以减少菇体内的含水量。采摘时，用拇指和食指捏住菇柄的基部左右转动即可采下。采摘时注意菇柄不能残留在菌棒上，以免腐烂污染杂菌；不要碰伤、碰掉菌盖造成次菇；不要触摸菌褶，以防菌褶褐变、倒伏；不要碰伤周围小菇蕾，总之，采菇时应小心。采下的香菇轻轻放入筐内，不要堆压过多。采后应立即进行烘烤或保鲜加工。

14. 采收后的管理

出菇后菌棒含水量减少，因此采收后应喷水保湿并增加通风的次数，促使菌丝恢复，积累养分以供第二潮菇的需要。经一周左右的恢复，采摘菇痕处开始发白，这时应加大湿度，白天盖紧薄膜，晚间掀开，人为拉大温差，诱导第二潮菇的形成。菇蕾形成后的喷水次数与喷水量根据天气情况而定，直至第二潮菇采收。

第二潮菇采收后，若菌棒失水太多，可采用刺棒补水的方法。即将菌棒用 8 号铁丝刺数个洞，然后将菌棒放入浸水池中，在池上面盖木板，压上石块，以防菌棒飘浮，一般浸 4～6 h 即可，然后放掉水，使菌棒表面的水蒸发后，重复前面的管理办法。

秋菇采收 2～4 潮后，气温低于 12 ℃以下时，每天通风 1～2 次，保持菌棒湿润，可顺利越冬。待到春季气温回升到 12 ℃以上时，再进行补水、催蕾等出菇管理。

花菇的形成需要更大的昼夜温差、较低的空气相对湿度和较强的光照。

五、思考题

1. 简述代料栽培香菇的工艺流程。
2. 你认为代料栽培香菇的技术关键有哪些？
3. 香菇菌棒转色的作用、时机和措施是什么？

六、参考文献

陈士瑜，陈惠. 2003. 菇菌栽培手册. 北京：科学技术文献出版社
何园素. 1994. 中国香菇. 上海：上海科学技术出版社
黄晨阳. 2010. 养生好食材——食用菌. 北京：中国农业出版社
黄年来. 1994. 中国香菇栽培学. 上海：上海科学技术文献出版社

黄年来. 1997. 中国食用菌百科. 北京：中国农业出版社
李明，田景花，李守兔，等. 2006. 食用菌病虫害防治关键技术. 北京：中国三峡出版社
吕作舟. 2006. 食用菌栽培学. 北京：高等教育出版社
秦俊哲，吕嘉枥. 2003. 食用菌贮藏保鲜与加工技术. 北京：化学工业出版社
宋春燕，陈明杰，谭琦，等. 2011. 图说香菇栽培关键技术. 北京：中国农业出版社
王贺祥，刘庆洪. 2012. 食用菌采收与加工技术. 北京：中国农业出版社
王贺祥. 2008. 食用菌栽培学. 北京：中国农业大学出版社
王立安. 2012. 食用菌栽培常见问题解答. 石家庄：河北科学技术出版社
张金霞，黄晨阳. 2008. 无公害食用菌安全生产手册. 北京：中国农业出版社
张树庭，林芳灿. 1997. 蕈菌遗传与育种. 北京：中国农业出版社

实验九　金针菇栽培技术

一、实验目的

1. 理解并掌握金针菇栽培的基本方法和技术。
2. 学习金针菇生长发育的特点。
3. 了解金针菇各品种的特点。
4. 了解金针菇工厂化生产的特点。

二、实验原理

金针菇（*Flammulina velutipes*），属担子菌门、伞菌目、口蘑科、小火焰菌属（或金钱菌属），又名冬菇、构菌、朴蕈、毛柄金钱菌等。金针菇子实体由细长而脆嫩的菌柄和形似铜钱的菌盖组成，呈乳白色或金黄色，其盖滑、柄脆，是目前人工广泛栽培的食用菌之一。

金针菇含有多种营养成分，其中人体所必需的 8 种氨基酸含量较高，而赖氨酸和精氨酸含量特别丰富，能促进儿童的健康成长和智力发育，因此被称为“增智菇”。金针菇中含有朴菇素，具有较显著的抗癌功能。经常食用金针菇还可以预防高血压，治疗肝炎及肠胃溃疡等疾病。

金针菇是我国最早进行人工栽培的食用菌之一。1928 年发明金针菇瓶栽法，我国从 20 世纪 80 年代开始用塑料袋栽培，主要利用木屑、棉籽壳、甘蔗渣等原料，大大提高了金针菇的产量及经济效益。近年来，利用空调等制冷设备及其他自动化装置人工调节温度、湿度、通风、光照等条件，采用塑料瓶栽培法实现了金针菇工厂化生产。主要生产国是中国、日本、韩国等。

1. 生物学特性

金针菇菌丝体是由细长呈分枝状的丝状构成，菌丝灰白色，绒毛状，有分隔。子实体丛生，菌盖直径 1～8 cm，幼小时淡黄色或白色，半球状，后逐渐展开呈扁平状，表面黏滑有光泽，在空气稍干燥及有光条件下，菌盖呈深黄色至栗色。菌褶稀疏，白色或淡奶油黄色，与菌柄离生。菌柄中空圆柱状，硬直或稍弯曲，长 3.5～14 cm，直径 0.2～0.8 cm，菌柄生于菌盖中央，上部肉质，黄褐色，下部革质，表面密生黄褐色短绒毛。孢子近圆柱状或卵圆形，表面光滑，白色，大小为（5～7）μm×（3～4）μm。

金针菇属双因子控制的异宗接合。每个担子产生 4 个担孢子，有 4 种交配型（AB、ab、Ab、aB）。交配型不同的单核菌丝之间进行结合，产生质配，形成每一个细胞有两个细胞核的双核菌丝。双核菌丝成熟后扭结形成原基，并发育成子实体。子实体成熟时，菌褶上形成无数的担子，在担子中进行核配，双倍核经过减数分裂，每个担子尖端着生 4 个担孢子。

金针菇单核菌丝也会形成单核子实体，与双核菌丝形成的子实体相比，子实体小而且发育不良。

金针菇的无性阶段产生大量单核或双核的粉孢子。粉孢子在适宜的条件下，萌发成单核菌丝或双核菌丝，并按双核菌丝的发育方式继续生长发育，直到形成担孢子为止。

2. 营养和环境条件

（1）营养

金针菇是一种木腐菌，它分解木材的能力较弱，坚硬的树木砍伐之后，没有达到一定的腐朽度是不会长出子实体的。金针菇的碳源可以是淀粉、葡萄糖、果糖、蔗糖等，人工栽培金针菇以木屑为主要原料。棉籽壳、玉米芯、稻草等也都可用来栽培金针菇，其中棉籽壳的产量最高。如果以木屑为原料，阔叶的软木屑产量较高，而且在使用前露天堆放发酵半年左右效果较好，如果与棉籽壳混合使用会大幅度增加产量。金针菇可以利用多种含氮化合物，其中以有机氮化物最为适宜，如蛋白胨、氨基酸、尿素、牛肉浸膏、麦芽浸膏等。栽培实践中，金针菇一般以麦麸、米糠、玉米粉、豆饼粉为氮源。与其他食用菌相比，金针菇所需的氮素营养比较多，是一种喜氮的菌类。金针菇对磷、钾、镁等元素的需求量较大，栽培时应适量加入。金针菇属于维生素 B_1、B_2 天然缺陷型，如果培养料中缺少维生素 B_1、B_2，菌丝生长减缓，粉孢子数量增加。在培养料中添加一定量的麦麸和米糠，就可以满足金针菇对维生素 B_1、B_2 的需求。

（2）温度

金针菇较耐低温。金针菇的孢子在 15～25 ℃时大量形成并容易萌发。菌丝能在 4～34 ℃生长，适宜温度为 22～24 ℃。菌丝耐寒性强，但不耐高温，温度超过 35 ℃时菌丝枯死。在自然条件下，夏季高温季节菌丝长势弱，容易形成粉孢子；秋末气温下降之后，菌丝才开始迅速生长。子实体形成所需的温度是 5～19 ℃，子实体分化后，在 3～20 ℃内能够生长，6～14 ℃为适宜温度。

（3）水分/湿度

菌丝生长阶段要求培养料含水量为 63%～65%及 60%～70%的空气相对湿度，子实体形成期要求空气相对湿度达到 85%～90%。

（4）空气

金针菇是好气性真菌，通气不良将抑制子实体生长，在催蕾阶段要供给适量的氧气，保持室内空气新鲜。但在子实体形成后，菌盖的直径随二氧化碳浓度的增加而变小，二氧化碳浓度超过 1%时，菌盖的发育会受到抑制，二氧化碳浓度达到 3%时，不会影响菌柄的发育，相反，菌柄生长会加速，而且，菇的总重增加。但二氧化碳浓度一般不应超过 5%。因此，在子实体形成后，人们为了获得优质的金针菇子实体，往往控制氧气进入量，适当提高二氧化碳浓度，从而达到抑制菌盖伸展、促进菌柄伸长，获得优质金针菇的目的。

（5）光照

金针菇菌丝体生长不需光照，菌丝体在黑暗下生长正常，同时，在黑暗下金针菇的原基也能形成，不过光照下原基形成数目比黑暗下多，子实体的发育也需要微弱的光照，并诱导子实体朝着光源方向快速生长。没有光线，只能形成幼小的原基，只有菌柄伸长而不形成菌盖，因而光线是子实体成熟所必需的。但强光照使子实体容易开伞，菌柄变短，而且菌柄基部容易变褐色。因此，子实体生长阶段，一般采取遮光措施或采用微弱光，使子实体色泽变浅，呈黄白色至乳白色，还可以抑制菌柄基部绒毛的发生和色素的形成，以保证金针菇的质量。

（6）酸碱度

金针菇需要弱酸性培养基，金针菇在 pH 3～8.5 都能生长，最适 pH 为 5.5～6.5；原基分化和子实体发育以 pH 6 左右为宜。将培养料 pH 调为 6，可以促进菌丝生长，缩短栽培周期，并可提高产量。

3. 栽培品种

1）金黄色品系：较耐高温，对温度适应范围宽，菌丝生长适温 22～24 ℃，原基分化适温 10～14 ℃，子实体生长适温是 8～12 ℃。

2）白色品系：不耐高温，菌丝生长适温 18～20 ℃，原基分化适温 10 ℃，子实体生长适温 5～8 ℃。超过 15 ℃时，易发生病害，超过 18 ℃，子实体难以形成。

3）浅黄色品系：对温度的需求介于金黄与白色品系之间。

金针菇各品种的特性如下：

- 品种
  - 按颜色
    - 金黄色：上部黄、下部褐色，出菇快，抗性强，产量高，口感好，柄基部绒毛，多适鲜销
    - 白色：上下乳白色，绒毛少或没有，出菇晚，抗性差，产量较低，适于出口
    - 浅黄色：上下淡黄色
  - 按分枝：细密型、粗稀型
  - 出菇早晚：早生型、晚生型
  - 子实体适温：低温型、偏高温型

金针菇鲜美脆滑，国内外均有悠久的食用传统。金针菇能利肝、益肠胃，经常食用可预防和治疗肝炎及胃肠道溃疡，降低胆固醇。金针菇含有丰富的氨基酸，其中必需氨基酸占氨基酸总量的 44.5%，高于一般菇类。此外金针菇富含赖氨酸和精氨酸，能促进儿童智力发育，故又有“增智菇”之称。

目前金针菇最常见的栽培方式为室内袋栽和工厂化瓶栽，瓶栽所采用的是专用

栽培瓶。

三、实验材料

锯末屑或棉籽壳、麦麸、石膏、蔗糖、聚丙烯塑料袋、颈圈或无棉盖体、防潮纸、细线绳、磅秤、量杯、水桶、金针菇栽培种、大镊子或接种勺、75%酒精棉球、75%乙醇消毒瓶、酒精灯、记号笔、火柴。

四、实验步骤

金针菇袋栽工艺流程为：

配料→装袋→灭菌→接种→培养→搔菌→出菇→驯养→生长→采收。

1. 原料的选择

金针菇的代料栽培取材广泛，柳、榆、栎等阔叶树种的木屑、棉籽壳、甘蔗渣等加些辅料均可用于栽培金针菇。

2. 培养料配方

1）棉籽壳 78%，麦麸 20%，糖 1%，石膏粉 1%。

2）棉籽壳 39%，木屑 39%，麦麸 20%，糖 1%，石膏粉 1%。

3）木屑 75%，麦麸 20%，玉米粉 2.9%，糖 1%，石膏 1%，硫酸铵 0.1%。

3. 拌料

按配方称量所需要的棉籽壳和麦麸，在光滑水泥地面上撒一层棉籽壳，再撒一层麦麸，重复上述操作，直至混完。将所需的蔗糖、石膏溶于水中，充分搅拌均匀。然后泼洒在棉籽壳和麦麸堆上，边加水边搅拌，直至均匀。培养料拌好后，闷 30 min，使料吸水均匀，含水量 60%～62%，含水量测定方法同栽培香菇。

4. 装袋

将拌好的料装入 17 cm × 33 cm 聚丙烯折角塑料袋中，装料时，先在袋中放入少量培养料并压实，使袋底成方形，便于竖放在床架上。装料时要求松紧适宜，袋面要平整，若皱褶太多，栽培时会从袋壁空隙长出无效子实体，消耗养分。塑料袋的装料高度为袋高的 1/2 左右，袋口用塑料套环或无棉盖体封口，最后将塑料袋表面擦净。

5. 灭菌

装好栽培袋后，放入高压灭菌锅内灭菌，压力为 137.3 kPa 保持 1.5～2.0 h，或放入常压灭菌锅内灭菌 8～10 h。

6. 接种

栽培袋冷却到 25 ℃左右，即可搬进接种箱或接种室内进行接种，先挖去菌种表面的老化菌丝，将菌种捣散后再接种。接种量以布满培养料表面为宜，这样可使发菌均匀，料面菌龄一致，出菇整齐。接种方法与接原种相同。

7. 培养

接种后的栽培袋，搬进 22～23 ℃的培养室内，摆放在架上进行培养，栽培袋不能堆放过高，一般 3～4 层即可，培养室要求通风、清洁、黑暗。培养 2～3 d 后，在接种块周围长出白色菌丝，10 d 左右即可长满料袋的表面。一般每隔 10 d 左右翻堆一次，使发菌一致。经过 30 d 左右的培养，菌丝即可长满菌袋。

8. 管理

（1）搔菌　菌丝长满菌袋后，拔掉透气塞，翻卷袋口，用特制的小铲取出老接种块，并把表面压平。随后将菌袋送到出菇室，直立在床架（或地面）上，并在袋口上盖一层无纺布或纱布。也可采用堆袋覆膜的方法进行出菇，堆袋覆膜可提高场地利用率。具体方法是将袋口翻卷至料面，把两个菌袋底部相对平放在一起，高度以 5～6 层为宜，长度不限。在出菇场地及四周喷足水，然后用塑料薄膜覆盖菌袋。此法保温保湿良好，后期又可积累 CO_2，有利于菌柄生长。搔菌后不要同时大幅度降温，因为搔菌会造成大量伤口，低温不利于其伤口愈合。搔菌后保持室温 18～20 ℃，以利菌丝愈合，3～5 d 后，即可见到料面萌发出一层白绒绒的菌丝。这时再降温至 10～12 ℃，空气相对湿度保持 80%～85%，给予散射光照，进行光诱导。每天要定时通风换气，每天的通风次数与时间，依当时的气温和天气情况而定。室内空气相对湿度低于 80%应喷水，喷水时雾滴要细，喷头喷向空间和无纺布或纱布上，将无纺布或纱布喷湿，不能将水直接喷在料面上，以免发生死菇、烂菇现象。经过 10～14 d 的培养，料面就可出现菇蕾。

（2）驯养　当出现菇蕾后，就可将菌袋移到 3～5 ℃的驯养室，室内要求通风，可在菇房安装空调，从不同角度进行吹风，风速可控制在 3～5 m/s，空气相对湿度为 75%～80%。驯养 5～7 d 后，即有菌盖与菇柄的分化。

（3）出菇管理　当菌柄长到 3～5 cm 长时，将翻卷的袋口拉直，同时要进行降温降湿，具体措施是停止向地面洒水，室温控制在 4 ℃左右，掀去塑料薄膜等覆盖物，通风换气，保持 1～3 d，使料面水分散失，不再长出原基，已发育的子实体也因基部失水而不再分枝。这样菌柄就会长得圆而结实。此后，进入菌柄伸长阶段，要培养柄长、色白、盖小的优质金针菇，必须控制好温度、湿度、光照、CO_2 浓度等因素之间的关系。子实体生长时应控制菇房温度在 5～8 ℃，空气相对湿度 85%～90%，完全黑暗或极弱光，CO_2 浓度控制在 0.11%～0.15%时可促使菌柄伸长。

（4）采收　金针菇的采收标准为：菌盖开始展开，即菌盖边缘开始离开菌柄，开伞度在 3 分左右，菌柄伸长显著减慢为采收适期，此时菌盖直径 1～2 cm，菌柄长 13～15 cm。用于鲜销的金针菇，可延迟到菌盖 6 分开时采收，但不可太迟。采收时，用一只手按住培养料，另一只手轻轻握住菇丛基部拔下，随即用小刀切除粘有培养料的根部。为了保证采收质量，一般采收前 2 d 降低相对湿度至 80%～85%，使菇体表面干燥。采收的鲜菇切忌喷水和浸水，以免影响商品质量。采收后用长镊子将培养基表面的菌膜和枯萎的小菇清除掉，盖上无纺布或纱布等覆盖物进行养菌，经过15～20 d，便可采收第二潮菇。

在自然温度条件下栽培金针菇，没有明显的降温和驯养阶段，只要在出菇阶段室温不高于15 ℃，也能获得品质较好的金针菇。

五、思考题

1. 栽培金针菇的技术特点是什么？
2. 栽培金针菇时搔菌的作用是什么？
3. 栽培金针菇时将袋口拉直或套袋的作用是什么？

六、参考文献

黄晨阳，郑素月，张金霞，等. 2010. 养生好食材——食用菌. 北京：中国农业出版社
黄毅. 2008. 食用菌栽培. 3版. 北京：高等教育出版社
李明，暴增海. 1997. 食用菌栽培学. 北京：中国农业科技出版社
刘祖同，罗信昌. 2002. 食用蕈菌生物技术及应用. 北京：清华大学出版社
牛西午. 1994. 北方食用菌栽培. 北京：中国科学技术出版社
汪昭月. 1996. 食用菌制种技术. 北京：金盾出版社
王波，甘炳成. 2011. 图说金针菇栽培关键技术. 北京：中国农业出版社
王传福. 2002. 新编食用菌生产手册. 郑州：中原农民出版社
王贺祥，刘庆洪. 2012. 食用菌采收与加工技术. 北京：中国农业出版社
王贺祥. 2005. 食用菌栽培技术. 北京：中央广播电视大学出版社
王立安. 2012. 食用菌栽培常见问题解答. 石家庄：河北科学技术出版社
严奉伟，严泽湘. 2002. 食用菌深加工技术与工艺配方. 北京：科学技术文献出版社
杨新美. 1996. 食用菌栽培学. 北京：中国农业出版社
张金霞，黄晨阳. 2008. 无公害食用菌安全生产手册. 北京：中国农业出版社
张树庭，Miles P G. 1992. 食用蕈菌及其栽培. 杨国良，张金霞，秦永生，等译. 保定：河北大学出版社

实验十　黑木耳栽培技术

一、实验目的

1. 掌握黑木耳的栽培方法。
2. 学习黑木耳生长发育的特点。
3. 了解黑木耳的保健价值。

二、实验原理

木耳（*Auricularia auricula*），又称黑木耳、细木耳、光木耳、耳子、川耳、云耳等，是我国传统的出口商品之一，我国黑木耳产量一直居世界首位。黑木耳营养丰富，口感酥滑脆，历来是我国人民餐桌上的佳肴，黑木耳的维生素 B_2 含量是一般米、面、大白菜及肉类的 4～10 倍，钙的含量是肉类的 4～10 倍。

黑木耳还有很高的药用价值，据《神农本草经》等记载，黑木耳具有清肺、润肺、益气补血等功效。因此是矿山、纺织工人的保健食品。现代医学证明黑木耳多糖具有增强人体免疫力、防癌抗癌等功效。美国科学家发现黑木耳能降低血液凝块，缓和冠状动脉粥样硬化，并且能防止血栓形成。明代医学家李时珍在《本草纲目》中写到“木耳生于朽木之上，主治益气不饥，清身强志，并有治疗痔疮，血淤下血等作用”。

我国栽培黑木耳的历史悠久，据有关历史资料记载，至少有 800 年以上历史。过去黑木耳栽培是沿用老法，即砍树、剔枝、断棒后排在耳场里，让其自然生耳。20 世纪 70 年代以来，由于科学技术的不断进步，黑木耳栽培进入纯菌种接菌时代，黑木耳种植量迅速扩大，栽培黑木耳的经济效益显著提高。20 世纪 80 年代以来，随着管理技术的不断改进和适于各地气候条件的优良菌株的选育，黑木耳栽培水平和产量有了很大的提高。

1. 生物学特性

黑木耳属担子菌门、层菌纲、木耳科、木耳属。木耳属中有 15～20 个种，广泛分布于温带和热带。我国有 10 余个种，如毡盖木耳、皱木耳、黑木耳、大毛木耳、琥珀木耳、盾形木耳、大厚皱耳、黄黑木耳、褐毡木耳等，其中大部分可食用，但除黑木耳外，一般品质较差。

黑木耳子实体呈柔嫩富有弹性的胶状物，具有很强的吸水能力，鲜木耳含水量往往高达 90%以上。黑木耳子实体还具有较强的抗旱能力，当遇到太阳暴晒时子实体急剧干缩，形成坚硬如革的角质，但不失去生命能力，遇水后又可恢复原状，继续生长。

黑木耳的菌丝纤细，有分枝，粗细不匀，有锁状联合，但数量较少，锁状联合成骨关节嵌和状。子实层位于子实体的腹面，担子圆桶形，由 3 个横隔分成 4 个细胞，紧密排列成栅栏状。担孢子光滑、无色，腊肠形或肾形，大小为（9～15）μm×（5～6）μm。

黑木耳的子实体成熟时，在其腹面长出数以万计的担孢子。担孢子萌发，发育成单核菌丝，黑木耳属异宗配合型食用菌，其担孢子有“+”“-”两种性别。不同性的单核菌丝质配后形成双核菌丝，双核菌丝扭结形成子实体。子实体成熟后，又产生大量的担孢子而完成生活史（图 10-1）。

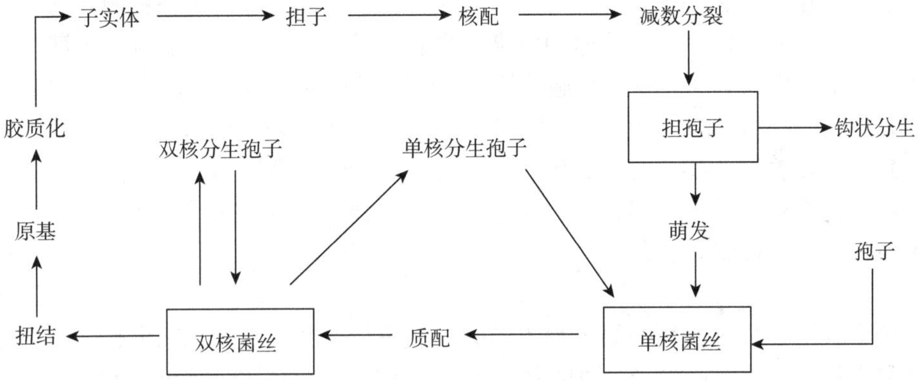

图 10-1　黑木耳生活史

2. 营养和环境条件

（1）营养

纤维素和木质素是黑木耳主要的碳素来源，一般壳斗科树木的树干中，纤维素含量约为 40%，木质素约为 24%，半纤维素中包括多聚戊糖（约为 20%）和甲基多聚戊糖（约为 1%）。黑木耳在分解、摄取养料时，其菌丝体能不断地分泌多种胞外酶，通过酶的作用分解纤维素、木质素及其他有机大分子化合物，使它们转变成黑木耳菌丝体易于吸收的小分子质量的简单化合物。此外，黑木耳生长还需含氮化合物，维生素及微量的钙、铁、钾等无机盐类，耳树的这些营养是很丰富，尤其是边材发达和生长在土质肥沃、向阳山坡的耳树，养分特别充足。在这些耳树上长出的黑木耳，朵大、肉厚、产量高。耳树中含有的营养物质基本可以满足黑木耳生长发育的需要，但是在用木屑等代料栽培黑木耳时，则应添加一定量的麦麸、米糠，以补充氮源及维生素源的不足。

（2）水分

在不同的生长发育阶段，黑木耳对水分的要求是不同的。由于水分和透气性是一对矛盾，不同培养基，其透气性和保持水分的能力也各不相同。用耳木种植黑木耳，在菌丝的定植和蔓延生长时期，含水量应为 45%～55%，而木屑培养基含水量应为 60%左右。水分过少，影响菌丝体对营养物质的吸收和利用，生活力降低，生长缓慢。水分过多，会导致透气性不良，造成氧气供应不足，使菌丝体的生长发育受到抑制，另外易造成厌气性杂菌的滋生蔓延。在子实体发生和生长阶段要求培养基的含水量要高于菌丝定植和生长蔓延阶段，这是因为在子实体形成和生长阶段要求有更多的水分参与养分的运输。另外，在这个阶段，还需要有较高的空气相对湿度（85%～95%），以保证耳片的正常生长和发育。

（3）温度

黑木耳属中温性菌类，菌丝在 5～35 ℃均能生长，但以 22～32 ℃为适宜温度，在 5 ℃以下和 38 ℃以上，菌丝生长受抑制。黑木耳对低温有很强的耐受力，生长在基质中的菌丝体和幼小的耳片可以忍耐-40 ℃以下的低温，可在我国任何地区的自然条件下越冬。黑木耳对短时间的高温也有较强的耐受力，高温条件下菌丝生长较快，纤细，生长势弱。受过高温的菌种种植后有明显的减产作用。子实体在 15～27 ℃分化，在 20～24 ℃生长发育。在温度较低，温差较大的条件下，黑木耳耳片生长较为缓慢，但子实体色深，肉厚，抗流耳能力强，品质好。而在高温条件下，耳片生长速度快，色浅，肉薄，品质不佳。所以春耳、秋耳品质好于伏耳，在高温高湿条件下易出现流耳现象。

（4）光照

黑木耳各阶段对光照的要求是不同的，在黑暗条件菌丝能正常生长，但子实体形成和生长都需要有可见光。据报道，黑木耳只有在光照强度为 250～1000 lx，才有正常的深褐色。在微弱光照条件下，耳片呈淡褐色，甚至白色，又小又薄，产量低。较强的阳光暴晒不会使黑木耳子实体干枯死亡，但会引起水分大量蒸发，生长缓慢，影响产量。袋料栽培黑木耳出耳阶段必须搭荫棚，并增加喷水，以防烈日暴晒引起水分过度散失而造成严重减产。

（5）空气

黑木耳是好气性真菌。缺乏氧气，会使菌丝体和子实体的生长发育受到影响，配制培养基时，水分不可过高，装袋不能太满，在黑木耳整个生长发育过程中，栽培场地应保持空气畅通，清新，以供给菌丝体、子实体生长发育充足的氧气，另外，空气流通还可以避免烂耳，减少病虫滋生。

（6）酸碱度

黑木耳喜欢微酸性的环境。菌丝体在 pH 4～7.5 都能正常生长，以 pH 5～6.5 最适宜。

三、实验材料

木屑或棉籽壳、麦麸、蔗糖、石膏、碳酸钙、聚丙烯塑料袋、黑木耳栽培种、圆锥形木棒、颈圈或无棉盖体、防潮纸、棉塞、线绳、铁锹、水桶、磅秤、接种铲、75%乙醇消毒瓶、75%酒精棉球、酒精灯、镊子等。

四、实验步骤

代料栽培黑木耳的工艺流程为：

配料→拌料→装袋→灭菌→接种→培养→耳芽诱导→出耳管理→采收。

1. 培养料的配制

用于代料栽培黑木耳的原料有木屑、棉籽壳、甘蔗渣等。无论使用哪种培养料，都应选用新鲜、无霉变的材料。黑木耳栽培的配方很多，常用的配方有：

1）木屑（或棉籽壳）78%，麦麸 20%，蔗糖 1%，石膏粉 1%。

2）玉米芯 59%，木屑 30%，麦麸 10%，石膏 1%。

3）棉籽壳 79%，麦麸 18%，大豆粉 0.5%，蔗糖 1%，石膏粉 1%，过磷酸钙 0.5%。

2. 拌料

拌料方法与平菇栽培料的制作方法一致，培养料含水量 60%。

3. 装袋

选用 17 cm × 33 cm 的聚丙烯折角塑料袋，装料时边装边压实，装至料筒 2/3 即可。把料面压平，再用圆锥形木棒从中央打一个距袋底 2～3 cm 的洞，增加透气性。用无棉盖体封口，如用棉塞封口需包上防潮纸，把料袋表面的培养料擦净。

4. 灭菌

装袋后应及时灭菌，将装好料的塑料袋摆放在筐里再放到常压灭菌锅或高压灭菌锅里灭菌。常压灭菌 100 ℃维持 9～12 h，高压灭菌采用压强为 0.124～0.135 MPa，保持 1.5～2.0 h，待其自然降温后出锅接种。

5. 接种与培养

适宜的菌种是获得高产稳产的关键，选用适龄、纯净、菌丝生长旺盛的栽培种，接种时可适当增加接种量，在接种室或超净工作台内按无菌操作进行接种，接种方法同原种制作。

接种完毕，将料袋送至培养室的培养架上培养。料袋间应留有一定距离，以防袋内料温升高出现“烧菌”现象。培养室前期室温 26～28 ℃，后期降至 22～23 ℃。养菌前期，菌丝未长满料面时不宜翻动，以防污染，发菌中期要每隔 5～7 d 翻堆一次，争取发菌均匀，同时挑出污染菌袋。发菌期要避光，并应适当通风换气。一般木屑料菌袋需 40～45 d 菌丝即可长满袋，其他原料需要 38～46 d。菌丝长满料袋后，应增加光照，促使菌丝生理成熟。

6. 出耳管理

黑木耳是好氧、喜湿的菌类。因此出耳场地必须满足这些要求，才能获得高产。

（1）出耳场地的要求　以室内栽培为例，出耳室要设多个对流窗，以保证室内通风良好，窗户应安装尼龙纱窗，门也要安纱门，防止菇蝇、菇蚊等飞入，出耳室内或附近有水源，室内应安装照明灯。

为了充分利用室内空间，在室内可设栽培架。栽培架可用竹竿、塑料管或金属角铁搭制。最好不用木架，因其易长霉菌。栽培架的规格一般长 3 m，宽 0.8 m，高 2.1 m，全架 4 层，底层离地 60 cm，上边每层间隔 50 cm，室内过道宽 60 cm，靠墙两侧各留 50 cm。每层架上相隔 20～25 cm 横架短竹竿，以便吊袋使用。这样 25 m^2 的出耳室，分层进行架式吊袋栽培，可吊栽黑木耳 3000 袋。

（2）催耳与上架　栽培架准备好以后，将培养好的菌袋取出，拔掉棉塞（或透气塞）及颈圈，扎紧袋口，用消毒过的刀片在袋的表面划“V”形口，刀口长为 1.5 cm，共划 3 行，每行 3～4 个口，孔口交替排列，每袋划 10～12 个口。这种划口不仅保湿性能好，水分不易散失，而且喷水时可避免过多水分渗入料内，同时也不会因喷水而使划口部位积水及导致污染，此外，出耳时，由于耳片将划口薄膜向上撑起，可防止耳片基部积水过多造成烂耳。菌袋开口以后放在潮湿的地面上，加大通风，增加光照，使室温降至 15～20 ℃，以刺激原基分化。此时湿度不能过低，否则开口处形成硬菌膜，影响出耳。当开口处露出粒状耳基，即可上架出耳。吊菌袋的绳子有长有短，相互错开悬挂，保证袋间通风良好，并防止子实体相互影响生长。耳基形成后，保持室温 23～24 ℃。室温不能低于 20 ℃，也不能超过 27 ℃，空气相对湿度应保持 90%，不能向幼耳上直接喷水。

（3）成耳的管理　幼耳形成后一周左右，逐渐展开成绣球状，这时逐渐增加通风量，否则易成“团耳”。每日喷雾状水 3～4 次。室内相对湿度维持在 85%～90%，温度控制在 18～20 ℃为宜。外界温度高，应加大通风量并向四周墙壁喷水降温，以防高温引起“流耳”。每次喷完水后，立即加大通风，直至耳片上不见反光水膜为止。随着耳片展开，光照强度应增强，除有散射光外，还需要一定强度的直射光，保持 1250 lx 的光照。一般从幼耳产生到成熟需 7～20 d。

7. 适时采收

当耳片颜色变浅且舒展变软，耳根由粗变细，基部收缩，腹面略见白色孢子时，为采收的最适期。采耳时本着采大留小的原则，用拇指和食指捏住耳片中部，稍用力向上扭动将耳片采下。采完耳片后要清理残留的耳根，以免引起溃烂进而导致病菌侵染。

袋栽木耳一般可产 3 茬，每茬采收后停水 2 d，促使菌丝恢复。以后仅需保持出耳室空气相对湿度为 80%～85%即可。一周左右，第二茬幼耳形成，管理方法同头茬耳。

五、思考题

1. 木耳栽培技术与哪些菇类栽培相似？又有哪些不同？
2. 木耳栽培过程中最关键的技术是什么？
3. 简述木耳的生活史。

六、参考文献

陈士瑜，陈惠. 2003. 菇菌栽培手册. 北京：科学技术文献出版社
丁湖广，杨加金，陈德好. 2006. 毛木耳、黑木耳生产关键技术百问百答. 北京：中国农业出版社
黄年来. 1997. 中国食用菌百科. 北京：中国农业出版社
黄毅. 2008. 食用菌栽培. 3 版. 北京：高等教育出版社
贾身茂，张金霞. 1997. 食用菌标准汇编. 北京：中国标准出版社
李明，暴增海. 1997. 食用菌栽培学. 北京：中国农业科技出版社
李明，田景花，李守兔，等. 2006. 食用菌病虫害防治关键技术. 北京：中国三峡出版社
刘祖同，罗信昌. 2002. 食用蕈菌生物技术及应用. 北京：清华大学出版社
王波，张丹，鲜灵. 2004. 图说毛木耳高效栽培关键技术. 北京：金盾出版社
王立安. 2012. 食用菌栽培常见问题解答. 石家庄：河北科学技术出版社
严奉伟，严泽湘. 2002. 食用菌深加工技术与工艺配方. 北京：科学技术文献出版社
杨新美. 1996. 食用菌栽培学. 北京：中国农业出版社
姚方杰，边银丙. 2011. 图说黑木耳栽培关键技术. 北京：中国农业出版社
张甫安，蒋筱仙，王镛涛. 1992. 食用菌制种指南. 上海：上海科学技术出版社
张金霞，黄晨阳. 2008. 无公害食用菌安全生产手册. 北京：中国农业出版社

实验十一　双孢蘑菇栽培技术

一、实验目的

1. 掌握双孢蘑菇床架式栽培方法。
2. 学习双孢蘑菇的生物学特性。
3. 学习双孢蘑菇培养料的二次发酵技术。
4. 了解双孢蘑菇工厂化生产的特点。

二、实验原理

双孢蘑菇（*Agaricus bisporus*），别名蘑菇、洋蘑菇、白蘑菇，欧美各国生产经营者常称为普通栽培蘑菇(common cultivated mushroom)或纽扣蘑菇(button mushroom)。双孢蘑菇在分类上隶属真菌门、担子菌纲、无隔担子菌亚纲、伞菌目、蘑菇科、蘑菇属。因其肉质肥厚细嫩，味道鲜美，营养丰富，又具有较高保健功能，被欧洲人誉为“植物肉”，美国人称为“上帝的食品”，深受国内外消费者欢迎，双孢蘑菇是我国出口的主要食用菌之一。目前全世界有 100 多个国家或地区栽培双孢蘑菇，产值数十亿美元，有“世界菇”之称，也是最早实现周年化、工厂化生产的食用菌，其中产量最多的是中国、美国、法国、荷兰、英国等。在发达国家工业化生产已逐渐成为双孢蘑菇栽培的主导模式，我国目前仍以农村生产为主，大多数农户的双孢蘑菇栽培为季节性生产，规模小，产量低。

1. 生物学特性

双孢蘑菇的基本形态可分为两大部分：一是构成菌床主体的菌丝体；二是生长在菌床表面的子实体。

菌丝体　双孢蘑菇菌丝体由无数管状细胞组成，被称作营养器官，菌丝体多为白色至灰白色，栽培养菌期间，菌床中的菌丝体形态主要为绒毛状菌丝。菌床在覆土调水时，特别是在喷结菇水前后，土层中的菌丝体由绒毛状转变成线状。线状菌丝除具备结菇功能外还会继续交织、增粗，形成菌丝束。菌丝束呈现束状或根须状，主要作用是输送养分和支撑子实体的生长。

子实体　双孢蘑菇子实体俗称菇体，它由菌丝发育而来，是供人们食用的部分，被称作繁殖器官。双孢蘑菇子实体多为白色或棕色，发生初期，其体型很小，似米粒状或铆钉帽状的原始小菇蕾，所以人们俗称其为米菇、钉头菇。菇蕾逐渐分化发育，长出菌盖，菌柄的雏形，呈倒葫芦形，黄豆粒大小时，菌柄逐渐增粗，菌盖不断长大，并由球形变为半球形，菇蕾发育成纽扣状幼菇。幼菇长大后，子实体发育并进入成熟期。成熟后的子实体外形呈伞状，它由菌盖、菌柄、菌褶、菌膜等部分组成。

2. 营养和环境条件

影响双孢蘑菇生长发育的环境条件很多，主要有营养、温度、水分、空气、光照、酸碱度及覆土层等。

（1）营养

双孢蘑菇是一种草腐菌，属异养型生物，体内无叶绿素，不能通过光合作用来制造养分。所需的营养物质主要是碳源、氮源和无机盐。碳源主要来自作物秸秆，常用的氮源是粪肥、饼肥和化肥。双孢蘑菇菌丝分解纤维素和木质素的能力差，也不能直接吸收蛋白质，不能用生料（未经发酵腐熟的培养料）栽培双孢蘑菇。培养料必须通过堆制发酵，经物理、化学的作用和微生物降解，才能达到能够被双孢蘑菇利用的状态。

双孢蘑菇生长发育所需要的无机盐包括主要元素磷、钾、钙、镁等和微量元素铁、铜、锌、硼、钼等，在培养料、覆土层和栽培用水中均有一定含量，不足部分一般在培养料配制时加入。

（2）温度

双孢蘑菇不同温型的品种及在不同的生长发育阶段，对温度的要求不同，常用的中低温型品种的发菌温度为 6～33 ℃，最适温度为 22～25 ℃，超过 33 ℃基本停止生长，35 ℃以上死亡。出菇的温度为 7～22 ℃，最适温度为 13～16 ℃。双孢蘑菇发菌阶段除注意环境温度变化外，更要注意料温的检测，后者一般较前者要高。出菇期间，要保持菇场内温度相对稳定，温度变化急剧，对菇体发育不利。

（3）水分

双孢蘑菇所需水分主要来自培养料和覆土层，其次是空气湿度。双孢蘑菇培养料在堆制发酵期间，含水量应调节在 60%～70%，播种时培养料含水量应控制在 60%左右，产菇期培养料含水量应控制在 62%～65%。覆土层的含水量一般控制在 18%～22%。发菌期间，空气湿度要求在 60%～70%，不得超过 75%。出菇期间空气相对湿度应提高到 90%左右。湿度过低菌床容易失水，菇盖会产生鳞片，菌柄会出现空心，即空心菇现象。湿度过高，菌床易发生病害，菇体会出现锈斑、红根等症状。

（4）空气

双孢蘑菇是一种好氧性真菌，其呼吸作用是吸收 O_2，排出 CO_2，在栽培双孢蘑菇过程中，菌丝体和子实体的呼吸作用及对培养料的分解过程中会不断产生 CO_2、NH_3、H_2S 等有害气体，如果这些有害气体积累到一定浓度，就会对菌丝生长和子实体发育产生抑制或毒害作用。因此，菇房经常性的通风换气，是栽培双孢蘑菇中极重要的管理工作。

（5）光照

双孢蘑菇菌丝体和子实体生长发育阶段都不需要光照，即使在黑暗条件下，子实体也能顺利发育，且菇体色泽洁白度高，双孢蘑菇忌阳光直射，菌床管理可采用无光线的黑暗条件。但间接微弱的散射光对双孢蘑菇生长没有妨碍。

（6）酸碱度

双孢蘑菇适宜在偏碱性的环境中生长，菌丝生长的最适 pH 为 6.8～7.0，子实体发育阶段 pH 为 6.5～6.8，栽培过程中由于菌丝的代谢作用会产生碳酸、草酸等有机酸，致使菌床逐渐变酸。所以，播种时培养料的 pH 应调节至 7.5 左右，覆土层的 pH 调节到 7.5～8.0。

（7）覆土

覆土是双孢蘑菇出菇的必要条件。菌床不覆土就不会出菇。覆土材料的质地、结构、土层的厚度、持水量、酸碱度及覆土的时机等，都直接影响到结菇性能和子实体的质量。

3. 双孢蘑菇工厂化生产简介

双孢蘑菇的工厂化生产基本分为三种：堆肥的二次发酵、发菌、出菇三个阶段在同一室完成的为单区制，一个栽培周期 84 d，每年栽培 4.3 次；二次发酵与覆土之前的发菌在隧道内进行，覆土后催菇及出菇在室内进行的为双区制，一个栽培周期仅 63 d，每年可栽培 5.7 次；而三区制又增设了覆土之后的发菌催菇室，出菇室仅供出菇之用，一个栽培周期 42 d，每年栽培多达 8.6 次（表 11-1）。

表 11-1　各区制栽培周期与年栽培次数

作业内容	单区制	双区制	三区制
二次发酵	7 d	隧道	隧道
接种发菌	14 d	隧道	隧道
覆土催菇	19 d	19 d	催菇室
出菇天数	41 d	41 d	41 d
清床杀菌	3 d	3 d	1 d
栽培周期	84 d	63 d	42 d
年栽培次数	4.3	5.7	8.6
栽培分区	二次发酵、发菌、出菇在同一个区	二次发酵、发菌在同一个区；出菇区	二次发酵、发菌在同一个区；覆土催菇区；出菇区

单区制栽培投资较少，适于小菇场生产。我国目前的双孢蘑菇工厂化生产多采用这种方式。一个有 12 间菇房的菇场，如果生产程序安排的紧凑，1 年 52 周中每周都有菇房可以采菇，产品可以周年均衡上市。单区制大多采用床架式栽培，菇床上的堆肥厚约 20 cm，标准投料量为含水量 68%的湿料 100 kg/m^2。二次发酵 7 d（55～58 ℃）；接种后在 23～25 ℃、湿度 85%～90%、通风供氧正常条件下发菌需 14 d；

覆土后先经 23 ℃发菌，再降温至 16 ℃催菇，这个程序约需 19 d；然后是约 40 d 的出菇期，在管理正常的情况下，每潮菇 7 d，总产达 19 kg/m^2。

国外的单区制小菇场一般有铺料、压实、播种、覆土、喷水等机器设备，世界双孢蘑菇生产大国美国、法国、荷兰、英国和巴西等，从栽培原料的发酵、接种到发菌、出菇管理均采用工厂化的生产工艺，机械化程度达 80%左右。而国内的单区制小菇场多数工作仍由人工完成，仅在堆料和翻堆上实现了机械化，我国目前的机械化程度最多只能达 50%。

双区制栽培投资较大，适于较大规模的菇场。在双区制生产设施中，最值得投资的是隧道室，在其中不但可以进行高质量的堆肥后发酵，而且还可以进行高效率的集中式大堆发菌。发满菌的堆肥经传送带送入出菇室铺床，同时完成覆土，整个栽培周期约 63 d，出菇室 1 年可循环铺床出菇 5.7 次，生产效率大大提高。

三区制栽培大多采用可移动的菇箱，将覆土后的发菌催菇（19 d）另辟一区进行，出菇室只供采菇期占用，大大提高了设施利用率。例如，澳大利亚 Campbell 公司的 Mernda 菇场有 36 间出菇室，为保证每周都有菇采，每隔 6 周接种 6 间出菇室。每室叠放 550 个菇箱（2 m^2/箱），出菇面积 1100 m^2，平均单产切根菇 27 kg/m^2。每周产菇 165 t，平均每天产菇近 24 t。其运作程序为：堆肥（专业堆肥场提供）→装箱（每箱 2 m^2 装 200 kg 堆肥）→后发酵（隧道内，55～60 ℃，7 d）→接种（隧道内，25 ℃，14 d）→覆土（催菇室，25 ℃，19 d）→出菇（出菇室，15 ℃，41 d）→清料消毒（1 d）。

国外有一些小菇场因投资所限，规模较小，不便采用机械堆肥及集中发酵来降低生产成本，于是专业化的堆肥场应运而生，小菇场可以购进二次发酵后的堆肥，甚至购进发好菌丝的堆肥，然后进行覆土和出菇管理，这样就把大菇场的优势与家庭小菇场的灵活结合起来。这种分工合作模式值得我国借鉴。

三、实验材料

双孢蘑菇栽培种，稻草，干牛粪（或马粪、鸡粪），石膏，过磷酸钙，尿素，饼肥，铡刀，皮管，铁锹，粪钗，水桶，长柄温度计，塑料布，栽培箱，粗、细土粒或草炭土，温湿度计，喷雾器。

四、实验步骤

1. 菇房的设置

菇房应建在地势较高，排水方便，周围环境清洁而开阔，远离饲养场，有充足的水电资源，交通便利的地方。菇房结构要合理，应坐北朝南，菇房内应通风良好，保温、保湿性好。

房间床架因地制宜排列，应与菇房方位成垂直，一般设 5～6 层，床架宽、窄适中，否则操作不便或利用率不高。床架顶层与屋顶应留一定距离，最下层离地面 33 cm

以上，每层床架的高度约为 66 cm。菇房内应有通风设备，前后墙留上、中、下对流窗，窗的大小、数目可因地制宜。屋顶中间设置数个排气管，管径 20～30 cm，管高 60～100 cm，管口加盖防雨帽。菇房门上挂帘，以防冷风和水分蒸发。

2. 栽培料的制备

栽培料的配方很多，各地用料种类及数量不完全一样。好的培养料营养完全，物理性状好且有适当的碳氮比。培养料发酵前适宜的 C/N 为 33∶1，二次发酵后 C/N 为 17∶1。本实验培养料的配比是用干燥、无霉变的稻草 2000 kg，牛粪 1500 kg，硫酸铵 29.7 kg，饼肥 45 kg，尿素 4.6 kg，石膏 35～50 kg，过磷酸钙 20～25 kg。配方以 110 m^2 的出菇面积计算用量。

3. 前发酵

前发酵的主要目的和作用是软化秸秆并使之分解为利于双孢蘑菇吸收利用的营养物质。

（1）建堆日期　根据当地的气候条件和栽培季节选择建堆日期。一般可用当地历年秋季平均气温稳定在 25～26 ℃的大致日期，减去前、后两次发酵所需要的时间，即等于建堆的日期。

（2）建堆场地的选择　选择离菇房较近，水源方便，排水良好，避风的水泥地面上建堆最为理想。

（3）建堆方法　各地建堆方法大致相同。

1）稻草的处理：将稻草用铡刀铡成长 15～20 cm 小段。然后堆积草堆，用清水或 0.5%石灰水浇透，再堆放 2 d，使温度升高，促进秸秆软化。

2）粪肥的预湿：建堆前先将干牛粪预湿，遇有大块牛粪应先打碎，然后将牛粪用水（或粪水）喷浇，使其充分湿透。

3）建堆：建堆的目的一方面是通过料堆中各种微生物的生命活动，使培养料中各种难分解的物质得到分解，有利于蘑菇菌丝的吸收利用；另一方面利用微生物生命活动中所产生的生物热，提高堆温，杀死料堆中有害的杂菌、害虫及虫卵，减少蘑菇病虫害的发生。建堆的方法是：①首先在堆制场地撒一层石灰粉，以杀死场内害虫。在地面铺一层宽 2.3 m，厚 15～20 cm 的稻草，然后在上面撒一层 5～6 cm 厚的牛粪（或其他牲畜粪）。此后是一层稻草，一层粪肥，逐层循环堆积，至堆高 1.5 m。建堆时加入所有的饼肥、硫酸铵及一半的尿素。②一般堆料从第三层开始加水，以后每铺一层粪草，喷洒一次水，要求喷洒均匀，用量合适，下层少喷，上层稍多些，直到料堆建好后，堆中有少量水外渗为止。③建堆的最后是用粪肥封顶，堆的四周要垂直，在堆的不同部位插温度计，堆顶呈龟背形，便于排水。料堆的松紧度要适中，不可过松或过实。用草帘将料堆顶盖好，以防日晒雨淋，遇大雨时，用塑料薄膜将料堆盖好，防止雨水渗入料堆，影响发酵质量，雨后揭膜，以利料堆通气。

（4）翻堆　建堆后料温会逐渐上升到 65～70 ℃，最高可达 75 ℃以上，每当温度达到 60 ℃并保持 10～12 h 就应翻堆，堆制过程中共翻堆 3 次。第一次翻堆在建堆后 5 d 左右，第二次在建堆后 9 d 左右，第三次在建堆后 12 d 左右。翻堆可使料堆各部分温度、湿度趋于一致，发酵均匀。翻堆方法可采用直翻，即从料堆的一头开始，将料逐步向前翻转，也可采用横翻，即将整个料堆横向翻动。翻堆时要将表层及四周的料，翻入新堆的中间，原来料堆里面及下层的料翻到表面和上面。使上、下、内、外各处的料充分调换位置，使料堆各部分发酵均匀一致。

第一次翻堆时，分层加入全部过磷酸钙、石膏粉及另一半的尿素。并适当调整料内的湿度，至料中有少量水分外溢。堆宽缩小为 2 m，高度不变，翻堆后仍用草帘等物覆盖。

第二次翻堆方法与第一次相同，翻料时料中的湿度若比较小，需要加水补充。堆宽应缩小到 1.8 m，高度不变，仍需盖顶保温。

第三次翻堆方法同前两次，料内湿度为 70%左右，用手紧攥料时有少量水滴流出为宜。水分不足时，喷水调整。料的 pH 为 7.5～8.0。这次翻堆后的宽度加大到 2.3 m 左右，使料中温度容易升高。

第三次翻堆后，再发酵 2 d 左右，前发酵结束。这时培养料呈咖啡色，含水量 65%～68%，含氮量为 1.5%～1.8%。

4. 后发酵

后发酵包括巴氏消毒和控温发酵两个阶段。具体措施是通过向菇房加温的方法，使菇房内温度尽快上升至 62 ℃，料温达 60 ℃左右，维持 5～6 h。随后通风，降温至 48～52 ℃，维持 4～6 d，最后停止加温，通入新鲜空气，使菇房的温度和料温降至 25 ℃左右。后发酵的作用主要有二：其一是在高温条件下，高温微生物将前发酵未完全分解的基质进一步分解；其二是高温可进一步杀死培养料中的害虫、虫卵及引起污染的微生物。后发酵的技术措施如下。

（1）调节含水量　根据后发酵加热方式和菇房结构特点调节堆料的含水量。一般为 68%～72%，土墙菇房，直接加温的，其培养料含水量稍调高些；水泥结构菇房，湿热加温的，培养料含水量可偏低些。

（2）菇房消毒　前发酵料进房前，必须将菇房打扫干净，墙和床架用石灰浆刷白三次，也可用药剂熏蒸。

（3）进料　选择晴天，关闭菇房内所有通风窗口，尽快将培养料搬入菇房，以防料温下降。培养料应先集中放在中间三层床架上并呈垄式堆放（因上、下层床架的温度不均）。

（4）加热　菇房加热是后发酵的关键，其方式有多种，可用煤炉加热，有条件时可用通蒸汽的方法加热。为使室内温度均匀，房内可加风扇，加速热空气循环。

后发酵结束时，将上层背风窗口打开，过一段时间后，再打开中、下层窗口，最后全部打开门窗及排气管。料温下降后，结合水分调整，将培养料均匀翻动、分床。后发酵结束后的培养料应呈棕褐色或咖啡色，有大量白色嗜热放线菌，秸秆柔软、易拉断、富有弹性，并有特殊香味，无粪臭、氨味、腐败和霉味，培养料含水量为63%～65%，pH 6.8～7.2，含氮量为1.9%～2.2%。

5. 播种

播种前应先检查菌种质量。并将接种用的工具及工作人员的手用75%乙醇消毒。目前多用麦粒种，使用麦粒种播种量为450 g/m^2，适当加大接种量可以缩短菌丝长透培养料所需的时间，并可减少污染。但播种量不宜太大，播种量太大，料面老菌种多，易形成大量粗菌索，对子实体发生不利，又增加成本。播种方法可以采用层播、混播或穴播。最好是采用混播，将75%的菌种均匀撒在培养料上，随后用手将菌种和培养料拌匀，使麦粒均匀分散在培养料中，再将其余25%菌种均匀撒在培养料表面上，覆盖一薄层培养料，整平、稍压实即可。

6. 播种后的管理

播种后，料温应控制在24 ℃左右，若料温上升，应适当通风，当菇房湿度低时，可用喷雾器向墙壁和过道喷水，使床上料面的空气相对湿度保持在70%～80%。

7. 覆土与管理

覆土可以促进子实体的形成，改变培养料中O_2与CO_2的比例和菌丝体的生态环境，使菌丝体迅速转入生殖生长阶段。覆土还可以保持基质中的水分，有利于子实体的生长。

（1）*土质要求*　理想的覆土要有团粒结构、孔隙多、保水力强、含有适量腐殖质，这种土壤湿时不黏，干时不散。最好的覆土材料是草炭土，无草炭土时可用沙壤土等材料代替，为了解决保湿与通风的矛盾，沙壤土的颗粒有粗、细两种土粒。

（2）*土粒消毒*　一般先将土过筛，粗土粒如蚕豆大小，直径为2～3 cm，细土粒如黄豆，直径为0.5～1.0 cm。栽培100 m^{2}需土粒4.5～5.0 m^3，其中粗土粒约占2/3，细土粒约占1/3。覆土前应将土粒消毒。使用时再将土粒浸入2%～4%石灰水中，待有气泡产生即可迅速捞出静置，让土壤表面水分吸入土粒内。

（3）*覆土时间*　一般播种后12～15 d开始覆土，若使用粪草种穴播，两穴菌丝生长连在一起时即可覆土，使用麦粒种混播时，菌丝蔓延至菌床厚度的2/3时覆土。

（4）*覆土方法*　先在料面上覆盖一层粗土，一周后待菌丝爬上粗土层的2/3时，再覆细土粒。粗、细土粒层的总厚度为3.0～3.5 cm。覆细土粒的时机很重要，如覆盖过早，原基常在细土粒下形成；若覆盖过迟，菌丝又可向上生长形成“菌被”。

（5）*覆土后的管理*　覆土初期仍属发菌阶段，床温应控制在22 ℃左右，使菌丝尽快爬上覆土层。喷水应掌握少而勤的原则，维持土粒适宜的含水量，保证床面小区相对湿度适宜是菌丝顺利爬土的关键。

8. 出菇阶段的管理

（1）*现蕾与喷水管理*　覆土后应经常检查菇床，待菌丝爬到粗土粒的2/3时，应降低菇房内相对湿度，加强通风，促使菌丝在粗细土粒层之间生长，逐渐形成菌索。此时降温至 15～16 ℃，在菇床上即可出现米粒大小的菇蕾，及时喷“出菇水”，持续喷水 2～3 d。喷水时以粗土上半部吃到水为止，切不可让水流到料里去。当小菇蕾长到黄豆粒大小时应喷“出菇重水”，用水量约 1.8 kg/m^2，2 d 内调足。

喷水管理是一项很重要的工作，它关系到产量的高低和质量的优劣。每天喷水次数和每次喷水量应根据菇床上菌丝生长状态、气候条件、菇房保湿通风情况及菌株的特性来决定。当菇床上发生大量子实体时，就需要较多的水分供应，一种方法是在适宜的时期喷重水，只要调水时间正确，用水量恰当，则双孢蘑菇的子实体成批生长，出菇的潮次明显，有产菇的高峰期。若经验不足，喷水过多，反而会造成减产。另一种方法是采用轻喷勤喷的方法，逐步地增加菇床上的含水量，即每天的喷水量不多，但天天喷，以满足子实体发育的需要。采用这种调水法，床面经常有菇收，但没有明显的成批生产的高峰期。菇床菌丝生长差，或种菇人员喷水经验不足的，采用此法比较安全。

（2）通风换气　出菇期间应注意通风换气。通风换气的时间与次数，同样应根据菇房的结构，保温保湿性能的优劣，子实体发育阶段等因素来决定。外界气温回升时，应适当通风。子实体增多、增大时应增加通风，风速 15 m/min 左右。

（3）光线　双孢蘑菇子实体生长时需要黑暗条件，因此菇房应避光。

（4）温度　双孢蘑菇是恒温结实性菌类，出菇温度应控制在 15～16 ℃，这时子实体发育最快，质量最佳，产量最高。

9. 采收

从现蕾到采收，一般为 4～6 d，依床温而定。当菌盖直径长到 2.5～4 cm 时即可采收，菇体过大影响质量，还会影响下一潮菇的形成。采菇时用拇指、食指和中指轻轻捏住菌盖旋转拔起，放入已垫好塑料膜的篮或筐内，切勿碰伤菇体。当大、小菇体丛生在一起时，可用刀将大菇切下，留下小菇。采菇时若留下孔穴，应该用预先留下的土粒把穴补平。采收后，切去菇脚待售。

10. 后期管理

秋菇结束后，应剔除老菌丝，整理床面，补平菇穴。越冬期菇房应以保温、保湿为主，适当通风换气。保持菇床覆土表面不发白，粗土粒略为湿润。第二年春天气温回升时，菌丝即可恢复生长。这时逐渐加大喷水量，采取轻喷勤喷的方法，使粗土层逐渐湿润。待有大量菇蕾形成之后，选择晴天喷“出菇水”及“出菇重水”。由于我国南北方天气湿度差别较大，应根据菇房湿度的情况决定喷水的多少与喷水次数。每潮菇生长 8～10 d，间歇 5～8 d，可出下一潮菇。

五、思考题

1. 双孢蘑菇栽培工艺与平菇栽培工艺有何不同？
2. 双孢蘑菇栽培成功的关键技术是什么？

3. 简述双孢蘑菇培养料的发酵方法。

六、参考文献

陈德明. 2001. 食用菌生产技术手册. 上海：上海科学技术出版社
黄晨阳，郑素月，张金霞，等. 2010. 养生好食材——食用菌. 北京：中国农业出版社
黄年来. 1997. 中国食用菌百科. 北京：中国农业出版社
黄毅. 2008. 食用菌栽培. 3 版. 北京：高等教育出版社
孔祥君，王泽生. 2000. 中国蘑菇生产. 北京：中国农业出版社
吕作舟. 2006. 食用菌栽培学. 北京：高等教育出版社
牛西午. 1994. 北方食用菌栽培. 北京：中国科学技术出版社
秦俊哲，吕嘉枥. 2003. 食用菌贮藏保鲜与加工技术. 北京：化学工业出版社
王传福. 2002. 新编食用菌生产手册.郑州：中原农民出版社
王贺祥，刘庆洪. 2012. 食用菌采收与加工技术. 北京：中国农业出版社
王立安. 2012. 食用菌栽培常见问题解答. 石家庄：河北科学技术出版社
王泽生，王波，卢政辉. 2011. 图说双孢蘑菇栽培关键技术. 北京：中国农业出版社
严奉伟，严泽湘. 2002. 食用菌深加工技术与工艺配方. 北京：科学技术文献出版社
杨新美. 1996. 食用菌栽培学. 北京：中国农业出版社
张金霞，黄晨阳. 2008. 无公害食用菌安全生产手册. 北京：中国农业出版社

实验十二　鸡腿菇栽培技术

一、实验目的

1. 学习鸡腿菇栽培技术。
2. 学习鸡腿菇的生物学特性。
3. 了解鸡腿菇子实体采收和保存技术的特点。

二、实验原理

鸡腿菇（*Coprinus comatus*），又名毛头鬼伞，属于担子菌门、层菌纲、伞菌目、鬼伞科、鬼伞属。菌柄形状似火鸡腿，故名鸡腿菇，幼时肉质细嫩，鲜美可口，色香味不亚于草菇。鲜鸡腿菇含水量为92.2%。每100 g干菇中含粗蛋白25.4 g，脂肪3.3 g，总糖58.8 g，纤维7.3 g，灰分12.5 g。鸡腿菇含有20种氨基酸，包括8种人体必需的氨基酸。鸡腿菇味甘性平，有益脾胃、清心安神，经常食用有助消化和增加食欲。鸡腿菇还有降血糖作用，对糖尿病有一定疗效。我国于20世纪80年代开始驯化栽培，90年代进入商品化栽培阶段。目前，鸡腿菇的栽培方法主要有发酵堆肥栽培法、生料覆土栽培法和熟料覆土栽培法三种。各地可根据当地条件，因地制宜选用相应的栽培方法。

1. 生物学特性

子实体较大。菌盖（4～6）cm×（6～11）cm，圆筒形、后钟形至近平展，初期白色，顶部淡土黄色，光滑，后渐变深色，边缘具条纹。菌肉白色，较薄。菌柄（7～24.5）cm×（1～1.7）cm，白色，光滑，圆柱形，中空，基部渐粗。菌环白色，膜质，后期可上下移动，易脱落。孢子印黑色。孢子光滑，椭圆形，（12.5～19.6）μm×（7.5～11）μm。

子实体单生、群生或丛生，菌褶初期白色，随生长变为灰色至黑色，后期与菌盖边缘一同溶为墨汁状。

2. 营养和环境条件

（1）营养　鸡腿菇属草腐和土生菌，适应性强，农作物秸秆、皮壳等均可作为鸡腿菇的培养料，棉籽壳、玉米芯、麦秸、稻草等是栽培鸡腿菇较好的原料。

（2）温度　鸡腿菇属于中温性食用菌，菌丝体生长的温度是3～35 ℃，最适温度为22～28 ℃。菌丝体在低温环境下可存活很长时间。子实体形成和生长的温度为8～30 ℃，最适温度为15～24 ℃，在此温度范围内，温度越高，子实体发生越多且生长越快；温度低，子实体生长慢，但个体大。温度在20 ℃以上时，菌柄易伸长，菌盖变薄，品质降低，极易开伞自溶。

（3）水分及空气相对湿度　培养料的含水量以 60%～70%为宜。发菌期间的空气相对湿度为 70%～80%。子实体生长时，空气相对湿度为 85%～90%，低于 60% 菌盖表面鳞片反卷，湿度达 95%以上时，菌盖上易得斑点病。

（4）空气　菌丝生长和子实体生长发育阶段都需要新鲜空气，所以人工栽培时，应保持菇房空气新鲜。

（5）光照　菌丝生长阶段不需要光线，菇蕾分化及生长发育阶段需要200～1000 lx的光照。光照弱时，菇体色泽白，鳞片少；光照强时，鳞片色泽深。

（6）酸碱度（pH）　在pH 2～10均能生长，最适pH为6.5～7.5。

三、实验材料

鸡腿菇栽培种、稻草、干牛粪（或马粪、鸡粪）、石膏、过磷酸钙、硫酸铵、碳酸铵、尿素、饼肥、铡刀、皮管、铁锹、粪钗、水桶、长柄温度计、塑料布、草炭土或沙壤土、温湿度计、喷雾器。

四、实验步骤

1. 菇房的设置

菇房应建在地势较高，排水方便，周围环境清洁而开阔，远离饲养场，有充足的水电资源，交通便利的地方。菇房结构要合理，应坐北朝南，菇房内应通风良好，保温、保湿性好。菇房面积不宜过大，每间房 100 m^2 左右。

房间床架因地制宜排列，应与菇房方位成垂直，一般设 5～6 层，床架宽、窄适中，否则操作不便或利用率不高。床架顶层与屋顶应留一定距离，最下层离地面 33 cm 以上，层架间距离 66 cm。菇房内应有通风设备。菇房前后墙留上、中、下对流窗，窗的大小、数目可因地制宜。屋顶中间设置数个排气管，管径 20～30 cm，管高 60～100 cm，管口加盖防雨帽。菇房门上挂帘，以防冷风或水分蒸发。

2. 栽培料配方

1）稻草（或麦秸）70%，干牛粪 20%，石膏 3%，石灰 3%，过磷酸钙 3%，硫酸铵 1%。

2）玉米芯 96%，尿素 1%，石灰 3%。

3）稻草（或麦秸）57.5%，干牛粪 28%，干鸡粪 8.5%，豆饼粉 1%，硫酸铵 1%，过磷酸钙 1%，石膏 1.5%，石灰 1.5%。

4）金针菇或白灵菇废培养料（菌糠）73%，牛、马粪 20%，尿素 1%，过磷酸钙 2%，石灰 4%。

5）棉籽壳 97%，蔗糖 1%，碳酸钙 2%。

3. 发酵

与双孢蘑菇堆肥方法相似。

（1）稻草的处理 用整稻草或将稻草铡成长 15～20 cm 的小段，然后堆积草堆，用清水或 0.5%石灰水浇透，再堆放 2 d，使温度升高，促进秸秆软化。

（2）粪便的预湿 建堆前先将粪肥预湿，遇有大块粪肥应先打碎，然后用水喷浇，使其充分湿透。

（3）建堆 ①在堆制场地撒一层石灰粉，以杀死场内害虫。在地面铺一层宽 2.3 m，厚 15～20 cm 的稻草，然后在上面撒一层 5～6 cm 厚的牛粪（或其他粪肥）。此后一层稻草，一层粪肥，逐层循环堆至高 1.5 m。②一般堆料从第三层开始加水，以后每铺一层粪草，喷洒一次水，要求喷洒均匀，用量合适，下层少喷，上层稍多些，直到料堆建好后，堆中有少量水外渗为止。③建堆的最后是用粪肥封顶，堆的四周要垂直，在堆的不同部位插温度计，堆顶呈龟背形，便于排水。料堆的松紧度要适中，不可过松或过实。用草帘将料堆顶盖好，以防日晒雨淋，遇大雨时，用塑料薄膜将料堆盖好，防止雨水渗入料堆，影响发酵质量，雨后揭膜，以利料堆内通气。

（4）翻堆 建堆后料温会逐渐上升到 65～70 ℃，最高可达 75 ℃以上。当温度达到 60 ℃并保持 10～12 h 就应翻堆，翻堆可使堆料各部分温度、湿度趋于一致，发酵均匀。

第一次翻堆在建堆后 5 d 左右，分层加入过磷酸钙和硫酸铵，并补足水分。4～5 d 后第二次翻堆，分层加入石膏粉和石灰，再堆制 2～3 d，调含水量为 65%～70%，pH 为 7～8 即可进菇房。

也可采用二次发酵法，培养料经前发酵后运入菇房进行后发酵，料温升至 60 ℃，保持 4～6 h，然后在 50～52 ℃维持 3 d，排除氨味。

4. 播种

将培养料均匀摊放到菇床上，压实整平，料厚约 15 cm，料温降至 25 ℃时播种。目前多用麦粒种，麦粒种的播种量为 450 g/m^2，适当加大接种量可以缩短菌丝长透培养料所需的时间，并可减少污染。采用混播法，将 75%的菌种均匀撒在培养料上，随后用手将菌种和培养料拌匀，使麦粒种均匀分散在培养料中，再将其余 25%菌种均匀地撒在培养料表面上，覆盖一薄层培养料，整平、稍压实即可。当菇房湿度达到 80%或更高时，可不用盖薄膜，空气湿度较低时播种后则需覆盖薄膜。

5. 播种后的管理

播种后，控制料温在 25 ℃左右，料温上升，应适当通风，当菇房湿度低时，可用喷雾器向墙壁和过道喷水，使床上料面小区空气相对湿度达 70%～80%。当菌丝定植后，遇到连续高温时应加强通风、降湿，促进菌丝生长，当菌丝发透料床后，应喷水保湿。

6. 覆土

当菌丝蔓延至菌床厚度的 2/3 时覆土。采用草炭土或沙壤土，用 3%石灰水调整含水量至16%左右，要求土粒无白心，覆土厚3～4 cm。

7. 覆土后的管理

覆土后料温应控制在25 ℃左右，使菌丝尽快爬上覆土层。喷水应掌握少而勤的原则，维持土粒适宜的含水量，保证小区相对湿度适宜是菌丝顺利爬土的关键。

8. 出菇管理

覆土后约 20 d，土面出现白色子实体原基。在子实体分化和生长期，控制室温14～18 ℃，不要超过 20 ℃。在适宜的温度范围内，温度升高，子实体生长速度加快，在低温下生长的子实体不易开伞；超过20 ℃时，菌柄易伸长，开伞快，品质差。每天喷雾状水保持空气相对湿度 85%～90%，给予 500～1000 lx 的光照。此外，要经常通风换气，保持空气新鲜。若 CO_2 浓度过高，刺激菌柄生长，抑制菌盖发育，易形成畸形菇。

9. 采收

鸡腿菇子实体成熟速度快，必须在菇蕾期，即菌环尚未松动，钟形菌盖上出现反卷毛状鳞片时采收。菌环松动或脱落后采收的子实体在加工过程中会氧化褐变，菌盖变黑甚至发生自溶，流出黑褐色的液体而完全失去商品价值。采菇后要及时整理床面，补土补水，进行出菇管理，准备出第二潮菇。

此外，还可以采用熟料覆土栽培，其栽培工艺与平菇的熟料栽培相似。管理方法与发酵料栽培相同。熟料栽培单产水平和生物学效率比生料栽培稳定，栽培者可根据具体情况决定采用哪种栽培方法。

五、思考题

1. 鸡腿菇发酵料栽培的技术关键是什么？
2. 鸡腿菇有什么保健功效？
3. 鸡腿菇子实体的采收和保存技术有什么特点？

六、参考文献

陈国良，陈惠. 2005. 功效非凡的食用菌. 上海：上海科学技术出版社
黄晨阳，郑素月，张金霞，等. 2010. 养生好食材——食用菌. 北京：中国农业出版社
黄年来. 1997. 中国食用菌百科. 北京：中国农业出版社
李明，田景花，李守勉，等. 2006. 食用菌病虫害防治关键技术. 北京：中国三峡出版社
吕作舟. 2006. 食用菌栽培学. 北京：高等教育出版社
王波，黄忠乾. 2011. 图说鸡腿菇栽培关键技术. 北京：中国农业出版社
王波，鲜灵. 2005. 鸡腿菇周年栽培新技术. 上海：上海科学技术文献出版社
王贺祥，刘庆洪. 2012. 食用菌采收与加工技术. 北京：中国农业出版社
王立安. 2012. 食用菌栽培常见问题解答. 石家庄：河北科学技术出版社
严奉伟，严泽湘. 2002. 食用菌深加工技术与工艺配方. 北京：科学技术文献出版社

杨瑞长，蒋逵良. 2000. 草生菇栽培技术. 北京：金盾出版社
杨新美. 1996. 食用菌栽培学. 北京：中国农业出版社
张金霞，黄晨阳. 2008. 无公害食用菌安全生产手册. 北京：中国农业出版社
张金霞. 2004. 食用菌安全优质生产技术. 北京：中国农业出版社
张树庭，Miles P G . 1992. 食用蕈菌及其栽培. 杨国良，张金霞，秦永生，等译. 保定：河北大学出版社

实验十三　草菇栽培技术

一、实验目的

1. 掌握栽培草菇的方法。
2. 学习草菇的生物学特性。
3. 了解草菇各类品种的特点。

二、实验原理

草菇（*Volvariella volvacea*），又名兰花菇、苞脚菇。在真菌分类上属于担子菌门、伞菌目、光柄菌科、草菇属。菌丝体是草菇的营养器官，按生长发育的顺序可分初生菌丝体和次生菌丝体。子实体丛生或单生，由菌盖、菌褶、菌柄和菌托等部分组成。草菇含有人体所需要的 18 种氨基酸，维生素 C 含量丰富，性寒味甘，能消暑去热，增强体质，提高免疫力。草菇肉质脆嫩，味道鲜美，长期以来为席上佳肴，深受人们的青睐，是国内外市场上消费量较大的食用菌之一。

草菇栽培起源于我国南方，所以又被称为“中国蘑菇”。草菇是一种高温条件下生长的菇类，气温稳定在 28 ℃以上时才适于它的生长发育。南方从立夏至霜降，北方从芒种到立秋均可进行露地栽培。在低温季节可以在室内进行控温栽培。

草菇是高温型食用菌。菌丝生长的最适温度为 35～36 ℃，5 ℃以下菌丝很快死亡。所以，草菇菌种不能在 4 ℃冰箱中保存（菌种保存温度为 12～15 ℃）。子实体分化发育的最适温度为 28～30 ℃。

1. 生物学特性

草菇菌丝体在基质中不断生长、繁殖，起着吸收、运输和积累营养物质的作用。菌丝按其发育的顺序可分为第一次菌丝、第二次菌丝和第三次菌丝。又分别称为单核菌丝、双核菌丝和结实性双核菌丝。菌丝白色至淡黄色，透明或半透明，大多数只有一个细胞核，也有两个细胞核或多个细胞核，无锁状联合，有少量或极大量的厚垣孢子，厚垣孢子淡黄色或紫红褐色，圆球形或椭圆状球形，直径 35～45 μm。

子实体是草菇的繁殖器官，在出菇期大量集中出现，形成周期性的菇峰。它由菌盖、菌褶、菌柄和菌托等部分组成。菌盖钟形，幼时黝黑，老时褪为灰褐色或灰白色，中央色深，外围色稍浅；菌肉白色，肥厚；菌盖完全展开后，中央稍突起，直径 5～20 cm，边缘完整，表面光滑。菌褶离生，280～380 片，初期白色，后水红色，最终红褐色，稍密集。菌柄圆柱形或顶端稍细，白色、肉质，没有菌环，菌托杯状。孢子椭圆形或卵状椭圆形，8 μm × 5 μm，孢子印粉红色。

草菇子实体初生时为白色小颗粒，形如鱼卵，以后逐渐长大如豆，如雀蛋、鸭蛋。根据子实体发育的情况，大致可分为针头期、小钮扣期（小菇蕾期）、钮期（菇蕾期）、卵形期（蛋状期）、伸长期和成熟期等 6 个阶段。子实体成熟时弹射出无数担孢子，担孢子在适宜条件下萌发又开始新的生活周期。草菇完成一个生活周期所需的时间为 4～6 周，其中从播种到采收仅需要 2 周左右。除有性生活周期外，还有一个无性的小生活周期，即草菇的菌丝上经常产生大量的厚垣孢子，厚垣孢子在条件适宜时萌发成菌丝进入上述的有性生活周期。

2. 营养和环境条件

（1）营养

草菇是一种腐生菌，必须从死的有机体吸取营养物质，才能生长发育。草菇能利用多种碳源，其中以单糖最好，双糖其次，多糖再次。能很好地利用有机氮和铵态氮，而对硝态氮利用较差。培养料的碳氮比以 40∶1 为好。培养料中营养充足，菌丝生长旺盛，子实体健壮，产量高，质量好，产菇期长。如果培养料营养不足，则菌丝生长不良，不形成子实体或产量很低。

（2）温度

草菇产于热带和亚热带地区，属高温型食用菌。孢子萌发的温度比一般伞菌高，最适的萌发温度为 40 ℃左右，低于 25 ℃或高于 45 ℃孢子都不萌发。菌丝生长的温度为 12～43 ℃，适宜温度为 32～35 ℃，高于 44 ℃或低于 12 ℃，菌丝生长极微弱，10 ℃停止生长，呈休眠状态，5 ℃以下菌丝很快死亡。子实体发生的最适温度为 27～31 ℃，低于 20 ℃或高于 35 ℃，子实体都难以形成。在适温范围内，菌蕾在偏高的温度中发育较快，但个体小，质量差。在偏低的温度中，发育稍慢，朵大质优。因此，夏季最好在树荫或荫棚下栽培。晚秋昼夜气温变化剧烈，室外栽培应注意保温。

（3）湿度

草菇需要较高的湿度。草堆的含水量在 65%左右最适于子实体的形成。空气相对湿度在 96%以上菇体易腐烂，杂菌多；在 80%以下，草菇生长缓慢，表面粗糙，缺乏光泽。

（4）空气

足够的氧气是草菇生长发育的重要条件。氧气不足，二氧化碳积累太多，常因呼吸受抑制而导致生长停止或死亡。因此，在栽培上应选择空气缓慢对流的场所，但通风不宜过甚，否则，水分容易散失，对草菇的生长也是不利的。

（5）光照

草菇孢子的萌发和菌丝的生长完全不需要光照，但子实体的形成需要一定的散射光，在完全黑暗的条件下不形成子实体。散射光能促进子实体的形成，并使之生长健壮，增强抗病力。强烈的直射光不仅增加水分的蒸发，而且对子实体有严重的抑制作用，故室外栽培时，应注意遮荫或覆草被，以避免受强烈直射阳光的不良影响。

（6）酸碱度（pH）

草菇是一种喜碱性的真菌。孢子萌发的最适 pH 为 7.4～7.5，菌丝生长最适的 pH 为 7.2～7.5，子实体在 pH 7.5 的草堆中生长最好。

三、实验材料

棉籽壳、稻草、水泥池、麦麸或米糠、草木灰、石膏、尿素、草菇栽培种、大镊子、塑料薄膜、铁锹、75%乙醇消毒缸、75%酒精棉球、酒精灯、火柴、荫棚、喷壶。

四、实验步骤

1. 栽培场地的选择

草菇既可在室内栽培，也可在室外栽培，草菇的室外栽培应在"三分阳七分阴"或是在人工搭建的遮荫棚里。室外栽培场地的周围要开沟，以利排水。栽培地面要高出地面 10 cm，若地面有杂草，应进行锄草整地，晒 1～2 d，再把中央压实，两旁稍松，做成的床宽 1～1.2 m，长 3～4 m，床间距离 0.5 m，床做好后撒些生石灰以消灭害虫。

2. 栽培方法

（1）稻草处理　挑选干净、无霉变、金黄色的稻草，小规模生产可将稻草做成 250～500 g 重的草把，采用草把草堆堆料法栽培。大规模生产一般把稻草用铡草机切成 10 cm 以下的小段，采用碎料法栽培，也可直接用乱稻草，采用乱草堆料法栽培。

（2）预湿　将破碎的稻草用 1%～3%的石灰水预湿，并不断喷水使其吸水软化。

（3）栽培料配方　稻草（干重）80%，麦麸或米糠 15%，石灰 4%，尿素 0.5%，过磷酸钙 0.5%。

（4）堆料发酵　将预湿的稻草与辅料分层铺料建堆，堆型可仿照双孢蘑菇堆料法，使堆料疏松透气，进行发酵，堆温迅速上升至 60～65 ℃，保持半天后翻堆（也可以在翻堆时加入辅料以减少损耗），堆温再次上升到 60～65 ℃保持 1 d，然后散堆送往栽培场使用，全过程 3～5 d。发酵好的堆料应柔软、无氨味、无臭味，pH 8～9，含水量 70%～75%。

（5）巴氏消毒　将发酵好的培养料趁热搬入菇房平铺于菇床上，按 10 kg/m^2 铺平，厚约 20 cm，注意中间稍厚，周边稍薄，以免积水。温度较低时可厚些，若水分不够 70%，要适当喷水补足，并把覆盖的材料和用具一起放入菇房，关闭门窗，然后通入蒸汽进行巴氏消毒。当菇房内温度上升到 60 ℃时，保持 6～8 h 后，停止加热，让菇房自然降温。

（6）接种　当菇房内温度下降至 38 ℃时，打开门窗，进入菇房接种。可采用穴播，穴距 10 cm，深 2～3 cm，菌种放满穴并稍露料面；或采用混播法进行接种。接种后要稍加压实，让菌种与培养料紧贴在一起，促进发菌。若菇房保温保湿性能差，则需覆盖塑料薄膜。

（7）出菇管理　草菇与其他菇类相比具有菌丝生长迅速，生长周期短的特点，在出菇管理上要求技术高，应注意以下几个环节。

1）温度。接种后，室内气温以 28～30 ℃为宜，堆料的温度很快升高，草菇菌种也迅速生长繁殖。当料温超过 40 ℃时，菌丝生长受到抑制，温度再高时，菌丝死亡，此时应注意堆温的变化，可采取向地面洒水和短时间通风来降温，当气温较低时，料温升得慢，此时应采取加盖草帘等保温措施。出菇期菇房温度应保持在 27～30 ℃，在正常生长条件下，接种后 7～10 d 可以出现原基，12～15 d 子实体可以采收。

2）湿度。草菇生长期间空气相对湿度要求较高，菌丝生长期间水分由培养料中获得，一般空气相对湿度在 70%左右。但因草菇是在高温季节时栽培，水分蒸发量很大，所以接种 3～4 d 后，应在地面和菇房内喷水保湿，相对湿度要求在 80%左右，出菇时要求相对湿度为 90%～95%，当水分不足时应喷雾状水，但水分也不能过多，否则影响菌丝的呼吸作用。当料堆上出现菇蕾时可将薄膜支高些，以免水珠滴落到原基上，影响其生长。

3）通风换气。草菇生长要求充分的新鲜空气。接种 2 d 后，每天掀开料堆上的薄膜 1～2 次进行通风换气，每次 10 min 左右，在出现原基后还要延长通风时间，出菇阶段更应注意通风换气，否则 CO_2 过多，对草菇的生长有抑制作用或出现畸形菇。

（8）采收　在正常情况下，菌种质量好，管理得当，播种后 7～10 d，培养料面上就可以看到小菇蕾。菇蕾刚长出时呈灰白色，3～4 d 后发育成卵圆形或椭圆形的菇蕾，当草菇由基部较宽、顶部稍尖的宝塔形变为卵形，菇体饱满光滑，颜色由深变浅，包膜未破裂，菌盖、菌柄没有伸出时采收最好。采菇时用一只手按住周围培养料，另一只手握住菇蕾左右旋转，轻轻拧下。开伞的草菇，质量降低。草菇生长速度很快，到了卵形阶段后，往往一夜之间就会开伞，所以应该特别注意及时采收，一般早、晚各采收一次。

第一潮菇采收结束，通风一天，并清理床面，全面补水，再喷一次 pH 8～9 的石灰水，经适当通风后，重新盖上薄膜养菌管理，准备出第二潮菇。

此外，充分吸水软化的稻草也可直接建堆栽培草菇。栽培料配方为：稻草（干重）97.3%，麦麸或米糠 2%，石膏 0.5%，尿素 0.2%。将吸水软化的稻草建堆，堆宽 45～55 cm，高 30～40 cm，长度不限，麦麸、石膏和尿素混合后分层撒在距边缘 6～8 cm 的草堆内，接种时将栽培种塞入草堆边缘。其他管理方法与堆料发酵后栽培草菇的方法相同，但这种栽培方法的产量较低。

五、思考题

1. 草菇栽培的特点是什么？
2. 草菇栽培中的技术关键是什么？
3. 草菇子实体和菌种分别在什么温度下保存？

六、参考文献

蔡衍山，吕作舟，蔡耿新. 2003. 食用菌无公害生产技术手册. 北京：中国农业出版社
陈国良，陈惠. 2005. 功效非凡的食用菌. 上海：上海科学技术出版社
邓优锦，朱坚，谢宝贵. 2011. 图说草菇栽培关键技术. 北京：中国农业出版社
黄晨阳，郑素月，张金霞，等. 2010. 养生好食材——食用菌. 北京：中国农业出版社
黄年来. 1997. 中国食用菌百科. 北京：中国农业出版社
李明，田景花，李守免，等. 2006. 食用菌病虫害防治关键技术. 北京：中国三峡出版社
吕作舟. 2006. 食用菌栽培学. 北京：高等教育出版社
莫天砚. 2003. 食用药用菌栽培学. 北京：中国农业大学出版社
王贺祥，刘庆洪. 2012. 食用菌采收与加工技术. 北京：中国农业出版社
王贺祥. 2008. 食用菌栽培学. 北京：中国农业大学出版社
王立安. 2012. 食用菌栽培常见问题解答. 石家庄：河北科学技术出版社
严奉伟，严泽湘. 2002. 食用菌深加工技术与工艺配方. 北京：科学技术文献出版社
杨瑞长，蒋逵良. 2000. 草生菇栽培技术. 北京：金盾出版社
张金霞，黄晨阳. 2008. 无公害食用菌安全生产手册. 北京：中国农业出版社
张金霞. 2004. 食用菌安全优质生产技术. 北京：中国农业出版社

实验十四　杏鲍菇栽培技术

一、实验目的

1. 学习杏鲍菇的栽培方法。
2. 学习杏鲍菇的生物学特性。

二、实验原理

杏鲍菇（*Pleurotus eryngii*），又名刺芹侧耳，属担子菌门、层菌纲、伞菌目、侧耳科、侧耳属，是欧洲南部、非洲北部，以及中亚地区高山、草原、沙漠地带的一种品质优良的大型肉质伞菌，我国新疆、四川西部也有分布。因该菇具有杏仁的香味和菌肉肥厚似鲍鱼而被称作杏鲍菇，又因其常生于刺芹上被称作“刺芹侧耳”。

杏鲍菇营养丰富，肉质肥厚，质地脆嫩，菌柄色泽雪白、粗长，具有杏仁的香味，是味道最好的菇类之一，被称为“平菇王”、“干贝菇”。杏鲍菇能提高人体免疫力，具有防癌抗癌的功效，深受国内外消费者的欢迎，是一种市场前景看好的珍稀美味食用菌。我国从 20 世纪 90 年代开始引种栽培，目前普遍采用的栽培方法是袋栽和瓶栽。近年来，杏鲍菇的工厂化栽培企业发展迅速。

1. 生物学特性

杏鲍菇菌丝白色，初期纤细，逐渐浓密蔓延，有锁状联合。子实体单生或群生。孢子椭圆形至近纺锤形。菇盖宽 2～13 cm，幼时呈弓圆形，成熟时中央浅凹至漏斗状、圆形至扇形，表面有丝状光泽，平滑、干燥，幼时淡灰墨色，成熟后呈乳白色，中心周围常有近放射状墨褐色细纹。菌盖幼时内卷，成熟后逐渐平坦。菌褶向下延生，密集、略宽、乳白色，边缘及两侧平滑，有小菌褶，孢子印白色。菌柄（4～12）cm×（0.5～3）cm，偏生至侧生，呈球形棍棒状，上端较细，中实，横切面圆形，色乳白，中实，肉质纤维状，菌肉具杏仁味，无菌环或菌幕。

2. 营养和环境条件

（1）营养　　杏鲍菇是一种分解纤维素、木质素能力较强的食用菌，生长发育要求丰富的氮源，制作母种时，添加少量蛋白胨可使菌丝发育加快。木屑或棉籽壳为主培养料，辅以麦麸、米糠等，可增加产量和提高品质。

（2）温度　　菌丝生长最适宜的温度是 25 ℃左右，原基形成的适宜温度是 12～15 ℃，子实体发育的温度因菌株而异，一般适宜温度为 10～21 ℃，但有的菌株不耐高温，以 10～18 ℃为宜。

（3）水分　菌丝生长阶段培养基含水量以 60%～65%为宜，空气相对湿度要求在 60%左右，子实体形成和发育阶段的相对湿度要求 90%～95%，子实体生长阶段的相对湿度要求 85%～90%。

（4）空气　菌丝生长和子实体发育都需要新鲜的空气，但在菌丝生长阶段，瓶、袋中积累的二氧化碳浓度低于 22%时对菌丝生长没有抑制作用，原基形成和子实体分化发育时需要充足的氧气。

（5）光照　菌丝生长阶段不需要光照，子实体形成和发育阶段需要散射光，适宜的光照强度是 500～1000 lx。

（6）酸碱度（pH）　菌丝生长最适 pH 为 5～6，出菇阶段的适宜 pH 为 5.5～6.5。

三、实验材料

棉籽壳、玉米芯、麦麸、石膏、蔗糖、17 cm × 40 cm × 0.05 cm 聚丙烯塑料袋、无棉塑料盖、防潮纸、细线绳、圆锥形木棒、磅秤、水桶、杏鲍菇栽培种、大镊子或接种勺、75%酒精棉球、75%乙醇消毒瓶、酒精灯、记号笔、火柴。

四、实验步骤

杏鲍菇袋栽工艺流程为：

配料→装袋→灭菌→接种→培养→出菇→采收。

1. 培养料配方

1）棉籽壳 80%，麦麸 18%，蔗糖 1%，石膏 1%。

2）棉籽壳 40%，玉米芯 40%，麦麸 18%，蔗糖 1%，石膏 1%。

3）玉米芯 80%，麦麸 18%，蔗糖 1%，石膏 1%。

2. 拌料

按配方称量所需要的棉籽壳和麦麸，在光滑水泥地面上撒一层棉籽壳，再撒一层麦麸，重复上述操作，直至混完。将所需的蔗糖、石膏溶于水中，充分搅拌均匀。然后泼洒在棉籽壳和麦麸堆上，边加水边搅拌，直至均匀。培养料拌好后，闷 30 min，使料吸水均匀，含水量 60%～62%。含水量是影响子实体发生的关键，含水量过多，菌丝生长时间长，易感染杂菌；含水量过少，菌丝生长稀疏，出菇少。

3. 装袋

将拌好的料装入 17 cm × 40 cm × 0.05 cm 聚丙烯塑料袋中，边装边压实，袋口用无棉塑料盖封口，最后将塑料袋表面擦净。

4. 灭菌

杏鲍菇用熟料栽培，培养料需灭菌，高压灭菌压强为 137.3 kPa 保持 2 h，或常压灭菌 100 ℃维持 10～12 h。

5. 接种

栽培袋冷却到 25 ℃左右，即可搬进接种箱或接种室内进行接种，先挖去菌种表面的原基及老化菌丝，将菌种捣散后再接种。接种量以布满培养料表面为好，接种方法与接栽培种相同。

6. 培养

接种后的栽培袋，搬进 25 ℃左右的培养室内，摆放在架上进行培养，栽培袋不能堆放过高，一般 3～4 层即可，培养室要求通风、清洁、黑暗、空气相对湿度保持 60%。一般每隔 10 d 左右翻堆一次，使发菌一致。经过 30～40 d 的培养，菌丝即可长满菌袋，随后去掉无棉塑料盖，将塑料袋口翻卷至接近培养料的表面。

7. 管理

将菌袋移入菇房，创造适宜的出菇条件。菇房温度保持在 13～15 ℃，空气相对湿度控制在 85%～90%，子实体发育阶段要加大通风量。通风好、空气新鲜的菇房中，菌盖生长正常，朵型大、产量高。当气温高于 18 ℃时喷水降温，同时加大通风量，以避免高温高湿出现烂菇和污染现象。此外，子实体形成和发育阶段要给予一定的散射光，适宜的光照强度为 500～1500 lx，光线过强，菌盖变黑；光线过暗，菌盖变白，菌柄变长。在上述适宜条件下 10 d 左右即可出头潮菇。

8. 采收

菌盖平展，孢子尚未弹射时为采收适期。采收标准根据市场需要而定，出口菇要求菌盖直径在 4～6 cm，菌柄长 10 cm 左右；采完第一潮菇后，培养 14 d 左右可采收第二潮菇。

五、思考题

1. 栽培杏鲍菇的技术要点有哪些？
2. 简述杏鲍菇的分类地位。
3. 简述杏鲍菇袋栽的工艺流程。

六、参考文献

蔡衍山，吕作舟，蔡耿新. 2003. 食用菌无公害生产技术手册. 北京：中国农业出版社
陈德明. 2001. 食用菌生产技术手册. 上海：上海科学技术出版社
陈士瑜，陈惠. 2003. 菇菌栽培手册. 北京：科学技术文献出版社
陈士瑜. 1999. 菇菌生产技术全书. 北京：中国农业出版社
黄晨阳，郑素月，张金霞，等. 2010. 养生好食材——食用菌. 北京：中国农业出版社
黄年来. 1997. 中国食用菌百科. 北京：中国农业出版社
黄毅. 2008. 食用菌栽培. 3 版. 北京：高等教育出版社
李明，暴增海. 1997. 食用菌栽培学. 北京：中国农业科技出版社

李明，田景花，李守兔，等. 2006. 食用菌病虫害防治关键技术. 北京：中国三峡出版社
吕作舟. 2006. 食用菌栽培学. 北京：高等教育出版社
牛西午. 1994. 北方食用菌栽培. 北京：中国科学技术出版社
秦俊哲，吕嘉枥. 2003. 食用菌贮藏保鲜与加工技术. 北京：化学工业出版社
王贺祥，刘庆洪. 2012. 食用菌采收与加工技术. 北京：中国农业出版社
王立安. 2012. 食用菌栽培常见问题解答. 石家庄：河北科学技术出版社
严奉伟，严泽湘. 2002. 食用菌深加工技术与工艺配方. 北京：科学技术文献出版社
杨新美. 1996. 食用菌栽培学. 北京：中国农业出版社
张金霞，黄晨阳. 2008. 无公害食用菌安全生产手册. 北京：中国农业出版社

实验十五　白灵菇栽培技术

一、实验目的

1. 学习白灵菇栽培技术。
2. 学习白灵菇的生物学特性。

二、实验原理

白灵菇（*Pleurotus nebrodensis*）是白灵侧耳的商品名，属担子菌门、伞菌目、侧耳科、侧耳属，因其色白，形似灵芝而得名，又称翅鲍菇、白阿魏菇、阿魏蘑菇。新疆地区称阿魏蘑、天山神菇。野生白灵菇分布于意大利、西班牙、法国、巴基斯坦和印度的克什米尔等多个国家和地区。在新疆的伊犁、塔成、阿勒泰、木垒等地区，每年春末夏初都有发生，它腐生或兼性寄生在伞形科多年生药用植物阿魏或刺芹植物的根茎上。

白灵菇子实体洁白如雪，肉质细腻，口感脆滑，菌肉肥厚，富含多种营养成分，是侧耳属中最具烹饪价值的一种。据报道，白灵菇子实体含蛋白质 14.7%，脂肪 4.31%，灰分 4.8%，粗纤维 15.4%，碳水化合物 43.2%，菌类多糖 19%。白灵菇中人体所必需的氨基酸含量占氨基酸总量的 35%，特别是精氨酸和赖氨酸的含量比被誉为“益智菇”的金针菇还高。白灵菇味道鲜美，是一种高蛋白质，低脂肪，食物纤维多，富含维生素 C、维生素 E、维生素 D 及多种有益于健康的矿质元素的优质食用菌。白灵菇还具有较高的药用价值，具有消积化淤、清热解毒、治疗胃病伤寒等功效；所含的多糖能增强人体免疫功能；其不饱和脂肪酸与人体血液中的胆固醇结合成胆固醇脂，有降低血压，防止动脉硬化的作用；所含的维生素 D 能防治儿童佝偻病、软骨病、中老年骨质疏松症、老年心血管病等疾病。白灵菇除鲜销以外，还可以加工成罐头，切片烘干，或者深加工为保健营养品、调味品及饮料添加剂。

我国于 20 世纪 80 年代驯化栽培成功，但因生长周期长、生物学效率低，一直未能大面积推广栽培，随着栽培工艺的改进，生物学效率有了大幅度的提高，20 世纪 90 年代开始大面积推广栽培。目前，白灵菇的栽培方法主要是袋栽法和瓶栽法。

1. 生物学特性

白灵菇子实体单生或丛生，（3～13）cm ×（0.3～6）cm，菌盖贝壳状，后平展，中部下凹呈浅歪漏斗形，菌肉肥厚，边缘渐薄，内卷、白色。菌褶近延生，密、不等长、浅黄色。菌柄中生或偏心生，等粗或下部稍细，白色。孢子长椭圆形，无色，孢子印白色。

2. 营养和环境条件

（1）营养　白灵菇在自然界中主要发生于阿魏或刺芹植物的根茎上，是一种腐生菌，有时也兼有寄生的性质，栽培材料比一般的侧耳狭窄得多。经过不断的驯化和改进，现利用棉籽壳、阔叶树的木屑、甘蔗渣等为主要原料都可进行栽培。

（2）温度　白灵菇是一种低温型食用菌，菌丝生长的最适温度为 22～25 ℃，在 35～36 ℃，菌丝停止生长。菇蕾分化温度为 0～13 ℃，子实体生长发育的温度是 5～18 ℃，最适温度为 7～13 ℃。

（3）水分　菌丝体和子实体的正常生长发育需要大量水分。培养料的料水比为 1∶（1.2～1.3），子实体在空气相对湿度为 80%～95%时发育正常。

（4）空气　菌丝体与子实体的生长发育需要新鲜的空气。在通风不良的菇房中，容易产生畸形菇。

（5）光照　菌丝生长不需要光线，菇蕾分化需一定的散射光。低温情况下，在较强的光线下也生长良好，一般在 300～600 lx 光照条件下，子实体发育正常。

（6）酸碱度（pH）　白灵菇菌丝可在 pH 为 5～11 时生长，最适 pH 为 6.5～7.5。

三、实验材料

棉籽壳、麦麸、石膏、蔗糖、17 cm × 33 cm × 0.05 cm 聚丙烯塑料袋、无棉塑料盖、防潮纸、细线绳、圆锥形木棒、磅秤、水桶、白灵菇栽培种、大镊子或接种勺、75%酒精棉球、75%乙醇消毒瓶、酒精灯、记号笔、火柴。

四、实验步骤

白灵菇袋栽工艺流程为：

配料→装袋→灭菌→接种→培养→后熟→低温处理→出菇→采收。

1. 培养料配方

1）棉籽壳 80%，麦麸 18%，蔗糖 1%，石膏 1%。

2）棉籽壳 70%，玉米芯 7%，锯木屑 10%，麦麸 5%，玉米粉 5%，石膏 1%，石灰 2%。

2. 拌料

拌料方法与栽培香菇时相同。

3. 装袋

将拌好的料装入 17 cm × 33 cm × 0.05 cm 聚丙烯塑料袋中，装料时要求松紧适宜，装满袋后用圆锥形木棒打孔，用无棉塑料盖封口，最后将塑料袋表面擦净。

4. 灭菌

采用熟料栽培白灵菇，培养料高压灭菌的压强为 137.3 kPa，保持 1.5～2.0 h，或常压灭菌即 100 ℃维持 10～12 h。

5. 接种

栽培袋冷却到 25 ℃左右，即可搬进接种箱或接种室内进行接种，先挖去菌种表面老化的菌丝体，将菌种捣散后再接种。接种量以布满培养料表面为好。接种方法与接原种相同。

6. 培养

接种后的栽培袋，搬进 23～25 ℃的培养室内，摆放在架上进行培养，栽培袋不能堆放过高，一般 3～4 层即可，培养室要求通风、清洁、黑暗。一般每隔 10 d 左右翻堆一次，使发菌一致。经过约 40 d 的培养，菌丝即可长满菌袋。长满菌丝的菌袋必须经过后熟处理。即将菌袋在 20～22 ℃继续培养 30～35 d 完成菌袋后熟。不经后熟处理的菌袋，基本不能出菇。

7. 低温处理

将菌袋放到 0～5 ℃下进行低温处理，低温处理时间的长短对白灵菇的产量、子实体单朵重及菌盖形态均有明显的影响。研究表明，低温处理 7 d 较为适宜。低温处理的作用在于促进子实体的生长发育，提高生物学效率。

8. 出菇管理

经过低温处理的菌袋，应及时移入菇房，去掉无棉塑料盖，将塑料袋口翻卷至接近培养料的表面。菇房温度保持在 13～15 ℃，空气相对湿度控制在 85%～90%，子实体发育阶段要加大通风量，通气不畅，氧气供应不足，菌柄过分膨大，抑制菌盖分化，易产生畸形子实体。此外，子实体形成和发育阶段要给予一定的散射光，适宜的光照强度为 200～500 lx。

9. 采收

当菌盖完全展开时就应采收。过早采收，产量低；过迟采收，品质下降。

10. 采后管理

采完第一潮菇后，通过补水或覆土的方法，增加菌袋内的含水量。覆土方法为：将菌袋脱袋，埋入湿土中，注意浇足底水。此外，也可采用墙式覆土方法，将菌袋脱袋后，一层泥土，一层菌袋，摆放 4～5 层，最上面用泥土封顶，再用塑料薄膜覆盖保湿。经补水或覆土后，过一个月左右，菌袋开始出菇，出菇管理方法与第一潮菇相同。

五、思考题

1. 白灵菇栽培的特点是什么？

2. 白灵菇栽培中“后熟”是什么意思？
3. 白灵菇栽培中为什么要进行低温处理？

六、参考文献

蔡衍山，吕作舟，蔡耿新．2003. 食用菌无公害生产技术手册．北京：中国农业出版社
陈德明. 2001. 食用菌生产技术手册. 上海：上海科学技术出版社
陈国良，陈惠. 2005. 功效非凡的食用菌. 上海：上海科学技术出版社
陈士瑜，陈惠. 2003. 菇菌栽培手册. 北京：科学技术文献出版社
陈士瑜. 1999. 菇菌生产技术全书．北京：中国农业出版社
丁湖广，丁荣辉. 2007. 白灵菇标准化生产技术. 北京：金盾出版社
黄晨阳，陈强，张金霞. 2011. 图说白灵菇栽培关键技术. 北京：中国农业出版社
黄晨阳，郑素月，张金霞，等. 2010. 养生好食材——食用菌．北京：中国农业出版社
黄年来.1997. 中国食用菌百科. 北京：中国农业出版社
李明，田景花，李守免，等．2006. 食用菌病虫害防治关键技术．北京：中国三峡出版社
吕作舟. 2006. 食用菌栽培学. 北京：高等教育出版社
王传福. 2002. 新编食用菌生产手册. 郑州：中原农民出版社
王贺祥，刘庆洪. 2012. 食用菌采收与加工技术. 北京：中国农业出版社
王立安. 2012. 食用菌栽培常见问题解答. 石家庄：河北科学技术出版社
严奉伟，严泽湘. 2002. 食用菌深加工技术与工艺配方. 北京：科学技术文献出版社
张金霞，黄晨阳. 2008. 无公害食用菌安全生产手册．北京：中国农业出版社
张金霞. 2004. 食用菌安全优质生产技术．北京：中国农业出版社

实验十六　灵芝栽培技术

一、实验目的

1. 学习灵芝栽培技术。
2. 学习灵芝的生物学特性。
3. 了解灵芝的药用价值。

二、实验原理

灵芝（*Ganoderma lucidum*）属担子菌门、层菌纲、非褶菌目、灵芝菌科、灵芝属。别名红芝、灵芝草、丹芝、木灵芝、瑞草、万年蕈等。

灵芝的药用价值早为我们的祖先所认识，其作为药材已有2000多年的历史。东汉《神农本草经》中就有关于灵芝入药的记载，后来的《本草纲目》中有更详细的药用记载，如安神、益肺气、益脾气、利肝气、益精气等。历代医学家均认为灵芝是滋补强壮，扶正培本的珍贵药品，有延年益寿的功效。现代医学研究证明，灵芝含有多种氨基酸、有机酸、生物碱类、香豆素类、有机锗、多肽、灵芝多糖等，有提高机体免疫力的功能，临床上用作抗肿瘤和抗辐射等。近年来，在临床实践中，已试制成灵芝糖浆、针剂、片剂、蜜丸、水剂、灵芝合剂等，用于治疗神经衰弱、头昏失眠、慢性肝炎、肾炎、血清胆固醇高、高血压、冠心病、白细胞减少、鼻炎、慢性气管炎、支气管哮喘、胃病、十二指肠溃疡等，灵芝中的药用成分有多糖、多肽、三萜类、腺苷、灵芝碱等。

灵芝的早期人工栽培主要用段木栽培，目前段木栽培（分为短段木熟料栽培和长段木生料栽培）、代料栽培及菌丝深层培养并举，广泛应用于灵芝生产及其深加工产品的不同领域。

野生灵芝主要分布于我国黑龙江、河北、河南、山西、山东、江苏、浙江、安徽、江西、福建、广东、广西、海南岛、贵州、四川、云南等省（自治区），以及日本、欧洲、北美洲等地。

1. 生物学特性

灵芝菌丝呈白色、纤细、具有分隔，具锁状联合，菌丝分泌白色草酸钙结晶；子实体一年生，有柄，木栓质；菌盖肾形、半圆形，罕近圆形，直径12～20 cm，厚达 2 cm，表面褐黄色或红褐色，向边缘渐变淡，有同心环沟和环带且有皱，有漆样光泽，边缘锐或钝，往往向内卷；菌柄圆柱形，侧生，罕偏生，长3～19 cm，粗0.5～4 cm，紫褐色，其皮壳的光泽比菌盖显著；菌肉近白色至淡褐色，厚0.2～1 cm；菌管长 0.2～1 cm，近白色，后变为浅褐色，管口初期白色，后期呈褐色，平均每毫米 4～5 个；孢子褐色，卵形，一端平截，(8.5～11.5) μm × (5～7) μm，外孢壁光滑，内孢壁粗糙，中央含一个大油滴。

2. 营养和环境条件

(1) 营养　灵芝属于木腐型真菌，生于阔叶林内伐桩上，有时生于针叶树干基部，能引起立木腐朽。主要营养为碳素、氮素和无机盐，在含有纤维素、半纤维素和木质素的基质上灵芝菌丝均可良好生长。代用料栽培中，碳源有杂木屑、棉籽壳、玉米芯、糖菜渣等。氮源主要来自麸皮、米糠及无机氮肥。栽培料中适量添加石膏、过磷酸钙、磷酸二氢钾、磷酸氢二钾、硫酸镁等可满足灵芝生长对矿物质如钙、磷、镁、钾等的需求。

(2) 温度　灵芝对温度的适应范围较广，菌丝生长的温度为 3～40 ℃，最适温度为 26～28 ℃；子实体原基分化温度为 22～28 ℃，子实体生长发育的温度为 18～30 ℃，最适温度为 25～28 ℃。温度低于 18 ℃，子实体不能正常分化，若接近 30 ℃，子实体质量差。变温不利于子实体的分化和发育，容易造成薄厚不均匀的分化圈或造成菌盖异形。

(3) 湿度　灵芝生长和发育需要充足的水分和较高的空气相对湿度。代料栽培时，培养料的含水量要求在 60%～65%；空气相对湿度 60%～70%利于菌丝的生长，子实体分化和生长发育阶段要求空气相对湿度在 85%～95%。

(4) 空气　灵芝是好气性真菌。在子实体生长阶段尤其要注意通风，如果通风换气不良，易出现树枝状、鹿角状的畸形菇，二氧化碳浓度过高，甚至会造成子实体停止生长。

(5) 光照　菌丝体生长阶段不需要光线。子实体生长阶段需要适量的散射光，黑暗或阳光直射条件下均不能形成子实体。适量的散射光，是子实体色泽鲜艳的必要保证。

(6) 酸碱度(pH)　灵芝喜欢在偏酸的培养料中生长。灵芝菌丝能在 pH 3.0～7.5 的环境中生长，但以 pH 5.0～6.0 为最适宜。

三、实验材料

锯末屑或棉籽壳、麦麸、石膏、蔗糖、过磷酸钙、聚丙烯塑料袋、无棉盖体、防潮纸、小线绳、圆锥形木棒、磅秤、量杯、水桶、灵芝栽培种、大镊子或接种勺、75%酒精棉球、75%乙醇消毒瓶、酒精灯、记号笔、火柴。

四、实验步骤

灵芝袋栽工艺流程为：

配料→装袋→灭菌→接种→养菌→出菇管理→采收。

1. 原料的选择

灵芝的代料栽培取材广泛，柳、榆、栎等阔叶树种的木屑、棉籽壳等加些辅料均可用来栽培灵芝。

2. 培养料配方

1）棉籽壳 78%，麦麸或米糠 20%，蔗糖 1%，石膏粉 1%。

2）木屑 76%，麦麸或米糠 20%，玉米粉 3%，石膏粉 1%。

3）棉籽壳 98%，尿素 0.5%，过磷酸钙 0.1%，石膏粉 1.4%。

3. 拌料

按配方称量所需要的棉籽壳和麦麸，在光滑水泥地面上撒一层棉籽壳，再撒一层麦麸，重复上述操作，直至混完。再将所需的糖、石膏粉溶于水中，充分搅拌均匀。然后泼洒在棉籽壳和麦麸堆上，边倒水边搅拌，直至均匀。培养料拌好后，闷 30 min，使料吸水均匀，含水量 60%左右，pH 5.5～6.5。

4. 装袋

将拌好的料装入聚丙烯塑料袋中（采用常压灭菌时，也可用聚乙烯塑料袋），装料时，先在袋中放入少量培养料，用手指将袋底部的培养料压实，使袋底成方形，便于竖放在床架上，装料时要求松紧适宜，袋面要平整。每袋装 3/4 容积的料，用锥形木棒从袋口向底部打孔，用无棉盖体封口，最后擦净表面。

5. 灭菌

将栽培袋放入高压灭菌锅内灭菌，137 kPa 保持 1.5～2.0 h，或常压灭菌 100 ℃，保持 8～10 h。

6. 接种

栽培袋冷却到 30 ℃左右，即可搬进接种室进行接种。先挖去菌种表面的老化菌丝，将菌种捣散后再接种。料袋的长度小于 20 cm，只需在袋的一端接种；若料袋的长度大于 20 cm，则需在袋的两端分别接种。接种量以布满培养料表面为好，可使发菌均匀，料面菌龄一致，出芝整齐。接种方法与接栽培种相同。

7. 培养

接种后的栽培袋搬进培养室内，摆放在架上进行培养，一般可叠放 4～5 层，培养室温度应控制在 25～27 ℃，并要求通风、清洁、黑暗，空气相对湿度保持 60%～65%。7～10 d 菌丝长满培养料的表面，一般每隔 4～5 d 翻堆一次，使发菌一致，每次翻堆后，及时挑出污染袋。

8.出芝管理

菌丝长满袋后，将栽培袋移入出芝室。菌袋着地横卧，一般放 3～4 层，菌袋放好后，将棉塞拔掉，但不去颈圈，袋口直径约 2 cm。灵芝属于高温恒温结实型食用菌，因此，出芝室温度要求控制在 25～28 ℃，最好将室温稳定在 27 ℃，室内空气相对湿度要保持在 85%～90%，每天喷雾 1～2 次，室内空气要清新。菌盖形成后相对湿度要提高到 90%～95%，每天向菌盖喷雾化水 2～3 次，喷水时要打开门窗，喷水结束后 1～2 h，待子实体表面水迹干后方可关闭门窗。喷水可使菌盖长大长厚，随着菌盖长大，盖面颜色变为红褐色，菌盖边缘白色生长点消失，这时应停止喷水。出芝期间，每天开窗通风 2～3 次，增加通气量，降低 CO_2 浓度，子实体形成期对 CO_2 十分敏感，空气中 CO_2 浓度超过 0.1%时，菌盖生长受抑制，只长菌柄，形成鹿角芝。此外，子实体生长和孢子形成时需要一定的散射光，光照强度为 1000～2000 lx。光照不足，菌盖薄，颜色浅，影响产量和质量。灵芝子实体具有很强的趋光性，因此要求光照均匀。

9. 采收

当菌盖边缘的白色生长点消失，色泽和中间的色泽相同，菌盖不再增厚时为采收适期。采收时握住菌柄转动将其摘下，然后用小刀挖去残留的菌柄。停止喷水 2～3 d，进行再生芝的管理，整个周期可采收两批。再生芝要比第一批芝菌盖小且薄。

五、思考题

1. 灵芝栽培过程中应注意哪些问题？
2. 食用菌和药用菌有什么不同？
3. 灵芝的主要药用价值是什么？

六、参考文献

蔡衍山，吕作舟，蔡耿新．2003．食用菌无公害生产技术手册．北京：中国农业出版社
陈德明．2001．食用菌生产技术手册．上海：上海科学技术出版社
陈国良，陈惠．2005．功效非凡的食用菌．上海：上海科学技术出版社
陈士瑜，陈惠．2003．菇菌栽培手册．北京：科学技术文献出版社
黄晨阳，郑素月，张金霞，等．2010．养生好食材——食用菌．北京：中国农业出版社
黄年来．1997．中国食用菌百科．北京：中国农业出版社
黄毅．2008．食用菌栽培．3 版．北京：高等教育出版社
李明，田景花，李守兔，等．2006．食用菌病虫害防治关键技术．北京：中国三峡出版社
刘祖同，罗信昌．2002．食用蕈菌生物技术及应用．北京：清华大学出版社
吕作舟．2006．食用菌栽培学．北京：高等教育出版社
莫天砚．2003．食用药用菌栽培学．北京：中国农业大学出版社
王传福．2002．新编食用菌生产手册．郑州：中原农民出版社
王贺祥，刘庆洪．2012．食用菌采收与加工技术．北京：中国农业出版社
王贺祥．2008．食用菌栽培学．北京：中国农业大学出版社
王立安．2012．食用菌栽培常见问题解答．石家庄：河北科学技术出版社
张金霞，黄晨阳．2008．无公害食用菌安全生产手册．北京：中国农业出版社
张金霞．2004．食用菌安全优质生产技术．北京：中国农业出版社

实验十七　蛹虫草栽培技术

一、实验目的

1. 学习蛹虫草的栽培技术。
2. 学习蛹虫草的生物学特性。
3. 了解蛹虫草的保健价值。

二、实验原理

蛹虫草（*Cordyceps militaris*）属子囊菌门、核菌纲、球壳目、麦角菌科、虫草属。别名为蛹草、北冬虫夏草、北虫草。

蛹虫草与冬虫夏草（*Cordyceps sinensis*）同属虫草属，是一种珍贵药材，药效类似冬虫夏草，具有治疗肺结核、止血化痰、补精髓、抑制癌细胞、延缓衰老、提高免疫力等功能。它富含高蛋白质、氨基酸及多种微量元素及维生素、虫草酸等有效成分。

蛹虫草的人工栽培获得成功和系列产品的开发，为滋补保健食品、功能食品和药源开辟了新的途径。

蛹虫草主要分布于我国河北、黑龙江、吉林、安徽、福建、广西、陕西、云南等地，欧洲和北美洲也有分布。

1. 生物学特性

子座单生或数个丛生，从寄主头部发出，有时从节上发出，橙黄色，全长 2～5 cm，大多不分枝。头部棒形，长 1～2 cm，粗 0.3～0.5 cm。子囊壳外露，近圆锥形，（400～570）μm ×（250～325）μm。子囊（150～300）μm ×（4～5）μm。孢子直径 1 μm，断为长 2～3 μm 的小段。

2. 营养和环境条件

（1）营养　自然界蛹虫草在春夏季发生于阔叶林或混交林地上或树皮缝内鳞翅目昆虫的蛹上。人工栽培时，蛹虫草可利用的碳源有葡萄糖、蔗糖、麦芽糖、淀粉、果胶等，其中尤以葡萄糖、蔗糖等小分子糖类的利用效果最好；可利用的氮源很多，有机氮如氨基酸、蛋白胨、豆饼粉、蚕蛹粉等，无机氮主要有氯化铵、硝酸钠、磷酸氢二铵等，有机氮的利用效果较好；矿质元素主要为磷、钾、钙、镁等元素。一般通过添加无机盐类来满足蛹虫草对矿质元素的需求。蛹虫草菌丝不能合成必要的维生素，适当加入维生素 B_1 有利于菌丝的生长发育。

（2）温度　菌丝生长温度为 6～30 ℃，低于 6 ℃极少生长，高于 30 ℃停止生长，甚至死亡，最适生长温度为 18～22 ℃；子实体生长温度为 10～25 ℃，最适温度为 20～23 ℃；原基分化时需较大温差刺激，一般应保持 5～10 ℃的温差。

（3）水分和湿度　菌丝生长阶段，培养基含水量保持在 60%～65%，空气相对湿度 60%～70%；子实体生长阶段，培养基含水量要达到 65%～70%，空气相对湿度保持在 80%～90%。要注意对培养基适时补充水分和营养液。

（4）空气　蛹虫草需要少量空气。但在子实体发生期要适当通风，增加新鲜空气。否则，二氧化碳积累过多，子座不能正常分化，影响生长发育。

（5）光照　孢子萌发和菌丝生长阶段不需要光照，应保持黑暗环境。但生殖生长阶段需要明亮的散射光，光照强度为 100～240 lx。适合的光照强度下，蛹虫草子实体色泽深，质量好，产量高。

（6）酸碱度（pH）　蛹虫草为偏酸性真菌，菌丝生长最适 pH 为 5.2～6.8。但在灭菌和培养过程中 pH 要下降，所以在配制培养基时，应调高 pH 1～1.5，加入 0.1%～0.2%的磷酸二氢钾和磷酸氢二钾有缓冲 pH 的作用。

三、实验材料

大米、蛋白胨、酵母粉、KH_2PO_4、$MgSO_4$、维生素 B_1、葡萄糖、蚕蛹粉、蛋清、500 mL 三角瓶、罐头瓶、塑料膜、防潮纸或牛皮纸、线绳、棉塞、天平，烧杯、玻璃棒、电炉、高压灭菌锅、接种铲、酒精灯、75%乙醇消毒瓶、75%酒精棉球、镊子等。

四、实验步骤

1. 液体菌种的制作

液体培养基配方有下面几种。

1）玉米粉 20 g，葡萄糖 20 g，蛋白胨 10 g，酵母粉 5 g，KH_2PO_4 1 g，$MgSO_4$ 0.5 g，pH 6.5，加水定容至 1000 mL。

2）马铃薯 200 g（煮汁），玉米粉 30 g，葡萄糖 20 g，蛋白胨 3 g，KH_2PO_4 1.5 g，$MgSO_4$ 0.5 g，pH 6.5，加水定容至 1000 mL。

3）葡萄糖 10 g，蛋白胨 10 g，蚕蛹粉 10 g，奶粉 12 g，Na_2HPO_4 1 g，KH_2PO_4 1.5 g，pH 6.5，加水定容至 1000 mL。

配制液体培养基的步骤如下。

（1）称量　准确称取上述原料加入烧杯中，加水混合，溶解慢的原料可加热使其快速溶解。

（2）调 pH　加水至总体积约为 900 mL，然后调整 pH 至 6.5。

（3）定容　加水定容至 1000 mL。

（4）分装　每个 500 mL 三角瓶装入 100～150 mL 培养基，用透气塑料膜或 8～12 层纱布扎封瓶口，再盖上一层防潮纸或牛皮纸，用线绳扎紧。

（5）高压灭菌　102 kPa，维持 20～30 min。

接种时每支母种接 5～6 瓶，放到恒温摇床上振荡培养，摇床转速为 140～150 r/min，温度为 22～25 ℃，振荡培养 4～5 d 备用。培养好的液体菌种，有大量菌丝球，培养液变清澈，有浓郁虫草香味。

2. 蛹虫草米饭培养基栽培法

常用培养基配方有 2 种。

1）大米 68.5%，蚕蛹粉 25%，蔗糖 4.8%，蛋白胨 1.5%，维生素 B_1 0.01%，KH_2P0_4 0.15%，$MgSO_4$ 0.05%。

2）大米 67%，玉米粉 30%，葡萄糖 0.8%，蚕蛹粉 1%，蛋白胨 1%，KH_2P0_4 0.1%，$MgSO_4$ 0.05%，柠檬酸铵 0.05%，维生素 B_1 0.01%。

（1）装瓶　将大米在清水中浸泡 3～4 h，加入辅料，调含水量 65%左右，pH 6.5。每 500 mL 罐头瓶装干料约 50 g，料面压平，瓶口包扎聚丙烯薄膜，再包一层防潮纸灭菌。在 117.6 kPa 压力下灭菌 45 min 或于 100 ℃下维持 8 h。灭菌后培养基要求米粒间有空隙，不能呈糊状。

（2）接种　培养基冷却至 30 ℃以下时，在无菌条件下接种。每瓶接种液体菌种 10 mL，也可用固体菌种接种。

（3）菌丝培养　接种后，将栽培瓶置清洁避光的培养室内培养，保持空气相对湿度 65%左右。发菌初期，为减少杂菌污染，室内温度宜保持在 15～18 ℃，待料面布满蛹虫草菌丝后，将室温调节到 20～25 ℃，经 12～14 d，菌丝可长满瓶。

（4）子座培养　菌丝体成熟后，由白色逐渐转变成橘黄色。此时，室内应增加光照，每天光照时间 10 h 以上，以促进菌丝体转色和刺激原基分化。当培养基表面或四周有橘黄色色素出现，聚集有黄色水珠，并有大小不一的橘黄色圆丘状隆起时，为子座即将形成的前兆。此时室内温度应保持在 19～23 ℃，并提高相对湿度至 85%～90%为宜。蛹虫草有明显的趋光性，因此在子实体形成之后，应根据情况适当调整培养瓶与光源的相对方向，或调整室内光源方向，使受光均匀，以保证子实体的正常生长，并可提高产量和质量。子实体生长期间要适当通风，补充新鲜空气，整个培养期不揭去封口薄膜，可在薄膜上用牙签穿刺小孔，以利瓶内气体交换。

（5）采收　当子实体长至高 5～8 cm，头部出现龟裂状花纹，表面可见黄色粉状物时应及时采收。采收时，用消毒镊子将子实体从培养基上摘下。采收后在瓶内加入适量水或营养液，10～20 d 后可长出第二批子座。

五、思考题

1. 食用菌栽培中使用液体菌种有哪些优缺点？
2. 如何提高瓶栽蛹虫草的产量和质量？
3. 简述栽培蛹虫草所需要的主要环境条件。

六、参考文献

陈国良，陈惠. 2005. 功效非凡的食用菌. 上海：上海科学技术出版社
陈士瑜，陈惠. 2003. 菇菌栽培手册. 北京：科学技术文献出版社
黄晨阳，郑素月，张金霞，等. 2010. 养生好食材——食用菌. 北京：中国农业出版社
黄年来. 1997. 中国食用菌百科. 北京：中国农业出版社
黄毅. 2008. 食用菌栽培. 3 版. 北京：高等教育出版社
李明，田景花，李守免，等. 2006. 食用菌病虫害防治关键技术. 北京：中国三峡出版社
刘建华，张志军. 2008. 食用菌保鲜与加工实用技术. 北京：中国农业出版社
吕作舟. 2006. 食用菌栽培学. 北京：高等教育出版社
莫天砚. 2003. 食用药用菌栽培学. 北京：中国农业大学出版社
牛西午. 1994. 北方食用菌栽培. 北京：中国科学技术出版社
王传福. 2002. 新编食用菌生产手册. 郑州：中原农民出版社
王贺祥，刘庆洪. 2012. 食用菌采收与加工技术. 北京：中国农业出版社
王贺祥. 2005. 食用菌栽培技术. 北京：中央广播电视大学出版社
王立安. 2012. 食用菌栽培常见问题解答. 石家庄：河北科学技术出版社
张金霞，黄晨阳. 2008. 无公害食用菌安全生产手册. 北京：中国农业出版社

实验十八　香菇烘干技术

一、实验目的

1. 学习并掌握食用菌干制的基本原理。
2. 学习并掌握香菇烘干技术的基本操作。

二、实验原理

食用菌干制也称食用菌烘干、干燥、脱水等，它是在自然或人工条件下使菇体中水分蒸发的加工过程。干制技术是一种既经济又大众化的加工方法，设备可繁可简，生产技术容易掌握；可以就地取材和加工，降低运输成本；干制品耐储藏，不易腐败变质，同时也解决了食用菌周年上市问题。根据中国食用菌协会统计数据，2012 年我国食用菌总产量达到 2828.0 万 t（鲜重），其中香菇 635.5 万 t，黑木耳 475.4 万 t，毛木耳 126.1 万 t，银耳 36.0 万 t，这些菇类传统上通过干制技术来进行加工。

（一）食用菌的水分状态

新鲜的食用菌子实体含水量占菇体鲜重的 85%～95%，并以游离水、胶体结合水和化合水 3 种不同形式存在。游离水存在于菇体细胞间，占总含水量的 70%～80%，它与细胞结合能力较低，流动性大，可以通过蒸发、毛细作用向内外移动，很容易从菇体内被排出。结合水以胶体状态与菇体细胞紧密结合，比游离水稳定，一般情况下难以丧失，可以通过提高环境温度，在游离水完全蒸发之后，结合水可以被部分排出。化合水以化合状态与菇体细胞内的各种分子结合，因而也最为稳定，一般不易被除去，只有菌体结构被破坏时才会与菌体细胞分离。因此，食用菌干制时主要是去除食用菌鲜品中的游离水和结合水。

（二）食用菌干制的原理

食用菌干制过程中菇（耳）体中水分减少，将可溶性物质浓度提高到微生物不能利用的程度，而菇体本身所含酶的活性被抑制，从而实现延长食用菌干品保存期的作用。食用菌干制过程实质是菇体水分蒸发的过程，通过水分的外扩散和内扩散作用，排出游离水和部分的结合水。水分的外扩散是指菇体表面的游离水蒸发的过程。菇体个体越大，表面积越大，空气流动越迅速，外扩散越快；菇体所处环境温度高、湿度低，有利于外扩散的进行。由于菇体表面水分蒸发，造成菇体内外部分水压差，水分因而不断从分压高的内部向分压低的外部移动，称为水分的内扩散。

食用菌的干制工艺主要是协调水分的外扩散和内扩散速度，达到最佳的干制时间和最好的干品质量。目前食用菌干制工艺一般以加热空气为干燥介质。干制前期，菇体表面受热后，热量逐渐由表面传递至内部，温度上升，造成菇体内部水分向表面移动；随着表面水分的不断蒸发，湿度梯度逐渐变小，菇体逐渐干燥；当菇体水分减少至内外平衡的状态，水分的蒸发作用停止，干制过程结束。食用菌干制过程中，如果水分的外扩散大于内扩散的速度，会使菇体内部的水分来不及转移到菇体表面，导致菇体表面干燥过快而表面结壳，从而阻碍菇体水分的进一步蒸发，菇体内部水分蒸发不出去，引起蒸汽压增大，导致菇体表面不规则开裂、内含物外溢，严重降低产品质量。

（三）影响食用菌干制的主要因素

食用菌干品的质量受干燥速度、工艺条件等多种因素影响。其他条件不变的情况下，干燥速度越快，产品质量越好。所谓干燥速度，即单位时间内蒸发水分的质量，它与干燥介质的温度和相对湿度、空气流动速度、菇体初始水分含量等相关。

1. 干燥介质

一般食用菌干制过程中干燥介质是空气。在一定体积的空气中，实际存在的水蒸气量称为绝对湿度；同体积、同温度的空气达到饱和时需要的水蒸气量称为饱和湿度；二者的差值称为饱和差；绝对湿度同该温度下的饱和湿度之比值，称为相对湿度。湿度饱和差决定于空气的温度和实际存在的水蒸气量。空气温度从 10 ℃升高至 20 ℃时，饱和差提高约 1 倍，而继续升温至 25 ℃，饱和差则是 10 ℃时的 2.5 倍。在含一定水蒸气的空气中，温度越高，达到饱和所需要的水蒸气越多，因而干燥速度越快；反之，温度降低，达到饱和所需水蒸气减少，干燥速度降低。当空气温度不变时，相对湿度越低则湿度饱和差越大，干燥速度越快。相对湿度每减少 10%，饱和差增加 100%。因此，干燥过程中，升高温度的同时降低空气相对湿度，能够加快干燥速度，特别是干燥后期。湿度相同的条件下，温度越高，空气的饱和差越大，空气吸附水分的能力越强，干燥速度越快。

2. 空气流动速度

在静止的干燥环境中，空气湿度会随着汽化水的增加而逐渐达到饱和，最终停止蒸发过程。在这种条件下，即使再提高温度，也不能达到干燥的目的。只有在升高温度的同时，降低空气的相对湿度，才能加速蒸发。这样不但能加速干燥过程，也能进一步降低含水量，是干燥后期的重要操作工艺之一。在自然干燥时，空气中含水量通过空气对流作用自然扩散。人工干燥过程中，一般通过强制通风的方法，抽走含有大量水蒸气的湿空气，同时补充经加热的干燥空气。干燥空气流动的速度越快，带走的水蒸气越多，干燥速度越快。实际操作中，干燥空气从菇层中间穿透的效果要优于空气从菇体表面掠过。干燥中风量的控制对产品质量来说至关重要。

食用菌干燥关键是控制好表面蒸发（外扩散）和内部扩散（内扩散）的平衡。如果长期间达不到这个平衡，菇体表面皱缩成波浪状，产品质量降低。在温度适宜时，换气的程度以烘干设备排湿尾部风速 0.5～1.0 m/s 为宜。

3. 干燥温度

食用菌鲜菇初始含水量高，为防止干燥过程中的表面蒸发和内部扩散失衡，食用菌干制的起始温度一般在低温下缓慢进行，起始温度一般认为控制在 35～45 ℃为宜。若起始温度过高，易使组织软化排水困难，甚至使干制品发黑，严重影响品质。40 ℃烘烤 1 h 能够有效钝化食用菌菇体中氧化酶的活性，终止鲜菇采后的生理活动，达到较好维持鲜菇原有品质的效果。干燥过程的温度应控制在 70 ℃以下。温度过高会导致主要成分如蛋白质遭到破坏。食用菌干燥的理想温度是 50～60 ℃。在此温度区内进行干燥时，有利于菇体表面蒸发和内部扩散的平衡，使菇体均匀收缩定型，保持干菇的形态和色泽；另外，菇类香味物质合成酶在这一温度范围内具有较高的活性，较长时间的低温干燥酶活作用延长，更有利于香味物质的合成，使菇香突出。干香菇的芳香物质主要是在烘烤过程中由香菇酸在酶的作用下产生的，在 50 ℃以上较易产生。晒干的香菇没有香味就是这个原因。

（四）香菇干制的工艺流程

香菇干制的一般工艺流程主要包括：采收子实体→剪去菌柄→分级→预备干燥阶段→干燥阶段→定型阶段→完成阶段→成品分装。干香菇品质的好坏首先由鲜菇的形态决定，因而必须选择适宜的时期采收子实体。一要防止雨淋，被雨淋的香菇影响干菇菌褶形态和菌盖颜色；二是要提前采收，鲜菇干燥过程会导致菌盖开伞程度增加 10%左右，因而需要适当提前采收。采收后鲜菇剪去菌柄，根据菇盖大小、厚度、颜色进行分级，在 3～4 h 内移入烘箱。

1. 预备干燥阶段

即香菇刚入箱表面干燥的阶段。温度要控制在 30～40 ℃，晴天采收的香菇起始温度为 35～40 ℃，雨天采收香菇的起始温度为 30～35 ℃。菇体受热后，表面水分迅速蒸发，机内湿度迅速升高，此时应以最大通风速度将水分排出，促使菌褶直立。这一过程中若温度过高、湿度过大，水蒸气不能充分排出箱外，会导致菌褶倒伏、色泽变黑，影响产品质量。一般预备干燥阶段维持 4～10 h，同时均匀升温，每小时升高 1～3 ℃。

2. 干燥阶段

即菇体内部脱水阶段。随着子实体水分继续蒸发，且逐渐进入硬化状态，外形趋于固定，干燥程度达 80%左右。干燥温度由 50 ℃慢慢均匀上升至 55 ℃，需 8～10 h，每小时升温 0.5 ℃左右。

3. 定形阶段

香菇水分蒸发速度减慢，菇体开始变硬，这一阶段对干菇形状起决定作用。操作中，在 55 ℃维持 3～4 h。

4. 完成阶段

干燥温度由 55 ℃上升至 60 ℃，维持 1 h 左右，并关闭进、出气口。最终含水量为 11%～13%，色泽光滑，干燥完成。未完全干燥便终止，干菇产率固然提高，但易发生霉变、虫蛀；相反，过度干燥（取数个干菇置于手上，振动时发出“咔啦咔啦”响声），干菇产率低且容易破碎。

三、实验材料

1. 样品

香菇新鲜子实体 2000 g。

2. 主要仪器

小型鼓风干燥器。

四、实验步骤

1. 样品处理

新鲜香菇挑选分级，将小菇、畸形菇等不宜烘干的菇剔除。将菇形完整，符合干制的菇剪柄，同时将薄菇与厚菇分开以便排放。烘干前称取待加工香菇总质量，以便进行产率计算。香菇等级分类方法见附录九。

2. 预备干燥阶段

先将干燥器预热到 45 ℃，待机内湿度降低后摆放鲜菇。按菇体大小厚薄、开伞与不开伞分类摆放，适时采收的香菇菌褶向下摆放，而完全开伞的菇则菌褶向上摆放。把大、湿、厚的香菇放在干燥器中层，小菇和薄菇放在上层，差菇和菇柄放入底层。起始温度设定为 35 ℃，每小时升高 2.5 ℃，直至达到 50 ℃。过程中进、排气口全开，通风强度达到最大。

3. 干燥阶段

当干燥器内温度达到 50 ℃后进入干燥阶段。这一过程需时 10 h，每小时升温 0.5 ℃，最终达到 55 ℃。过程中进、排气口半开，中等通风强度。

4. 定形阶段

在 55 ℃下继续干燥 3～4 h，保持进、排气口半开和中等通风强度。定型阶段结束的标准是菌褶干燥，呈淡黄色，菌盖边缘卷缩，质量为鲜重的 12%～14%。

5. 完成阶段

干燥温度升至 60 ℃，维持 1 h 左右，关闭进、排气口，通风相对最弱。结束时，菇体含水量为 11%～13%。

6. 称重计算

干燥结束后，称量菇体总质量。

五、实验结果

计算香菇干菇的产率

根据干燥前后的菇体总质量，计算香菇干菇加工过程的产率。

六、思考题

1. 食用菌干制工艺有哪些优势？
2. 为什么食用菌干制不采取直接高温干燥的方式？
3. 为什么人工烘干的香菇比自然晾干的香菇具有更浓郁的香味？

七、参考文献

崔颂英. 2007. 食用菌生产与加工. 北京：中国农业大学出版社
黄年来，林志彬，陈国良，等. 2010. 中国食药用菌学. 上海：上海科学技术文献出版社
罗信昌，陈士瑜. 2010. 中国菇业大典. 北京：清华大学出版社
王贺祥. 2008. 食用菌栽培学. 北京：中国农业大学出版社

实验十九　双孢蘑菇罐头加工技术

一、实验目的

1. 学习并掌握食用菌罐藏加工的主要工艺流程。
2. 学习并掌握双孢蘑菇罐头加工的技术要点。

二、实验原理

将经过处理的食品鲜品或半成品，装入封闭的容器（如玻璃瓶、金属罐或复合塑料袋）内，经过抽气密封和高温杀菌处理，隔绝外界微生物侵入，从而延长食品的保藏时间，这一工艺和方法称为罐藏加工（罐头加工）。18 世纪末 19 世纪初，法国人尼古拉·阿佩尔（Nicolas Appert）首创罐藏技术，以解决拿破仑行军打仗时的食品贮藏问题。目前世界各国均采用罐藏技术用于食品加工业，相应的罐头制品、软罐食品、各种果汁饮料等，极大地满足了各方面生产和生活的需要。罐藏食品运输、携带和食用均很方便，开罐后即可直接食用，又可用于烹调加工，深受消费者的欢迎。

中国是世界上食用菌罐头生产主要国家之一。19 世纪初，罐头食品加工技术由欧美传入我国；20 世纪初，上海出现我国第一家罐头公司；20 世纪 70 年代后期，食用菌罐头产业迅速发展，产量和出口量成倍增长。目前，食用菌罐头已成为我国出口罐头的拳头产业，为我国经济发展做出了贡献。

双孢蘑菇（*Agaricus bisporus*），又称蘑菇、白蘑菇、双孢菇、洋蘑菇等，隶属担子菌门、伞菌目、伞菌科、蘑菇属，其人工栽培开始于法国路易十四时代，距今 300 多年。目前双孢蘑菇在全世界超过 80 个国家或地区进行人工栽培，是世界上栽培地区最广、产销量最大的食用菌之一。双孢蘑菇罐头即蘑菇罐头，是我国菇类主要出口产品，年出口量居世界首位，主要销往美国、德国、法国、瑞典、日本、中国香港等国家或地区。国内生产蘑菇罐头有整菇、纽扣菇、菇片、碎菇等品种。出口蘑菇罐头主要用马口铁罐和玻璃罐。

（一）罐藏原理

罐藏食品能够较长时间保藏，其基本原理是：罐藏容器是密封的，隔绝了外界的空气和微生物；罐头生产工艺中，密封在容器里的食品经过杀菌处理，罐内微生物的营养体被完全杀死。幸存下来的极少数微生物芽胞、孢子体如果是好气性的，会因为罐内形成一定的真空缺氧条件而无法存活；如果是厌氧微生物类型，罐藏食品仍有变质的危险。因此，罐藏食品有一定的保藏期限，一般为1～2年。

引起腐败变质的微生物称为腐败菌。在菇类原料装罐之前，霉菌和酵母菌是主要的腐败菌；在装罐、灭菌之后主要的腐败菌则是厌氧细菌。因此，良好的密封性能和正确的灭菌措施是罐藏食品长期保存的必需条件。为达到更好的保藏效果，罐藏食用菌一般调节pH至酸性。研究表明，酸性条件下，细菌对高温的耐受能力下降，因而能够达到更好的灭菌效果。在罐头工业中，一般以pH 4.5作为划分食品酸性强弱的临界点，pH 4.5以下为酸性食品，pH 4.5～6.8为低酸性食品。食用菌罐头一般为低酸性食品。

（二）罐藏工艺

食用菌罐藏工艺主要包括原料准备、容器准备和罐藏加工三个主要环节。工艺流程包括：原料验收→清洗、护色→漂洗、脱硫→漂烫、杀青→冷却→修整、分级→装罐、注液→排气、密封→杀菌→冷却→质量检测→包装入库。整个操作过程应符合国家标准《食用菌罐头卫生标准（GB 7098—2003）》（附录十）。

1. 原料验收

用于加工食用菌罐头的鲜菇，必须按照规格进行验收，剔除不符合要求的菇体、杂质。以双孢蘑菇为例，应符合国家标准《蘑菇罐头（GB/T 14151—2006）》要求（附录十一）。鲜菇感官要求包括：色泽乳白色，无异味；菌盖形态完整，表面光滑无凹陷，呈圆形或近圆形，直径20～40 mm；菇柄切削平整，长度不大于8 mm。无薄皮菇、无开伞、无鳞片、无空心、无脱柄、无泥根、无斑点、无病虫害、无机械伤、无污染、无变色菇、无杂质。

2. 清洗、护色

将检验合格的鲜菇立即（一般在采后0～4 h）投入0.03%硫代硫酸钠溶液中，洗去泥沙和杂质。捞出后再倒入装有0.06%硫代硫酸钠溶液的菇类专用桶中浸泡护色，并以洁净白布或竹帘覆盖，不使鲜菇露出液面。护色时经常上下翻动，使之均匀，护色时间不能过长，否则影响蘑菇风味，一般不超过6 h。生产上有时也利用浓度为0.6%～0.8%的食盐水进行护色。

3. 漂洗、脱硫

原料菇进入加工车间后，立即从护色液中捞出，用流水漂洗45～60 min，去除残留的硫化物。根据国家标准，二氧化硫残留量不得超过0.002%。

4. 漂烫、杀青

漂烫的主要目的是排出子实体中的空气，破坏子实体中各种酶的活性（如多酚氧化酶类的褐变作用）；软化组织，保持菇体鲜嫩，增强弹性，降低脆性，以便于罐装；同时漂烫过程具有进一步脱硫的作用。漂烫杀青过程一般在漂烫机中进行。预煮机有连续漂烫机和开口双层锅两类。连续漂烫以0.07%～0.1%柠檬酸溶液漂烫5～8 min，以熟透菇心为准。采用夹层锅漂烫以0.1%柠檬酸溶液煮沸10～15 min，菇液比为 1∶1.5～1∶2。漂烫结束时，以双孢蘑菇为例，熟菇质量约为鲜菇的 60%～65%，体积约为原料菇的 40%，菇盖收缩率约 20%。

5. 冷却

漂烫杀青后的菇体应迅速放入流水槽以流水迅速冷却。漂烫要求熟透，冷却也要求冷透。

6. 修整、分级

充分冷却后的菇体再按照原料规格和产品质量要求严格进行挑选分级和切片修整。一般生产中分成两大类：整菇和片装菇。整菇要求菇形完整、大小均一、未开伞。片装菇又分为片菇和碎菇。以双孢蘑菇为例，片菇以直径 1.9～4.5 cm 的畸形菇、开伞菇、毛根菇、大裂口菇等为材料，加工切片，根据切片质量又分为特级片和精选片。碎菇以直径 1.9 cm 以下和 4.5 cm 以上菇体切片加工。不同类型和等级要求可参照国家标准《蘑菇罐头（GB/T 14151—2006）》。

7. 装罐、注液

原料菇经修整分级后再洗涤 1 次，即可进行装罐。装罐时应注意：①净重和固形物质量必须符合标准。净重包括罐内食品的固形物质量和汤汁质量。净重误差不得超过 3%，每批平均净重不能低于标准净重。②按不同等级分别分装，不得混装。③鲜菇在罐内的分布要均匀一致，如金针菇一律菇盖朝上、菇柄朝下，稍扭曲于罐中。④鲜菇罐头汤汁，沸水配盐量 2%～3%，另加柠檬酸 0.05%～0.1%，过滤后装罐。⑤鲜菇罐头注汤时一般预留顶隙 5～8 mm。

空罐在装罐前必须进行清洗、消毒，达到食品安全标准。装罐可用手工，也可采用机械操作。蘑菇罐头固形物含量一般为 58%～64%。固形物填满罐体后，立即注入相应汤汁，即注液。生产上注液一般使用注液机，能够排除罐内空气，使菇体始终处于浸泡液中，避免氧化变质，且能保护菇色。注液入罐时温度为 80～85 ℃，罐心温度不低于 50 ℃，以充分赶出罐内空气。

8. 排气、密封

原料菇装罐注液后在密封之前应进行排气。排气能使罐内形成部分真空状态，排出罐头内容物所含的空气，以防止杀菌时罐头变形、爆裂、玻璃罐跳盖，防止残存的好氧菌在罐头内生长，以及空气氧化引起的食用菌变色、氧化和罐壁腐蚀等。一般注入汤汁后必须迅速加热排气或抽气密封。加热排气将罐体置于排气箱内，通过加热使罐心温度达到 85 ℃左右并维持 10～15 min，之后趁热将罐盖拧紧密封。真空排气应根据罐体大小、食用菌类型和加入液体控制真空度，一般达到真空度（4.0～6.7）$\times 10^4$ Pa 进行密封。

9. 杀菌、冷却

杀菌的目的是杀死罐内的腐败菌、致病菌等，以达到罐内食品较长时间储藏的目的。在保证此目的的前提下，应尽可能降低杀菌温度和缩短杀菌时间，以尽可能的保存食品品质和营养价值。

10. 检验、入库

杀菌冷却之后必须进行质量检验。检验从产品感官指标、卫生指标等方面逐项进行。所有罐头需逐瓶检查，并按生产班次抽样，一般每3000罐抽1罐，每个班次每种产品抽验不少于 3 罐，分别逐项检验所有指标。双孢蘑菇罐头的检测应符合国家标准《蘑菇罐头（GB/T 14151—2006）》。罐头产品置于室内、通风处贮存，防止贮存温度剧烈变化，并需要定期检查，及时检查出损坏漏罐，减少损失。

三、实验材料

1. 样品

双孢蘑菇新鲜子实体 2500 g。

2. 主要试剂

1）0.03%硫代硫酸钠溶液。

2）0.06%硫代硫酸钠溶液。

3）0.1%柠檬酸溶液。

4）罐注液：过滤水 10 kg，精盐 0.25 kg，柠檬酸 5 g。

3. 主要仪器

250 mL 带盖玻璃罐头瓶、电磁炉、天平、排气箱、高压灭菌锅。

四、实验步骤

1. 原料选择

选取直径 4 cm 以下、柄长 1～2 cm 的新鲜双孢蘑菇，清除表面培养基、泥沙等杂质，要求无褐斑、无霉变、无虫蛀。

2. 清洗、护色

将检验合格的鲜菇投入 0.03%硫代硫酸钠溶液中清洗 5 min，洗去泥沙和杂质。捞出后再倒入 0.06%硫代硫酸钠溶液中进行护色。护色时间 3 h，期间上下翻动，以达到护色均匀的作用。

3. 漂洗、脱硫

护色结束后，捞出原料菇以流水漂洗 1 h，去除去残留的硫化物。

4. 漂烫、冷却

将漂洗脱硫后的原料菇投入 0.1%柠檬酸溶液中大火煮沸 10～15 min，菇液比为 1∶2。煮沸时间依据菇体大小而定，要求熟透但不烂。及时捞出并置于流水中冷却 30～45 min，至菇体接近室温，捞出沥干水分。

5. 修整、分级

根据国家标准《蘑菇罐头（GB/T 14151—2006）》（附录十一），对漂烫、冷却后的原料菇进行修整和分级。

6. 装罐、注液

将分级后的原料菇整菇进行装罐，之后立即注入预热的罐注液。要求罐注液温度高于 85 ℃，罐心温度高于 50 ℃。实验操作时应注意使用隔热手套，避免烫伤。

7. 排气、密封

将装罐后的罐头置于 95 ℃的排气箱中排气 10 min，取出后立即封罐。

8. 杀菌、冷却

将密封好的罐头置于自动高压灭菌锅中进行高压灭菌。灭菌条件：0.12 MPa（121～123 ℃）灭菌 30 min。杀菌完成后冷却至室温。

9. 检验、入库

将冷却后的蘑菇罐头擦去表面水分，置于室温下进一步观察。14 d 后逐瓶检查有无膨胀、漏液等不良情况。卫生标准要符合《食用菌罐头卫生标准（GB 7098—2003）》的要求。

五、实验结果

检查双孢蘑菇罐头质量情况

灭菌 14 d 后逐瓶检查罐头，检查项目包括：①罐体有无膨胀、漏液；②菇体色泽是否呈淡黄色；③菇汁是否呈淡黄色并清澈透明；④开盖闻是否有异味。

六、思考题

1. 食用菌罐头产品有何优缺点？
2. 双孢蘑菇罐头加工过程中，护色时间过长会导致产品可能出现哪些问题？
3. 如果检测时发现菇色变暗、菇汁浑浊、开盖有明显臭味，可能是加工过程中何处环节存在问题？应如何改善？

七、参考文献

崔颂英. 2007. 食用菌生产与加工. 北京：中国农业大学出版社
国家技术监督局. 2006. GB/T 14151—2006 蘑菇罐头. 北京：中国标准出版社
国家技术监督局. 2003. GB 7098—2003 食用菌罐头卫生标准. 北京：中国标准出版社
黄年来，林志彬，陈国良，等. 2010. 中国食药用菌学. 上海：上海科学技术文献出版社
李彪，王永双. 2005. HACCP 在双孢蘑菇罐头生产中的应用. 中国食用菌，5：62～64
李娜. 2009. 褐蘑菇罐头加工工艺的研究. 食用菌，2：57～59
罗信昌，陈士瑜. 2010. 中国菇业大典. 北京：清华大学出版社
王贺祥. 2008. 食用菌栽培学. 北京：中国农业大学出版社

实验二十　食用菌子实体总糖含量的测定

一、实验目的

1. 学习食用菌子实体总糖含量的测定原理。
2. 掌握苯酚-硫酸比色法测定食用菌子实体总糖含量的操作方法。

二、实验原理

食用菌中总糖的含量是指食用菌中含各种可被人类消化利用的糖类物质总和，包括单糖、多糖、纤维素和半纤维素等物质，食用菌中总糖含量是食用菌最重要的营养指标和质量指标之一。研究表明，食用菌多糖具有增强机体免疫力、抗肿瘤、降血脂、降血压等功能。目前，总糖的测定方法主要有苯酚-硫酸比色法、3，5-二硝基水杨酸比色法、蒽酮比色法、直接滴定法等，其中苯酚-硫酸比色法较为常用。其测定原理是食用菌中水溶性糖和水不溶性多糖经盐酸溶液水解后转化成还原糖，水解物在硫酸的作用下，迅速脱水生成糠醛或羟甲基糠醛，生成的糠醛或羟甲基糠醛可与苯酚缩合成一种橙黄色化合物，在 490 nm 处有最大光吸收，故可用分光光度计比色，测定此波长下的吸光度。该方法操作简便，灵敏度高，产生的颜色可稳定 160 min 以上。

三、实验材料

1. 材料

各种新鲜或干燥的食用菌子实体材料。

2. 试剂

1）浓硫酸：密度为 1.84 g/mL。

2）盐酸：密度为 1.18 g/mL。

3）5%苯酚溶液：称取 5 g 重蒸酚，用蒸馏水溶解，定容至 100 mL，定容后摇匀。转至棕色瓶中，置 4 ℃冰箱中避光贮存。

4）100 mg/L 的标准葡萄糖溶液：将葡萄糖于 105 ℃恒温烘干至恒重，称取烘干后的葡萄糖 0.1 g（精确至 0.001 g），用水溶解，定容至 1000 mL，摇匀，置 4 ℃冰箱中避光贮存，两周内有效。

3. 仪器设备

电热鼓风干燥箱、分光光度计、恒温水浴锅、分析天平（感量 0.0001 g）、刻度试管、涡旋振荡器等。

四、实验步骤

1. 样品的制备

选取的食用菌子实体干样取样量不少于 200 g，鲜子实体取样量不少于 1000 g。若选取的材料为鲜品，将鲜子实体用手撕或用刀切成小块，50 ℃干燥箱鼓风干燥 6 h 以上，制成干品后再进一步处理。若试样为干品，直接用下述方法处理。处理方法：将干子实体用剪刀剪成小块，在 80～100 ℃干燥箱中烘干至发脆后置于干燥器内冷却，然后立即粉碎。粉碎后的样品过 0.9 mm 的筛。未能过筛部分再次粉碎或经研钵研磨后再次过筛，直至全部样品过筛为止。过筛后的样品装入清洁的广口瓶中密封保存备用。

2. 测试样含水量

取洁净铝制或玻璃制称量瓶，置于 101～105 ℃干燥箱中，打开瓶盖，加热 1.0 h，取出盖好，置干燥器内冷却 0.5 h，称重。取 2～10 g（精确至 0.0001 g）样品置于上述处理的洁净铝制或玻璃制容器内，精密称量后，置 101～105 ℃干燥箱中，打开瓶盖，干燥 2～4 h 后，盖好取出，放入干燥器内冷却 0.5 h 后称量。然后再放入 101～105 ℃干燥箱中干燥 1 h 左右，取出，放入干燥器内冷却 0.5 h 后再称量。重复以上操作至前后两次质量差不超过 2 mg，即为恒重。按下式计算试样中水分含量：

$$X = \frac{m_1 - m_2}{m} \times 100\%$$

式中：X——样品中水分的含量，单位为克每百克（g/100 g）；m_1——称量瓶和样品干燥前的质量，单位为克（g）；m_2——称量瓶和样品干燥后的质量，单位为克（g）；m——干燥前称取的样品质量，单位为克（g）。

3. 水解

称取 0.25 g 试样，准确到 0.001 g。将称取的样品倒入 250 mL 锥形瓶中，再小心加入 50 mL 水和 15 mL 浓盐酸。装上冷凝回流装置，置 100 ℃水浴中水解 3 h。冷却至室温后过滤，再用蒸馏水洗涤滤渣，合并滤液及洗液，用水定容至 250 mL，作为测试液备用。

4. 标准曲线的制定

取 10 mL 具塞刻度试管 11 支，0～10 分别编号，按表 20-1 加入各试剂和水。

表 20-1　苯酚-硫酸法测定总糖绘制标准曲线的试剂量

试剂	管号					
	0	1、2	3、4	5、6	7、8	9、10
100 μg/mL 葡萄糖标准液/mL	0	0.2	0.4	0.6	0.8	1.0
水/mL	1.0	0.8	0.6	0.4	0.2	0
葡萄糖量/μg	0	20	40	60	80	100

然后依次向试管中加入 1.0 mL 5%的苯酚溶液，摇匀，再快速加入 5.0 mL 浓硫酸，加入时注意与液面垂直，勿接触试管壁，以便于反应液充分混合。比色液总体积为 7 mL，室温下静止放置 10 min。使用涡旋振荡器使反应液混合，然后将试管放置于 30 ℃水浴锅中反应 20 min。取适量反应液在 490 nm 处比色，测定吸光度。以葡萄糖含量为横坐标，吸光度值为纵坐标，绘制标准曲线，求出标准曲线方程。

5. 测定

准确吸取试样测试液 0.2 mL 于 10 mL 具塞试管中，用蒸馏水补至 1.0 mL，加入 1.0 mL 5%的苯酚溶液，然后快速加入 5.0 mL 浓硫酸，反应液静止放置 10 min。使用涡旋振荡器使反应液混合，然后将试管放置于 30 ℃水浴锅中反应 20 min。取适量反应液在 490 nm 处测吸光度，用蒸馏水代替试样作空白对照，实验重复 3 次，结果取 3 次数值的算术平均值。由标准曲线查出糖的含量。

6. 结果计算

$$总糖含量(\%)=\frac{m_1\times V_1\times 10^{-6}}{m_2\times V_2\times(1-\omega)}\times 100\,\%$$

式中：V_1——样品定容体积，单位为毫升（mL）；V_2——比色测定时所移取样品测定液的体积，单位为毫升（mL）；m_1——从标准曲线上查得样品测定液中糖的含量，单位为微克（μg）；m_2——样品质量，单位为克（g）；ω——样品含水量，单位为百分数（%）。

五、思考题

1. 苯酚-硫酸比色法测定食用菌子实体中多糖含量的原理是什么？
2. 影响食用菌子实体总糖测定的重要因素有哪些？

六、参考文献

国家技术监督局. 2009. GB/T 15672—2009 食用菌中总糖含量的测定. 北京：中国标准出版社
国家技术监督局. 2010. GB 5009.3—2010 食品中水分的测定. 北京：中国标准出版社
李合生. 2005. 植物生理生化实验原理和技术. 北京：高等教育出版社
周振，周能. 2012. 苯酚-硫酸法测定仁东大蒜中的总糖. 食品研究与开发，33（6）：137～142

实验二十一　食用菌子实体粗蛋白含量的测定

一、实验目的

1. 学习微量凯氏法测定食用菌子实体中粗蛋白含量的原理。
2. 掌握微量凯氏测定食用菌子实体中粗蛋白含量的操作方法。

二、实验原理

食用菌子实体内蛋白质含量丰富，测定食用菌子实体蛋白质含量，对确定食用菌子实体的品质和营养价值等具有一定的意义。常用的测定食用菌子实体粗蛋白含量的方法是微量凯氏法，其原理是将食用菌子实体材料与浓硫酸共热，经一系列的分解、碳化和氧化还原反应等复杂过程，浓硫酸分解为二氧化硫、水和原子态氧，并将有机含氮化合物转化成无机氮硫酸铵，这一过程称为有机物的消化。为了加速有机物质的分解，使有机物质分解完全，缩短消化时间，在消化时通常加入多种催化剂，如硫酸钾、硫酸铜等。其中硫酸钾可以提高消化液的沸点而加快有机物分解，硫酸铜起催化剂的作用。消化完成后，将消化液转入凯氏瓶中，加入过量的氢氧化钠，将 NH_4^+转变成 NH_3，通过蒸馏把 NH_3 导入过量的硼酸溶液中，硼酸接受氨后，形成四硼酸铵，然后用标准盐酸滴定，直到硼酸溶液恢复原来的氢离子浓度。滴定消耗的标准盐酸摩尔数即为 NH_3 的摩尔数，通过计算即可得出总氮量。蛋白质是一类复杂的含氮化合物，每种蛋白质都有其恒定的含氮量，平均含氮量为 16%，所以可用总氮含量乘以 6.25 算出样品中粗蛋白的含量。反应式如下：

$$2NH_3 + H_2SO_4 \longrightarrow (NH_4)_2SO_4$$

$$(NH_4)_2SO_4 + 2NaOH \longrightarrow Na_2SO_4 + 2H_2O + 2NH_3\uparrow$$

$$2NH_3 + 4H_3BO_3 \longrightarrow (NH_4)_2B_4O_7 + 5H_2O$$

$$(NH_4)_2B_4O_7 + 2HCl + 5H_2O \longrightarrow 2NH_4Cl + 4H_3BO_3$$

三、实验材料

1. 材料

各种干燥的食用菌子实体材料。

2. 试剂

1）浓硫酸：密度为 1.84 g/mL。

2）盐酸：密度为 1.18 g/mL。

3）40%氢氧化钠（NaOH）溶液：称取 400 g 氢氧化钠，适量蒸馏水溶解后定容至 1000 mL。

4）2%硼酸（H_3BO_4）溶液：称取 20 g 硼酸，适量蒸馏水溶解后定容至 1000 mL。

5）混合指示剂：取 10 mL 0.2%（*m*/*V*）的甲基红乙醇溶液和 50 mL 0.2%（*m*/*V*）的溴甲酚绿乙醇溶液混合，棕色瓶中贮存备用。本指示剂变色域很窄，pH 5.0 以下为暗红色，pH 5.1 为灰绿色，pH 5.2 以上为绿色。

6）加速剂：称取 600 g 硫酸钾（K_2SO_4）与 100 g 硫酸铜（$CuSO_4 \cdot 5H_2O$）混匀，充分研磨后过孔径为 0.45 mm 的筛，密封保存。

7）30%过氧化氢。

8）0.02 mol/L 的盐酸标准溶液：取密度为 1.18 g/mL 的分析纯盐酸 9 mL，加入无氨蒸馏水定容至 1 L，再以无水碳酸钠标定。

标定方法：将基准试剂无水碳酸钠于 270～300 ℃高温炉中灼烧至恒重，精确称取 0.2 g 放入 250 mL 锥形瓶中，以 50 mL 蒸馏水溶解，加 10 滴甲酚绿-甲基红混合指示剂，用配制好的盐酸溶液滴定溶液由绿色变为暗红色，煮沸 2 min，冷却后继续滴定至溶液再呈暗红色，用不加碳酸钠的溶液做空白对照。以上平行测定 3 次，以 3 次数据的算术平均值为测定结果。精确计算盐酸的浓度并稀释至 0.02 mol/L。

盐酸标准滴定溶液的浓度用下式计算：

$$C_{\text{HCl}} = \frac{m \times 1000}{(V_1 - V_0) \times 52.99}$$

式中：*m*——基准无水碳酸钠的质量，单位为克（g）；V_1——盐酸溶液的用量，单位为毫升（mL）；V_0——空白试验中盐酸溶液的用量，单位为毫升（mL）；52.99——$1/2Na_2CO_3$ 摩尔质量，单位为克每摩尔（g/mol）；C_{HCl}——盐酸标准溶液的浓度，单位为摩尔每升（mol/L）。

3. 仪器设备

分析天平（感量 0.0001 g）、消化管、微量凯氏定氮蒸馏装置一套、电热鼓风干燥箱、消煮炉、凯氏瓶、三角烧瓶、微量滴定管、量筒、容量瓶、烧杯、移液管等。

四、实验步骤

1. 样品的制备

选取的食用菌子实体干样取样量不少于 200 g，鲜子实体取样量不少于 1000 g。若选取的材料为鲜品，将鲜子实体用手撕或用刀切成小块，50 ℃干燥箱鼓风干燥 6 h 以上，制成干品后再进一步处理。若试样为干品，直接用下述方法处理。处理方法：将干子实体用剪刀剪成小块，在 80～100 ℃干燥箱中烘干至发脆后置于干燥器内冷却，然后立即粉碎。粉碎后的样品过 0.9 mm 的筛。未能过筛部分再次粉碎或经研钵研磨后再次过筛，直至全部样品过筛为止。过筛后的样品装入清洁的广口瓶中密封保存备用。

2. 样品的消化

取 4 个 500 mL 让凯氏瓶并标号。称取上述制备好的子实体材料 0.5～1 g，精确到 0.001 g，分别加入到 1 号、2 号、3 号凯氏瓶内，并加入 4.0 g 硫酸钾和硫酸铜混合加速剂，混匀，再小心加入 10 mL 浓硫酸和 1 mL 30%过氧化氢，注意加样品时应直接送入瓶底，不要沾在瓶口和瓶颈上，轻轻摇动使试样完全湿润。在 4 号瓶中加入相同量的硫酸铜、硫酸钾、过氧化氢和浓硫酸，作为空白对照。然后，分别把凯氏烧瓶倾斜置于消煮炉上缓慢加热至沸腾，调节消煮炉温度，防止泡沫冲到凯氏瓶颈上，待泡沫消失为止。继续加热，使溶液不断处于沸腾状态直至溶液变清呈绿色之后继续加热 2 h 后结束。整个操作在通风橱中进行。

3. 定容

消化完毕，待消煮液冷却后，分别加入 20 mL 无氨蒸馏水，再将消化液小心转入 100 mL 容量瓶中。以蒸馏水少量多次冲洗凯氏瓶，冲洗液并入容量瓶中，冷却后定容至 100 mL，混匀后备用。

4. 蒸馏

1）仪器的洗涤：蒸馏器使用之前先用水常规洗净，然后再用水蒸气洗涤。方法是在蒸汽发生器中加入几滴浓硫酸酸化的蒸馏水和几滴甲基红指示剂，用这样的水蒸气洗涤。打开漏斗下的夹子，用电炉加热至沸腾，使水蒸气通入仪器的各个部分，以达到清洗的目的。在冷凝管下端放置装有硼酸-指示剂的锥形瓶，使冷凝管下端浸没在液面以下 0.5 cm 处，蒸馏 1～2 min，观察锥形瓶内溶液是否变色，如不变色，证明蒸馏装置内部已洗干净。移走锥形瓶，停止加热，打开夹子。

2）蒸馏：取 50 mL 锥形瓶 4 个，对应标号 1、2、3、4，各加入 10 mL 硼酸吸收液和 2 滴混合指示剂，用表面皿覆盖备用。将半微量蒸馏装置的冷凝管末端浸入 1 号锥形瓶中，并使冷凝管下端浸没在液体中。用移液管吸取 1 号容量瓶中的样品消化稀释液 10 mL，通过漏斗加入到蒸馏瓶中，再用少量蒸馏水洗涤漏斗 3 次，一起放入蒸馏瓶中。然后用量筒量取 10 mL 40%的氢氧化钠溶液，慢慢通过漏斗加入到蒸馏瓶中，待碱液尚未流完时，将夹子夹紧，向漏斗内加入约 5 mL 蒸馏水，再慢慢打开夹子，使一半蒸馏水流入蒸馏瓶，另一半留在漏斗中作水封。关闭收集器活塞，加热蒸汽发生器，开始蒸馏。锥形瓶中的硼酸-指示剂混合液由于吸收了氨变绿后，继续蒸馏 5 min，移开锥形瓶，使冷凝器下端离开液面约 1 cm，继续蒸馏 1 min，用少量蒸馏水洗涤冷凝管口外侧，取下锥形瓶，用表面皿覆盖瓶口。每次蒸馏完毕后，夹紧蒸汽发生器与收集器之间的橡胶管，排除废液，并用蒸馏水反复冲洗，再分别对 2 号、3 号、4 号容量瓶中的样品消化稀释液进行蒸馏。

5. 滴定

样品与空白蒸馏完毕后，一起进行滴定。蒸馏后的吸收液，立即用 0.02 mol/L 的盐酸标准溶液滴定，吸收液由蓝绿色滴定至灰红色，30 s 保持不变为终点，记下盐酸标准溶液的消耗量。滴定结果用空白实验校正。

6. 结果计算

（1）总氮量

$$总氮量=\frac{c\times(V_1-V_0)\times V}{m\times V_i}\times 0.014\times 100$$

式中：c——标准盐酸溶液摩尔浓度，单位为摩尔每升（mol/L）；V_1——滴定样品用去的标准盐酸溶液体积，单位为毫升（mL）；V_0——空白试验滴定用去的标准盐酸溶液体积，单位为毫升（mL）；V——消化液定容体积，单位为毫升（mL）；m——样品重量，单位为克（g）；V_i——测定时消化液用量，单位为毫升（mL）；0.014——氮的摩尔质量，单位为克每毫摩尔（g/mmol）。

（2）蛋白质含量

样品中蛋白质含量（%）＝总氮量×6.25。

式中：6.25——氮换算成粗蛋白的系数。

五、思考题

1. 微量凯氏法测定食用菌子实体粗蛋白的基本原理是什么？
2. 消化中硫酸铜、硫酸钾和硫酸的作用分别是什么？
3. 蒸馏时加入氢氧化钠溶液的作用是什么？加入量对测定结果有何影响？
4. 实验操作过程中，影响测定准确性的因素有哪些？

六、参考文献

国家技术监督局. 2002. GB/T 601—2002 化学试剂标准滴定溶液的制备. 北京：中国标准出版社
国家技术监督局. 2009. GB/T 15673—2009 食用菌中粗蛋白含量的测定. 北京：中国标准出版社
李合生. 2005. 植物生理生化实验原理和技术. 北京：高等教育出版社
卢文芸，于锡忠，许文琴，等. 2012. 野生蕨菜中总蛋白含量的测定与分析. 种子，31（8）：60～62

实验二十二　香菇多糖的粗分离及含量测定

一、实验目的

1. 学习并掌握真菌多糖分离纯化的基本原理和方法。
2. 学习并掌握蒽酮-硫酸法测定总糖含量的基本原理和方法。

二、实验原理

多糖（polysaccharide）是一类广泛存在于自然界生物体中的生物大分子，由醛糖或酮糖通过糖苷键连接在一起，在不同生理阶段行使其生理功能，是构成机体的四大基本物质之一。20 世纪 50 年代，Brander 报道酵母细胞壁多糖（zymosan）具有抗肿瘤活性，科学家对真菌多糖生物活性研究产生了浓厚的兴趣，掀起了从真菌多糖中寻找抗肿瘤药物的热潮，几十年来并取得了丰硕的研究成果。研究表明，几乎所有的食用菌子实体、菌丝体中均含有活性多糖组分，已知对肉瘤和艾氏癌抑制率达 60%～100%的真菌有 266 种，分属 51 科 72 属。其活性报道主要集中在抗肿瘤、免疫调节、降血糖、降血脂、抗病毒、抗突变、抗氧化、抗衰老、抗辐照和抗溃疡等方面。在过去的几十年中，食用菌越来越多地被作为膳食增补剂、药膳和药物的来源，起着生物效应调节剂的作用，主要用于肿瘤的临床辅助治疗、食疗保健等。

香菇多糖（lentinan，LNT）是研究最早和最深入的食用菌多糖。1969 年，日本科学家研究多种食用菌的热水抽提物活性时发现，以 200 mg/kg bw 的剂量连续注射 10 d，对实验小鼠的移植小鼠肉瘤 S-180 抑制能力达到 70%～90%。19 世纪 80 年代，日本科学家开始将 LNT 用于肿瘤的临床治疗研究，国内也于 90 年代开始在临床上大量应用 LNT 治疗恶性肿瘤。研究表明，LNT 对胃癌、直肠癌、乳腺癌、鼻咽癌和慢性粒细胞白血病等有抑制和防止术后微转移的效果，其作用是通过增强机体免疫力而对癌细胞表现出间接毒性，尤其适用于病后机体康复。与其他抗肿瘤药物相比，香菇多糖几乎无任何不良反应，目前香菇多糖广泛应用在抗肿瘤的临床辅助治疗。

香菇多糖的免疫调节活性研究也最为深入。LNT 是典型的 T 细胞激活剂，体内外均能增强正常或免疫功能低下小鼠的迟发型超敏反应（delayed type hypersensitivity，DTH）、促进细胞毒性 T 淋巴细胞（cytotoxic T lymphocyte，CTL）的产生、提高 CTL 的杀伤活力、提高抗体依赖性细胞毒细胞（antibody dependent cytotoxic cell，ADDC）活性。动物实验表明，LNT 可以显著促进环磷酰胺诱导的免疫功能低下的小鼠脾细胞溶血素抗体（IgM）的生成，明显促进伴刀豆凝集素（Con-canavalin A，ConA）诱导的淋巴细胞增殖和白细胞介素-2（interleukin-2，IL-2）的生成。另外，香菇多糖还能激活补体系统，促进抗体生成，使巨噬细胞溶酶体酶和 IL-1 分泌量增加。

和蛋白质一样，食用菌多糖的结构也分为一级、二级、三级和四级结构。一级结构是指单糖残基的组成、排列序列和连接方式等；二级结构是指多糖骨架链间以氢键结合形成的各种聚合体；三级结构是指由多糖中糖残基中的羟基、羧基、氨基及其他功能团，通过非共价作用而形成的有序、规则且粗大的空间构象；四级结构是指多糖多聚链间以非共价作用力而结合形成的聚集体，相当于蛋白质中的亚基结构。由于多糖结构上的复杂性、难以测序，以及不能从 DNA 模板预测其生物合成，导致多糖的研究远远滞后于蛋白质、核酸等生物大分子。

（一）真菌多糖的分离方法

多糖的分离纯化一般包括提取分离、纯化和纯度鉴定三个步骤。其中，分离纯化的质量将直接影响后续研究的可行性和可信度。

食用菌组织细胞比较牢固，因此提取多糖时首先要进行破碎细胞的操作，包括机械破碎（如组织捣碎法、超声波法、研磨法、冻融法等）、溶胀和自胀、化学处理和生物酶降解等。常用的分离提取方法有热水浸提法、酸浸提法、碱浸提法和酶法。其中前三种是化学方法，酶法是生物学方法，而用得最多的是热水浸提法和碱浸提法。大部分多糖易溶于热水而在有机溶剂中溶解度极小，所以可以利用有机溶剂来沉淀多糖。最常用的有机溶剂为乙醇，一般 pH 7.0 左右，对热水充分浸提的样品溶液进行粗多糖的沉淀，乙醇终浓度为 75%左右。为获得更高的提取回收率，可进行反复溶解和醇析。在碱浸提法中，往往加入硼氢化钠或硼氢化钾防止多糖降解。另外，近年来，微波技术应用于多糖的提取，具有快速、高效、安全、有效成分得率高、节能等特点。

通过分离沉淀得到的粗多糖中常常会带有杂蛋白、色素、无机盐及不溶于醇的有机小分子（如低聚糖、氨基酸）等杂质，需要分别除去。多糖的纯化一般是先洗脱非糖组分，再对多糖进行分级。而非多糖组分的去除一般是先脱除蛋白质再去除小分子杂质。

常用脱蛋白质的方法主要有三种。①Sevag 法，利用蛋白质在氯仿等有机溶剂中变性的特点，用氯仿：戊醇（或正丁醇）5：1 或 4：1 的 Sevag 试剂沉淀多糖溶液中的杂蛋白。此法在避免多糖降解方面有较好的效果，但效率低，如能配合酶法提取，Sevag 法脱除蛋白质效果会更好，而且还可以减少有机试剂的消耗量和多糖的损失。②三氟三氯乙烷法，利用三氟三氯乙烷使蛋白质变性的特点，将多糖溶液与三氟三氯乙烷等体积混合搅拌，抽提走变性的蛋白质。此法效率高，但溶剂沸点较低，易挥发，不宜大量应用。③三氯乙酸法，在多糖溶液中滴加3%三氯乙酸，直至溶液不再继续混浊，5～10 ℃放置过夜，离心除去沉淀即得无蛋白质的多糖溶液。此法的不足是会引起某些多糖的降解。

食用菌粗多糖中的色素一般以游离色素和结合色素两种形态存在。游离色素大多呈阴离子状态，可以通过离子交换柱层析方法去除，如 DEAE-Cellulose、DEAE-Sepharose 离子交换柱层析等。结合色素一般采用氧化脱色法，以浓氨水或 NaOH 溶液调 pH 8.0 左右，在 50 ℃以下滴加 H_2O_2 至浅黄色，保温 2 h 即可。H_2O_2 具有强氧化性，易使多糖降解，使其结构发生改变，从而影响其药理活性。另外，活性炭吸附法也用于多糖色素的去除，此法脱色比较彻底，但会造成多糖的损失，因而使用不多。粗多糖提取物中的低聚糖、氨基酸、无机盐等小分子可以通过半透膜透析、超速离心等方法去除。

多糖的分级纯化是将多糖混合物中不同化学组成、聚合度、分子形态的多糖分开，以达到纯化的目的。按多糖分子大小和形态分级常用的分离方法有分级沉淀、超滤、离子交换层析、凝胶过滤等；根据多糖所带基团性质分级的方法有离子交换层析或按电荷性质分级的电泳。

多糖的“纯”是指在一定分子质量范围内的均一组分，纯度只表示相似链长的平均分布。常用的多糖纯度检测方法有密度梯度离心、纸层析、凝胶过滤层析、高压电泳、旋光测定、高效液相色谱等。密度梯度离心中，如果样品在蔗糖梯度中呈单一峰，则认为是单一组分；纸层析上的单一集中斑点，被认为是纯化的组分；凝胶过滤层析中，纯化组分表现为单一对称洗脱峰；均一组分在高压电泳图谱上表现为单一色斑或单一峰；结构相同的多糖具有相同的旋光性，因而在旋光测定中表现为旋光度不再变化；高效液相色谱中，单一峰被认为是单一组分。

（二）蒽酮-硫酸法测定总糖的含量

糖类遇浓硫酸时脱水生成羟甲基呋喃甲醛（羟甲基糖醛）或其衍生物，进一步与蒽酮缩合成蓝色化合物，呈稳定的蓝绿色，于620 nm处有最大吸收，其色深浅与溶液中糖浓度成正比，所以可利用此反应测定溶液中糖的含量。

本方法可用于多糖、单糖含量的测定。在测定蛋白聚糖总糖含量时，色氨酸含量较高时对显色反应有一定干扰。

三、实验材料

1. 样品

新鲜香菇子实体 200 g。

2. 试剂

1）2 g/L 蒽酮试剂：准确称取 0. 2 g 蒽酮溶于 100 mL 浓硫酸（分析纯，95.5%）中，置于棕色瓶中，即配即用。

2）0.1 g/L 葡萄糖溶液：精确称取 105 ℃烘干至恒重的葡萄糖（分析纯）0.0100 g，用蒸馏水溶解并定容至 100 mL。

3）无水乙醇（分析纯）。

四、实验步骤

1. 香菇粗多糖的提取

精确称取新鲜香菇子实体 200 g，洗净后加入 400 mL 蒸馏水，以组织匀浆器充分匀浆，补蒸馏水至 2000 mL。将提取液于 90 ℃热水抽提 4 h。趁热以布氏漏斗过滤，回收滤液，加热浓缩至 500 mL 左右。浓缩液冷却至室温，加入 3 倍体积预冷的无水乙醇，静置 6 h 或过夜。8000 r/min 离心 15 min，回收沉淀冷冻干燥，即为香菇粗多糖。其提取工艺如图 22-1 所示。

新鲜香菇子实体 200 g

↓

加蒸馏水 400 mL，组织匀浆器粉碎，补蒸馏水至 2000 mL

↓

90 ℃热水抽提 4 h

↓

趁热以布氏漏斗过滤，回收滤液

↓

加热浓缩并冷却后，加 3 倍体积无水乙醇，静置 6 h 或过夜

↓

8000 r/min 离心 15 min，回收沉淀

↓

冷冻干燥

↓

香菇多糖粗样品

图 22-1　香菇粗多糖提取流程图

2. 香菇多糖含量的测定

（1）葡萄糖标准曲线的绘制

取 8 支 10 mL 刻度试管，分别加入 0.1 g/L 的标准葡萄糖溶液 0 mL、0.05 mL、0.10 mL、0.20 mL、0.30 mL、0.40 mL、0.60 mL 和 0.80mL，用蒸馏水补到 1.00 mL。各试管中分别缓慢加入 4.00 mL 蒽酮试剂，迅速放入冰水浴中冷却。各管加完后一起浸入沸水浴中准确煮沸 10 min，冷却后进行比色，测定 $A_{620\ nm}$ 光吸收值。以光吸收值为纵坐标，糖含量为横坐标，制作标准曲线。标准曲线配制见表 22-1。

表 22-1　葡萄糖标准曲线试剂配制

试管编号	1	2	3	4	5	6	7	8
0.1 g/L 葡萄糖溶液/mL	0	0.05	0.10	0.20	0.30	0.40	0.60	0.80
蒸馏水/mL	1.00	0.95	0.90	0.80	0.70	0.60	0.40	0.20
2 g/L 蒽酮试剂/mL	4.00	4.00	4.00	4.00	4.00	4.00	4.00	4.00
沸水浴 10 min，冷却至室温测定 $A_{620\ \mathrm{nm}}$ 光吸收值								
$A_{620\ \mathrm{nm}}$								

（2）香菇粗多糖含量测定

精确称量香菇粗多糖 0.10 g，以蒸馏水溶解并定容至 100 mL。取适量香菇粗多糖溶液，重复上述反应过程，测定香菇多糖溶液的 $A_{620\ \mathrm{nm}}$ 光吸收值。反应重复 5 次。

五、实验结果

1）记录不同葡萄糖标准溶液的 $A_{620\ \mathrm{nm}}$ 光吸收值，绘制 $A_{620\ \mathrm{nm}}$ 光吸收值-葡萄糖浓度标准曲线。

2）记录香菇粗多糖样品溶液 $A_{620\ \mathrm{nm}}$ 光吸收值，取平均值带入标准曲线，计算多糖含量。

六、思考题

1. 香菇多糖提取时，为提高提取率，应该采取什么措施？
2. 蒽酮-硫酸法测定香菇多糖含量的基本原理是什么？实际操作时应注意哪些？

七、参考文献

张惟杰. 1994. 复合多糖生化研究技术. 浙江：浙江大学出版社

Cao X, Liu R, Liu J, et al. 2013. A novel polysaccharide from *Lentinus edodes* mycelia exhibits potential antitumor activity on laryngeal squamous cancer cell line Hep-2. Appl Biochem Biotechnol，171：1444～1453

Chang R S，Yeung H W. 1988. Inhibiton of growth of human immunodeficiency virus *in vitro* by crude extracts of Chinese medicinal herbs. Antiviral Res，9：163～176

Hu Q X，Wang H X，Ng T B. 2012. Isolation and purification of polysaccharides with anti-tumor activity from *Pholiota adiposa*（Batsch）P. Kumm.（Higher Basidomycetes）. Int J Med Mush，14：271～284

Jeff I B，Yuan X，Sun L，et al. 2013. Purification and *in vitro* anti-proliferative effect of novel neutral polysaccharides from *Lentinus edodes*. Int J Biol Macromol，52：99～106

Jung B G，Lee J A，Lee B J. 2012. Immunoprophylactic effects of shiitake mushroom（*Lentinula edodes*）against *Bordetella bronchiseptica* in mice. J Microbiol，50：1003～1008

Kim S P, Park S O, Lee S J, et al. 2013. A polysaccharide isolated from the liquid culture of *Lentinus edodes* (Shiitake) mushroom mycelia containing black rice bran protects mice against a salmonella lipopolysaccharide-induced endotoxemia. J Agric Food Chem, 61: 10987～10994

Wu H, Tao N, Liu X, et al. 2012. Polysaccharide from *Lentinus edodes* inhibits the immunosuppressive function of myeloid-derived suppressor cells. PLoS One, 7: e51751

Xu T, Beelman R B, Lambert J D. 2012. The cancer preventive effects of edible mushrooms. Anticancer Agents Med Chem, 12: 1255～1263

Zhang G Q, Huang Y D, Bian Y, et al. 2006. Hypoglycemic activity of the fungi *Cordyceps militaris*, *Cordyceps sinensis*, *Tricholoma mongolicum*, and *Omphalia lapidescens* in streptozotocin-induced diabetic rats. Appl Microbiol Biotechnol, 72: 1152～1156

实验二十三　巨大革耳子实体漆酶的分离纯化

一、实验目的

1. 学习并掌握漆酶活性测定的原理与方法。
2. 学习并掌握真菌蛋白质分离纯化的基本原理与方法。

二、实验原理

漆酶（苯二酚：氧化还原酶，*p*-benzenediol：oxygen oxidoreductase，Laccase，Lac，EC 1.10.3.2），是一类含铜的多酚氧化酶，属蓝色多铜氧化酶家族。漆酶利用氧气通过自由基的催化来氧化各种芳香族和非芳香族化合物，是研究最早的蛋白质之一。早在6000年前，中国人已经开始利用漆树损伤部位分泌的汁液来制造漆器。对漆酶比较正式的研究始于日本，1883年，日本学者吉田（Yoshi）首次从漆树漆液中发现漆酶；1894年，Bertmn将其正式命名为漆酶。从此，漆酶的概念被确定并沿用至今。直到1939年，Kelin才确定漆酶的本质是含铜的氧化酶。

（一）漆酶的分布及其生物活性

虽然漆酶最早从植物中被发现并因此而得名，但漆酶普遍存在于植物、昆虫、真菌和细菌中，特别是真菌漆酶，作为重要木质素生物降解酶类，在生态系统碳素循环中起着关键作用。研究表明，植物源漆酶催化木质素的生物合成，并与植物果实种皮颜色的形成及植物抗逆性有关；动物源漆酶研究较少，主要集中在内生翅类昆虫，如双翅目麻蝇、鳞翅目烟草天蛾等，其功能可能与表皮骨骼化、免疫防御有关；微生物源漆酶研究最为广泛，主要参与木质素的生物降解过程，成为木质素生物降解研究和应用开发的热点。据报道，产漆酶的真菌有1000多种，超过100种真菌漆酶已经被分离纯化出来，并对其理化特性做了较为详细的研究。近年的研究还表明，漆酶能够降解酚及其衍生物、芳胺及其衍生物、羧酸及其衍生物等250余种底物，使得漆酶在木质素生物降解、染料脱色、有毒酚类农药污染降解、工业废水无毒化处理、食品加工和生物制药等方面，具有巨大的应用前景。

（二）漆酶的结构特征

漆酶一般为单亚基糖蛋白，肽链由500～600个氨基酸组成，分子结构中含有4个铜离子，已经有研究证实，铜离子处于漆酶的活性部分，构成漆酶的催化活性中心，在漆酶的催化氧化中起着决定性的作用。除了肽链部分之外，漆酶一般还具有糖配基，占整个分子的10%～45%，主要有氨基己糖、葡萄糖、半乳糖、甘露糖、阿拉伯糖和岩藻糖等。不同漆酶的糖基化程度不同，杏鲍菇（*Pleurotus eryngii*）漆酶中糖类物质的质量分数占1%～7%，而*Coriolopsis fulvocinerea*漆酶中糖类物质的质量分数为32%。研究表明，糖类物质可能通过保护漆酶分子免受蛋白酶水解和自由基的钝化等，以保持漆酶的稳定性。

（三）漆酶的理化性质

一般来说，漆酶的分子质量为50～80 kDa。大多数漆酶都是蛋白质单体，由单个亚基组成，但多亚基的漆酶也有发现，如*Trametes villosa*和*Cantharellus cibarius*漆酶均为多亚基蛋白质。漆酶的来源很广，其氨基酸序列差异很大。目前，报道最多的是N-端氨基酸序列。就担子菌漆酶来说，同源性担子菌漆酶的N-端氨基酸序列具有很高的相似性，而已知的子囊菌漆酶的N-端氨基酸序列几乎都不具有相似性，而且与担子菌漆酶的序列相差很大。对于同一种漆酶的同工酶来说，它们的N-端氨基酸序列非常相似，甚至几乎相同。

（四）漆酶活性测定方法

测定漆酶活性的方法主要有分光光度法、HPLC法、测压法和级谱法等。分光光度法是目前最常用的方法，即利用漆酶和特定物质能够在短时间内产生颜色反应，通过测定其在特定波长下的吸光值来测定漆酶活性的大小。最常用的底物有2，2′-氨基-二（3-乙基-苯并噻唑啉磺酸-6）二铵盐（ABTS）、愈创木酚、联甲苯胺、丁香醛连氮、焦性没食子酸和萘酚等。最常用的方法为以ABTS为底物的分光光度法。ABTS结构如图23-1所示。ATBS在漆酶氧化作用下，生成蓝绿色的ABTS自由基（$ABTS\cdot^{+}$），该物质在405～430 nm处有最大光吸收值。此法测定方便、灵敏度高、显色稳定。其他底物与漆酶的反应与此类似。漆酶与丁香醛连氮反应时，使丁香醛连氮变成蓝紫色；漆酶与愈创木酚及萘酚反应时，可分别生成红棕色物质和紫色物质。

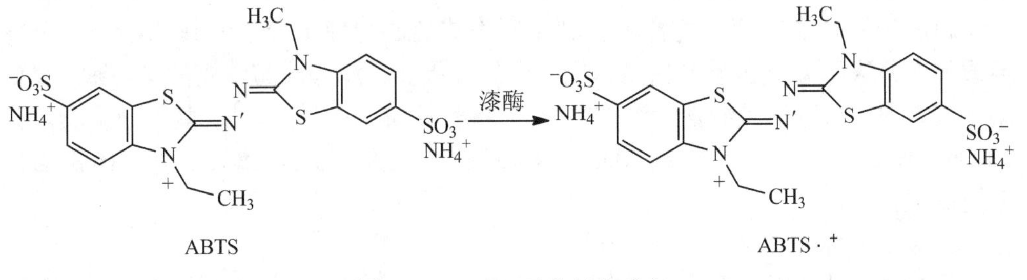

图23-1　ABTS及其氧化反应

（五）漆酶的分离方法

自首次从漆树中分离以来，漆酶作为最古老的酶之一，其研究已经经历了一个多世纪，其分离和纯化方法得到广泛而深入的研究。1934 年，Fleurg 等创立了漆酶的饱和硫酸铵沉淀法，该方法能够有效地将蛋白质沉淀下来，从而与糖类、脂类等物质分离。之后，随着色谱技术的发展，高效液相色谱（high performance liquid chromatography，HPLC）被应用到漆酶的分离纯化中，从而达到简单、快速分离的目的。后来越来越多的技术被先后使用。目前，纯化漆酶一般先根据漆酶的溶解度特性，利用有机溶剂或无机盐沉淀蛋白质，获得初始的漆酶提取物，然后经过透析、层析、电泳等生物学技术进一步的分离纯化，最终得到漆酶纯品。

1. 有机溶剂沉淀

利用有机溶剂降低溶液的介电常数，削弱漆酶与溶液之间的分子作用力，同时破坏蛋白质表面的水合层，使其溶解度降低从而聚集沉淀。常见的丙酮和乙醇均可用来沉淀漆酶，漆酶提取时最常用冰丙酮进行沉淀，预冷的冰丙酮有助于漆酶的沉淀和活性的保护。除乙醇和丙酮外，其他一些有机溶剂也可用来进行沉淀，但有些有机溶剂会影响漆酶的催化活性，因此选择时需要谨慎。

2. 盐析（salting out）

盐析是基于盐离子和漆酶分子上电荷的相互作用。当向溶液中加入过量的盐离子时，蛋白质表面的电荷被中和，其表面的水化膜也被破坏，导致漆酶表面疏水基团暴露，最后漆酶因疏水作用而沉淀。常用作盐析的无机盐有硫酸铵、氯化钠、硫酸钠和硫酸镁等。在漆酶的分离纯化中，用得最多的是硫酸铵沉淀。盐析沉淀效果与漆酶溶液 pH 有关，等电点附近沉淀效果最好。盐析和有机溶剂沉淀法都是用于漆酶浓缩的有效方法。

3. 透析（dialysis）

利用漆酶因分子质量大不能通过半透膜的性质，使漆酶和其他小分子物质如无机盐、单糖等分开。在漆酶的纯化过程中，经常用到透析法去除各种离子和有机小分子。漆酶经硫酸铵沉淀后含有大量的离子，需要通过透析来去除这些离子以进一步分离纯化。

4. 超滤（ultrafiltration）

超滤是一种加压膜分离技术，利用压力或离心力使水分子和其他小分子通过半透膜而将漆酶截留在膜上从而达到分离的效果。超滤是漆酶浓缩的又一种方法，而且该方法还可以达到脱盐、浓缩等目的。超滤膜有不同的型号，截留分子质量有 3 kDa、10 kDa、30 kDa 和 50 kDa 等多种型号，超滤杯或超滤离心管的体积也有不同的规格。

5. 层析技术（chromatograph）

层析技术是利用各组分物理性质的不同，导致在固定相与流动相之间具有不同的分配比例，从而将各组分进行分离及测定的方法。层析对生物大分子的分离分析具有极高的分辨力。在漆酶的分离纯化中常用到的层析技术主要有离子交换层析（ion exchange chromatography，IEC）、亲和层析（affinity chromatography，AC）、凝胶过滤层析（gel filtration chromatography，GFC）、高压液相色谱层析（high performance liquid chromatography，HPLC）和快速蛋白质液相色谱（fast protein liquid chromatography，FPLC）等。

离子交换层析在纯化蛋白质的层析手段中使用最为广泛，在目的蛋白初期捕获、中间纯化和精细纯化的三个步骤中均有良好的分离效果。它对蛋白质的分辨率高、重复性好、操作简易、成本较低。其工作原理是利用蛋白质表面的电荷基团与带相反电荷的离子交换剂结合，再通过改变洗脱液离子强度，置换下来结合的蛋白质，从而达到纯化的目的。离子交换剂是一类具有离子交换功能的高分子材料，功能基团由固定在骨架（matrix）上的带电基团与可进行交换的可移动离子两部分组成，二者所带电荷相反，以静电力结合，可进行交换的离子称为反离子或抗衡离子，这种反离子可与溶液中带同种电荷的离子进行交换反应。蛋白质是两性生物大分子，可以调节溶液的 pH 使之带上不同的电荷。带着电荷的蛋白质分子可以取代反离子，而结合在离子交换剂上。这种通过静电力结合是可逆的，可以通过提高洗脱液离子强度来进行洗脱，而达到分离的目的。根据离子交换剂的种类和特征，离子交换层析分为阴离子交换层析和阳离子交换层析。常见的阴离子交换剂有 DEAE-Cellulose、DEAE-Sepharose、Q-Sepharose 等；常见阳离子交换剂有 CM-Cellulose、SP-Sepharose 等。

亲和层析是蛋白质纯化手段中最有效的手段之一，具有高选择性、高活性回收率和高纯度的特点，广泛用于酶、抗体、核酸、激素等生物大分子，以及细胞、细胞器、病毒等物种的分离与纯化。亲和层析的基本原理是利用生物活性物质之间的特异亲和力，使目标产物得以分离纯化，如酶与底物、抗原与抗体、激素与受体、核酸的互补链、多糖与蛋白质复合体等。亲和层析中，生物分子与层析介质之间的结合力包括静电作用、疏水作用、范德华力、氢键等，因此这种结合作用是可逆的，可以通过提高洗脱液离子强度或者加入竞争结合的洗脱介质来进行洗脱。α-甘露糖或 α-葡萄糖能和 Con A 特异结合而抑制其活性，将这两种糖结合在 Sephadex G-50、Sephadex G-75 或 Sephadex G-100 上，则可对 Con A 进行亲和层析。吸附于 Sephadex 上的 Con A 能够用一定浓度的葡萄糖、D-果糖、D-甘露糖、蔗糖来洗脱。

凝胶过滤层析又被称为大小排阻、凝胶排阻、分子筛，通常用于蛋白质纯化过程后期的精细纯化部分。其作用原理是利用蛋白质分子大小不同，通过层析柱时间不同，从而达到分离与纯化的目的。凝胶过滤使用的介质被称为凝胶颗粒，内部是多孔的网状结构。当不同分子大小的蛋白质流过凝胶过滤层析柱时，比凝胶颗粒孔径大的分子不能进入凝胶颗粒而直接“流穿”，最先流出层析柱；比凝胶颗粒孔径小的蛋白质分子，不同程度自由出入凝胶颗粒，按分子质量由大到小依次流出，从而达到分离与纯化的目的。FPLC 和 HPLC 是目前能够快速纯化蛋白质的重要技术手段，可以结合离子交换层析、疏水层析、分子排阻层析及亲和层析等技术手段，一般用在蛋白质纯化后期的精细纯化步骤，分辨率更高、洗脱速度更快，能获得高纯度的蛋白质。

6. 电泳（electrophoresis）

电泳技术是利用带不同电荷的蛋白质在电场中移动速度不同而达到分离的技术。可用于少量漆酶的制备并检测所纯化漆酶的纯度。电泳的种类很多，最经常用到是十二烷基磺酸钠-聚丙烯酰胺凝胶电泳（sodium dodecyl sulfate-polyacrylamide gel electrophoresis，SDS-PAGE）、等电聚焦（isoelectric focusing，IEF）和双向电泳（two-dimensional electrophoresis）等。

以上介绍的各种分离纯化方法，可以根据对漆酶纯化程度的要求和硬件设施等条件有选择地使用。漆酶纯度要求越高，层析、电泳等高效分离技术用到的就越多，必要时可同时使用多种技术，以便于结果的准确分析。

本实验从食用菌巨大革耳（*Panus giganteus*）子实体中提取漆酶，先采用硫酸铵沉淀进行粗提，再采用 DEAE-Cellulose 阴离子交换层析（分段洗脱）、SP-Sepharose 阳离子交换层析（线性洗脱）和 Q-Sepharose 阴离子交换层析（线性洗脱）进一步纯化，最后利用 FPLC Superdex 75 凝胶过滤层析对巨大革耳漆酶进行纯化和分子质量测定。

三、实验材料

1. 样品

新鲜巨大革耳子实体 50 g。巨大革耳是国内近年来新驯化成功的一种珍稀食用菌，其学名问题一直以来存在争议，最早鉴定为杯蕈（*Clitocybe infundibuliformis*），之后又被鉴定为大杯伞（*Clitocybe maxima*），又名大杯蕈。

2. 试剂

1）pH 9.4 NH_4HCO_3 缓冲液（1000 mL、1.0 mol/L 母液）。

2）pH 4.8 NH_4Ac-HAc 缓冲液（1000 mL、1.0 mol/L 母液）。

3）pH 8.5 NH_4HCO_3 缓冲液（1000 mL、0.15 mol/L）。

4）ABTS 溶液：称取 27.4 mg ABTS 溶解到约 45 mL 10 mmol/L pH 4.6 的 NaAc-HAc 缓冲溶液中，定容至 50 mL，备用。

5）5% TCA（三氯乙酸）溶液。

6）30%丙烯酰胺混合液：丙烯酰胺 29.2 g，甲叉丙烯酰胺 0.8 g，用蒸馏水定容至 100 mL，贮棕色瓶中于 4 ℃保存备用。

7）10% SDS（十二烷基磺酸钠）：取 SDS 10 g，用蒸馏水定容至 100 mL，常温保存备用。

8）10%过硫酸铵：称取过硫酸铵 0.1 g，溶于 1 mL 蒸馏水中，现配现用。

9）1.5 mol/L pH 8.8 Tris-HCl 缓冲液：取 1 mol/L HCl 溶液 48 mL、三羟甲基甲烷（Tris）18.165 g，加蒸馏水使其溶解并调 pH 至 8.8，定容至 100 mL，置于棕色瓶中，

4 ℃贮存。

10）0.5 mol/L pH 6.8 Tris-HCl 缓冲液：取 1 mol/L HCl 溶液 48 mL、Tris 6.055 g，加蒸馏水溶解并调 pH 至 6.8，定容至 100 mL，置棕色瓶中，4 ℃贮存。

11）5 × 样品缓冲液配方：pH 6.8

1.0 mol/L Tris-HCl，pH 6.8	0.6 mL
50% 甘油	5.0 mL
10% SDS	2.0 mL
β-巯基乙醇	0.5 mL
1%溴酚蓝	1.0 mL
蒸馏水	0.9 mL
总体积	10.0 mL

12）10 × Tris-甘氨酸电泳缓冲液（pH 8.3）。配方如下：

Tris Base	30.3 g
甘氨酸	144.0 g
SDS	10.0 g
蒸馏水定容至	1000 mL

13）考马斯亮蓝染色液：考马斯亮蓝 R-250 1 g，甲醇 450 mL，冰醋酸 100 mL，蒸馏水 450 mL。

14）脱色液：冰醋酸 75 mL，甲醇 50 mL，加蒸馏水定容至 1 L。

15）标准蛋白质相对分子质量（表 23-1）。

表 23-1　标准蛋白质相对分子质量

标准蛋白质	相对分子质量
磷酸化酶 b（phosphorylase b）	94 000
牛血清白蛋白（bovine serum albumin）	67 000
卵清蛋白（ovalbumin）	43 000
碳酸酐酶（carbonic anhydrase）	30 000
大豆胰岛素抑制剂（soybean trypsin inhibitor）	20 000
乳白蛋白（α-lactalbumin）	14 400

16）DEAE-Cellulose、SP-Sepharose、Q-Sepharose、Superdex 75、Tris-Base、β-巯基乙醇、甘氨酸等。

3. 主要仪器

蠕动泵、组织捣碎机、冷冻高速离心机、超滤装置、紫外可见分光光度计、梯度混合仪、部分收集器、快速蛋白质液相色谱系统（FPLC）、蛋白质电泳装置、冷冻干燥机。

四、实验步骤

1. 漆酶活性的测定方法

将 5 μL 漆酶样品加入到 195 μL 底物 ABTS 溶液（pH 4.6）中混合均匀，置于 37 ℃水浴锅中反应 10 min，加入 300 μL 5%的 TCA（三氯乙酸）溶液终止反应，测定 405 nm 处的吸光值。对照组用 5 μL 去离子水代替 5 μL 漆酶样品，其余的条件相同。酶活力单位（U）定义为：在 405 nm 处，每分钟每毫升反应体系中增加一个吸光值所需要的酶量为一个酶活力单位。

2. 巨大革耳粗样品的制备

取巨大革耳新鲜子实体200 g，加800 mL生理盐水（0.15 mol/L NaCl），以组织捣碎机匀浆，4 ℃抽提4 h以上或过夜。提取液于8000 r/min离心15 min，回收上清液，缓慢加入（NH_4）$_2SO_4$至饱和度达到80%，4 ℃沉淀3～6 h。混合液于8000 r/min离心15 min，收集沉淀，以10mmol/L NH_4HCO_3（pH 9.4）缓冲液充分透析，即获得巨大革耳漆酶粗样品溶液。操作流程如图23-2所示。

新鲜巨大革耳子实体200 g，加入800 mL 0.15 mol/L NaCl溶液

↓

组织捣碎机捣碎，4 ℃抽提4 h以上或过夜

↓

8000 r/min 离心15 min，取上清液

↓

80%（NH_4）$_2SO_4$沉淀，3～6 h

↓

8000 r/min 离心15 min，收集沉淀

↓

用10mmol/L NH_4HCO_3（pH 9.4）缓冲液充分透析

↓

得漆酶粗样品溶液

图 23-2　巨大革耳漆酶粗样品溶液制备

3. DEAE-Cellulose 阴离子交换柱层析

将预先处理好的 DEAE-Cellulose（2.5 cm × 20 cm）装柱，用 10 mmol/L NH_4HCO_3

缓冲液（pH 9.4）平衡层析柱，然后将上一步的粗样品上柱，再依次以 10 mmol/L NH_4HCO_3 缓冲液（pH 9.4）、10 mmol/L NH_4HCO_3 缓冲液（pH 9.4）＋50 mmol/L NaCl、10 mmol/L NH_4HCO_3 缓冲液（pH 9.4）＋150 mmol/L NaCl 和 10 mmol/L NH_4HCO_3 缓冲液（pH 9.4）＋1 mol/L NaCl 进行分段洗脱，流速 1.5 mL/min。用部分收集器收集洗脱液，每管 8 mL，测定各管洗脱液的 $A_{280\ nm}$ 光吸收值，同时测定各分段洗脱部分洗脱液的漆酶活性。合并有漆酶活性的洗脱液，充分透析后以备进一步纯化。操作流程如图 23-3 所示。

10 mmol/L NH_4HCO_3缓冲液（pH 9.4）平衡DEAE-Cellulose层析柱（2.5 cm × 20 cm）

↓

上样

↓

用10 mmol/L NH_4HCO_3缓冲液（pH 9.4）＋0 mmol/L、50 mmol/L、150 mmol/L和1 mol/L NaCl缓冲液进行分段洗脱，流速1.5 mL/min

↓

部分收集器收集洗脱液，每管8 mL

↓

测定各管洗脱液的$A_{280\ nm}$

↓

测定各分段洗脱部分洗脱液的漆酶活性，并分别合并有漆酶活性的各组分洗脱液

↓

充分透析

↓

得到漆酶活性组分

图 23-3　巨大革耳漆酶 DEAE-Cellulose 阴离子交换柱层析流程

4. SP–Sepharose 阳离子交换柱层析

将预先处理好的 SP-Sepharose（1.5 cm × 20 cm）装柱，用 10 mmol/L NH_4Ac-HAc 缓冲液（pH 4.8）平衡层析柱。DEAE-Cellulose 柱上获得的漆酶样品，以 1 mol/L NH_4Ac-HAc 缓冲液（pH 4.8）母液调缓冲液浓度至 10 mmol/L 后上样。先以 10 mmol/L NH_4Ac-HAc 缓冲液（pH 4.8）充分洗脱后，再以 10 mmol/L NH_4Ac-HAc 缓冲液（pH 4.8）＋0～300 mmol/L NaCl 进行线性梯度洗脱，流速 0.6 mL/min，每管收集 3 mL，测定各管洗脱液的 $A_{280\ nm}$ 光吸收值，同时测定各分段洗脱部分洗脱液的漆酶活性。合并有漆酶活性的洗脱液，充分透析后以备进一步纯化。操作流程如图 23-4

所示。

用10 mmol/L NH_4Ac-HAc缓冲液（pH 4.8）平衡SP-Sepharose层析柱（1.5 cm × 20 cm）

↓

DEAE活性组分以1 mol/L NH_4Ac-HAc缓冲液（pH 4.8）调缓冲液浓度至10 mmol/L，上样

↓

以10 mmol/L NH_4Ac-HAc缓冲液（pH4.8）洗去不吸附组分后，以10 mmol/L NH_4Ac-HAc缓冲液（pH4.8）＋0～300 mmol/L NaCl进行线性洗脱，流速0.6 mL/min

↓

部分收集器收集洗脱液，每管3 mL

↓

测定各管洗脱液的$A_{280\ nm}$

↓

测定各分段洗脱部分洗脱液的漆酶活性，合并有漆酶活性的洗脱液

↓

充分透析

↓

得到漆酶活性组分

图 23-4　巨大革耳漆酶 SP-Sepharose 阳离子交换柱层析流程

5. Q-Sepharose 阴离子交换柱层析

将预先处理好的 Q-Sepharose（1.0 cm × 15 cm）装柱，用 10 mmol/L NH_4HCO_3 缓冲液（pH 9.4）平衡层析柱。SP-Sepharose 柱上获得的漆酶样品，以 1 mol/L NH_4HCO_3 缓冲液（pH 9.4）母液调缓冲液浓度至 10 mmol/L 后上样。先以 10 mmol/L NH_4HCO_3 缓冲液（pH 9.4）充分洗脱后，再以 10 mmol/L NH_4HCO_3 缓冲液（pH 9.4）＋0～500 mmol/L NaCl 进行线性梯度洗脱，流速 0.5 mL/min，每管收集 2 mL，测定各管洗脱液的 $A_{280\ nm}$ 光吸收值，同时测定各分段洗脱部分洗脱液的漆酶活性。合并有漆酶活性的洗脱液，充分透析后冻干，以备进一步纯化。操作流程如图 23-5 所示。

6. FPLC Superdex 75 分子凝胶过滤层析

用 0.15 mol/L NH_4HCO_3 缓冲液（pH 8.5）平衡 Superdex 75 分子凝胶过滤层析柱，将上一步得到的样品经冻干后上样，以 0.15 mol/L NH_4HCO_3 缓冲液（pH 8.5）洗脱，流速 0.5 mL/min。收集洗脱液，每管 0.8 mL，测定各管洗脱液的 $A_{280\ nm}$，测定各洗脱峰的漆酶活性，合并有漆酶活性的洗脱液。超滤浓缩脱盐（超滤膜截留

分子质量 3 kDa，氮气操作压 0.3 MPa），电泳检测蛋白质的纯度，样品置于−20 ℃保存。

用10 mmol/L NH_4HCO_3缓冲液（pH 9.4）平衡Q-Sepharose层析柱（1.0 cm × 15 cm）

↓

SP-Sepharose活性组分以1 mol/L NH_4HCO_3缓冲液（pH 9.4）调缓冲液浓度至10 mmol/L，上样

↓

以10 mmol/L NH_4HCO_3缓冲液（pH 9.4）洗去不吸附组分后，以10 mmol/L NH_4HCO_3缓冲液（pH9.4）＋0～500 mmol/L NaCl进行线性洗脱，流速0.5 mL/min

↓

部分收集器收集洗脱液，每管2 mL

↓

测定各管洗脱液的$A_{280\ \mathrm{nm}}$

↓

测定各分段洗脱部分洗脱液的漆酶活性，合并有漆酶活性的洗脱液

↓

充分透析并冻干

↓

得到漆酶活性组分

图 23-5　巨大革耳漆酶 Q-Sepharose 阴离子交换柱层析流程

7. 漆酶纯度与分子量测定

（1）分离胶的制备（10 mL，浓度 12%）

蒸馏水	3.3 mL
1.5 mol/L Tris（pH 8.8）	2.5 mL
10% SDS	0.1 mL
30% 丙烯酰胺溶液	4.0 mL
10% 过硫酸铵	90 μL
TEMED	10 μL
总体积	10 mL

（2）浓缩胶的制备（10 mL，浓度 5%）

蒸馏水	6.85 mL
1.0 mol/L Tris（pH 6.8）	1.25 mL
10% SDS	0.1 mL
30% 丙烯酰胺溶液	1.7 mL

10% 过硫酸铵	90 μL
TEMED	10 μL
总体积	10 mL

（3）电泳条件

将 20 μL 纯化的酶液与 5 × 样品缓冲液按 4 : 1 的比例混匀，沸水浴 5 min，置于冰上 5 min，然后 12 000 r/min 离心 5 min，吸取上清点样进行电泳检测。

电泳条件：浓缩胶恒压 80 V，分离胶恒压 120 V。

电泳完毕后，加入考马斯亮蓝 R-250 染色液，置于摇床上室温染色 3 h，洗去染色液，用脱色液将凝胶脱色，每 3 h 更换一次脱色液至背景无色，用凝胶成像仪记录电泳结果，以标准蛋白质分子质量和迁移率制作工作曲线，计算目的条带的分子质量。

五、实验结果

1. 计算实验各步骤漆酶的纯化倍数和回收率

表 23-2　巨大革耳漆酶各步纯化倍数与回收率

步骤	蛋白含量/mg	比活性/（U/mg）	总活性/U	回收率/%	纯化倍数
生理盐水抽提					
硫酸铵沉淀					
DEAE-Cellulose					
SP-Sepharose					
Q-Sepharose					
FPLC					

2. 漆酶分子质量测定

分别根据 FPLC 和 SDS-PAGE 绘制标准曲线，计算目的漆酶的分子质量。

六、思考题

1. 蛋白质分离纯化时的注意事项有哪些？
2. 如何利用 FPLC 和 SDS-PAGE 技术测定未知蛋白质的分子质量？

七、参考文献

汪家政，范明. 2000. 蛋白质技术手册. 北京：科学出版社

Ng T B，Wang H X. 2004. A homodimeric laccase with unique characteristics from the yellow mushroom

Cantharellus cibarius. Biochem Biophys Res Commun，313：37～41

Sun J, Wang H X, Ng T B. 2011. Isolation of a laccase with HIV-1 reverse transcriptase inhibitory activity from fresh fruiting bodies of the *Lentinus edodes* (Shiitake mushroom). Indian J Biochem Biophys, 48：88～94

Wang H X，Ng T B. 2004. A new laccase from dried fruiting bodies of the monkey head mushroom *Hericium erinaceum*. Biochem Biophys Res Commun，322：17～21

Wang H X，Ng T B. 2004. A novel laccase with fair thermostability from the edible wild mushroom (*Albatrella dispansus*) . Biochem Biophys Res Commun，319：381～385

Wang H X，Ng T B. 2006. A laccase from the medicinal mushroom *Ganoderma lucidum*. Appl Microbiol Biotechnol，72：508～513

Zhang G Q，Wang Y F，Zhang X Q，et al. 2010. Purification and characterization of a novel laccase from the edible mushroom *Clitocybe maxima*. Process Biochem，45：627～633

Zhu M J, Du F, Zhang G Q, et al. 2013. Purification a laccase exhibiting dye decolorizing ability from an edible mushroom *Russula virescens*. Int Biodeter Biodegr，82：33～39

实验二十四　茶树菇子实体凝集素的分离纯化

一、实验目的

1. 学习并掌握凝集素活性测定的原理与方法。
2. 学习并掌握凝集素分离纯化的基本原理与方法。

二、实验原理

（一）凝集素及其生物活性

凝集素（lectin）一般定义为具有凝集细胞或沉降复合糖质作用、非免疫源性的蛋白质或糖蛋白，一般不具有酶活性。凝集素最早从植物中被发现，后来在动物、微生物等材料中陆续被分离出来，目前已报道的凝集素超过 100 种。凝集素能够特异地与单糖、寡聚糖、糖蛋白和各种复合糖质以非共价键结合。绝大多数纯化的凝集素包含共价结合糖，某些凝集素分子如 Con A 中含金属离子（如 Mn^{2+}、Ca^{2+}等）。

凝集素与互补的多糖、糖蛋白或糖脂形成沉淀，能使细胞凝集，均表明它的每一个分子必须具有至少两个结合糖的位点。凝集素与糖配基的结合，如同酶和底物结合一样，存在一种像镶嵌的结构互补关系，糖基凝集素的特定位点互补成锁钥关系。凝集素的凝集作用类型主要有 3 种方式：①细胞表面凝集素与另一细胞表面的糖基结合；②可溶性凝集素作为“桥”连接两个细胞质膜上的糖成分；③细胞表面凝集素能够通过胞外的可溶性蛋白作中介来识别其他细胞。

凝集素通过与细胞表面的糖分子受体连接来凝集细胞，大部分凝集素的活性被与它互补的单糖或寡糖所抑制。研究凝集素结合糖特异性的基本方法是“半抗原”抑制法，即采用单糖或双糖等糖链的组成成分来确定简单或复杂多糖的抑制效果。

植物凝集素可识别并结合入侵者的糖结构域，从而干扰该入侵者对植物产生的可能影响。许多植物凝集素可结合到诸如葡萄糖、甘露糖或半乳糖等单糖上，尤其对植物中不常见的外来寡糖具有更高的亲和性。凝集素可与真菌细胞表面的葡聚糖、半乳糖、甘露糖及其构成的多糖结合，干扰真菌细胞壁的结合，影响其细胞的正常代谢。由于细菌细胞壁的作用，凝集素不能进入细菌细胞质，因此不能改变细胞膜结构或渗透细胞膜扰乱入侵微生物的正常进程。但凝集素可通过选择性识别对细菌产生作用，凝集素能使无毒株系固定在植物细胞壁上，而有毒株系不能被凝集素识别，避免被吸附到细胞壁上，因而不能够在植物上繁殖，扩展。在土壤中，种子迅速释放凝集素，阻止细菌向萌发种子的趋化性运动，由此可以避免有害细菌对种子根的侵染。植物病毒不含聚糖，没有凝集素的作用位点，因此植物凝集素对植物病毒无抑制作用。但有杀虫活性的凝集素，可能会阻止或减少虫传播病毒病害的传播。动物凝集素能防御病原体入侵；识别体液中或细胞表面的糖配体并与之结合，对细胞产生信号作用；调节细胞-细胞、细胞-基质间的反应。

凝集素在农业上可应用于抗虫基因工程，为抗虫育种提供新的途径。识别根瘤菌的因子是豆科植物根上的凝集素。目前，固氮工程尝试将豆科植物的凝集素基因转化到非豆科植物，再接种豆科植物的根瘤菌，使该非豆科植物被侵染和结瘤。凝集素可凝集各种细菌，活化淋巴细胞及沉降复合糖质等，可以作为生化及临床试剂被广泛应用。利用固定化凝集素亲和层析技术分离纯化带有特定糖基的糖蛋白和细胞，可以不破坏其活性，获得很高的得率，同时能够分离糖基结构差别很小的糖蛋白。

凝聚素作为抗肿瘤药物，越来越受到人们的关注。它与传统的放疗、化疗及化学合成类药物相比，具有明显的优势。凝集素通过免疫调节作用提高机体免疫力而杀伤肿瘤，对宿主细胞的毒性作用低。凝集素也可以利用其对细胞的毒性作用，直接抑制和杀死肿瘤细胞。

真菌凝集素存在于真菌的菌盖、菌柄、菌核和菌丝体中，且凝集素的含量随部位和子实体生长的时间及收获时间不同而有变化，如成熟的漆蜡蘑（*Laccaria laccata*）菌丝提取物中比未成熟的含有更多的凝集素。在大型真菌中，凝集素很可能在休眠、成长和形态发生、寄生感染后的形态改变及在菌根化早期阶段分子识别过程中行使功能。大型真菌凝集素也已经应用于分类学、胚胎学和细菌学研究，以及癌症形成和膜复合糖质的修饰、细胞分化、突变肿瘤鉴别及膜和血清复合糖质的分离。

（二）凝集素的分离纯化

和漆酶一样，凝集素作为一种蛋白质，可以利用纯化蛋白质的生物化学方法来纯化。主要纯化方法包括中性盐沉淀、离子交换层析、亲和层析、凝胶过滤层析、FPLC 和 HPLC 等。各方法介绍见“实验二十三”，本章不再赘述。

（三）凝集素的理化性质

凝集素的理化性质测定包括分子质量、亚基数量、糖抑制实验、酸碱耐受、金属离子对凝集素活性的影响等。凝集素一般是二聚体或四聚体，其分子由一个或多个亚基组成，每一个亚基有一个与糖分子特异结合的专一点。在各类凝集素中，结构研究较为清楚的是豆科植物凝集素。这类凝集素通常由 2 个或 4 个亚基组成，亚基分子质量为 25～30 kDa，每个亚基含有 1 个糖基的结合位点。X 线结晶图谱研究发现，豆科植物凝集素的三维结构很相似，基本上由反平行的 β-片层构成，其形状类似具有扁平顶的钟形，糖结合位点位于顶部的凹陷里。

绝大多数纯化的凝集素包含共价结合糖，但也有例外，如伴刀豆凝集素（ConA）、麦胚凝集素（wheat germ agglutinin，WGA）等缺少糖残基。凝集素的结合糖主要有甘露糖、葡萄糖、半乳糖、木糖等。大部分凝集素相对富含天冬氨酸、丝氨酸、苏氨酸，它们占氨基酸成分的 30%左右。作为一类糖蛋白，凝集素能够专一性识别细胞表面的糖基团，从而引起细胞凝集。糖抑制实验通过将凝集素溶液与不同浓度糖溶液混合，糖分子结合凝集素的糖结合位点，抑制了凝集素的凝集活性，从而确定凝集素的专一结合糖的类型。

（四）凝集素活性的测定方法

凝集素活性的测定通过血细胞凝集实验来测定。最常用的血细胞为兔血细胞，也有使用家禽血细胞、人 ABO 型血细胞等。其基本原理是凝集素分子能够专一识别血细胞表面糖蛋白分子上的特异糖侧链，从而引起血细胞凝集。实验中先将凝集素溶液通过生理盐水进行系列倍比稀释（1∶2），然后在系列凝集素溶液中加等体积血细胞溶液，室温静置 1～2 h 后观察凝集作用。

本实验从茶树菇（*Agrocybe cylindracea*）中提取凝集素，先采用硫酸铵沉淀进行粗提，再采用 DEAE-Cellulose 阴离子交换层析（分段洗脱）和 CM-Cellulose 阳离子交换层析（线性洗脱）进一步纯化，利用 FPLC Superdex 75 凝胶过滤层析对凝集素进行纯化和分子质量测定，并进一步测定茶树菇凝集素的糖抑制特性、酸碱稳定性、金属离子对凝集素活性的影响等理化性质。

三、实验材料

1. 样品

茶树菇新鲜子实体 50 g。

2. 试剂

1）pH 7.5 磷酸盐缓冲液（1000 mL、0.2 mol/L 母液）。

2）pH 5.4 NH_4Ac-HAc 缓冲液（1000 mL、1.0 mol/L 母液）。

3）pH 8.5 NH_4HCO_3 缓冲液（1000 mL、0.15 mol/L）。

4）0.15 mol/L NaCl 溶液。

5）电泳系统的试剂同实验二十三。

6）DEAE-Cellulose、CM-Cellulose、Superdex 75、Tris-Base、β-巯基乙醇、甘氨酸等。

7）糖：菊糖、蜜二糖、D-果糖、L-阿拉伯糖、L-鼠李糖、D-木糖、L-山梨糖、肌醇、乳糖、D-山梨糖、D-阿拉伯糖、肌糖、纤维二糖、葡萄糖、D-甘露糖、棉子糖、松二糖、D-半乳糖胺、*N*-乙酰神经氨酸、α-甲酰-D-吡喃半乳糖。

8）无机盐（阳离子）：$CaCl_2$、$MgCl_2$、$MnCl_2$、$FeCl_3$、$AlCl_3$。

3. 主要仪器

蠕动泵、组织捣碎机、冷冻高速离心机、超滤装置、紫外可见分光光度计、梯度混合仪、部分收集器、快速蛋白质液相色谱系统（FPLC）、蛋白质电泳装置、冷冻干燥机。

四、实验步骤

1. 2%兔血红细胞悬液制备

兔耳静脉取血 3 mL，悬浮在 0.15 mol/L NaCl 中，2500 r/min 离心 2 min，再以 0.15 mol/L NaCl 洗涤 3 次，调整血红细胞悬液的 $A_{540\ \mathrm{nm}}$ 等于 1，4 ℃下保存备用。

2. 凝激素活性的测定方法

取 50 μL 凝集素样品溶液置于 96 孔 U 形血凝板 1 号孔，用 0.15 mol/L NaCl 将 1 号孔中上清液做系列 2 倍稀释，加入 50 μL 2%血细胞悬液，室温静置 1 h 后观察结果。无凝集活性时红细胞沉于 U 形底部，成一小圆点；凝集时细胞相互集聚形成一片网络，细胞不下沉。凝集素活力以产生血凝作用所需的最低浓度的倒数表示。

3. 凝集素的纯化

（1）凝集素粗样品的制备

称取200 g茶树菇鲜子实体，加入800 mL 0.15 mol/L NaCl溶液，以组织捣碎机粉碎，置于4 ℃冰箱内提取4 h以上或过夜。匀浆液以8000 r/min离心15 min，收取上清液。上清液以80%饱和度的硫酸铵沉淀，4 ℃沉淀3～6 h。混合液于8000 r/min离心15 min，收集沉淀，先用蒸馏水透析1次，再用10 mmol/L磷酸盐缓冲液（pH 7.5）透析3次，每次3 h。透析后溶液即为粗样品，准备上DEAE-Cellulose阴离子交换柱层析。操作流程如图24-1所示。

新鲜茶树菇子实体200 g，加入0.15 mol/L NaCl溶液800 mL

↓

组织捣碎机捣碎，4 ℃抽提4 h以上或过夜

↓

8000 r/min 离心15 min，取上清液

↓

80 %（NH_4）$_2SO_4$沉淀，3～6 h

↓

8000 r/min 离心15 min，收集沉淀

↓

用10 mmol/L 磷酸盐缓冲液（pH 7.5）充分透析

↓

凝集素粗样品溶液

图 24-1　茶树菇凝集素粗样品溶液制备

（2）DEAE-Cellulose 阴离子交换柱层析

将预先处理好的 DEAE-Cellulose（2.5 cm × 20 cm）装柱，用 10 mmol/L 磷酸盐缓冲液（pH 7.5）平衡层析柱，然后将上一步的粗样品上柱，再依次以 10 mmol/L 磷酸盐缓冲液（pH 7.5）、10 mmol/L 磷酸盐缓冲液（pH 7.5）＋50 mmol/L、150 mmol/L 和 1000 mmol/L NaCl 溶液进行分段洗脱，流速 1.5 mL/min。用部分收集器收集洗脱液，每管 8 mL，测定各管洗脱液的 $A_{280\ nm}$ 光吸收值，同时测定各分段洗脱部分洗脱液的凝集素活性。合并有凝集素活性的洗脱液，充分透析以备进一步纯化。操作流程如图 24-2 所示。

10 mmol/L 磷酸盐缓冲液（pH 7.5）平衡DEAE-Cellulose层析柱（2.5 cm × 20 cm）

↓

上样

↓

用10 mmol/L 磷酸盐缓冲液（pH 7.5）＋0 mmol/L、50 mmol/L、150 mmol/L
和1000 mmol/L NaCl缓冲液进行分段洗脱，流速1.5 mL/min

↓

部分收集器收集洗脱液，每管8 mL

↓

测定各管洗脱液的$A_{280\ nm}$

↓

测定各分段洗脱部分洗脱液的凝集素活性，并分别合并有凝集素活性的
各组分洗脱液

↓

充分透析

↓

得到凝集素活性组分

图 24-2 茶树菇凝集素 DEAE-Cellulose 阴离子交换柱层析流程

（3）CM-Cellulose 阳离子交换柱层析

将预先处理好的 CM-Cellulose（1.5 cm × 20 cm）装柱，用 10 mmol/L NH_4Ac-HAc 缓冲液（pH 5.4）平衡，然后将初步纯化的凝集素组分上柱。层析柱开始以 10 mmol/L NH_4Ac-HAc 缓冲液（pH 5.4）洗脱，再以 10 mmol/L NH_4Ac-HAc 缓冲液（pH 5.4）＋1 mol/L NaCl 进行线性梯度洗脱，流速控制在 0.6 mL/min。用部分收集器收集洗脱液，每管 3 mL，测定各管洗脱液的 $A_{280\ nm}$，同时测定各分段洗脱部分洗脱液的凝集活性。合并有凝集活性的洗脱液，超滤浓缩脱盐，得到进一步纯化的样品浓缩液。操作流程如图 24-3 所示。

用10 mmol/L NH_4Ac-HAc缓冲液（pH 5.4）平衡 CM-Cellulose层析柱（1.5 cm × 20 cm）

↓

DEAE活性组分以1 mmol/L NH_4Ac-HAc缓冲液（pH 5.4）调至10 mmol/L，上样

↓

以10 mmol/L NH_4Ac-HAc缓冲液（pH 5.4）洗去不吸附组分后，
以10 mmol/L NH_4Ac-HAc缓冲液（pH 5.4）＋0～1.0 mol/L NaCl进行线性洗脱，流速0.6 mL/min

↓

部分收集器收集洗脱液，每管3 mL

↓

测定各管洗脱液的$A_{280\ nm}$

↓

测定各分段洗脱部分洗脱液的凝集素活性，合并有凝集素活性的洗脱液

↓

超滤浓缩脱盐并冻干

↓

得到凝集素活性组分

图 24-3　茶树菇凝集素 CM-Cellulose 阳离子交换柱层析流程

（4）FPLC Superdex 75 分子凝胶过滤层析

用 0.15 mol/L NH_4HCO_3 缓冲液（pH 8.5）平衡 Superdex 75 分了凝胶过滤层析柱，将上一步得到的样品用 0.15 mol/L NH_4HCO_3 缓冲液（pH 8.5）溶解并离心后上样，以 0.15 mol/L NH_4HCO_3 缓冲液（pH 8.5）洗脱，流速 0.5 mL/min。收集洗脱液，每管 0.8 mL，测定各管洗脱液的 $A_{280\ nm}$，测定各洗脱峰的凝集素活性，合并有凝集活性的洗脱液。冻干后电泳检测蛋白质的纯度，样品置于−20 ℃保存。

（5）凝集素的 SDS-PAGE 纯度检测

1）分离胶和浓缩胶的组成及配比参见实验二十三。

2）将 20 μL 纯化的凝集素与 5 × 样品缓冲液按 4∶1 的比例混匀，沸水浴 5 min，置于冰上 5 min，然后 12 000 r/min 离心 5 min，吸取上清点样进行电泳检测。

电泳条件：浓缩胶恒压 80 V，分离胶恒压 120 V。

电泳完毕后，加入考马斯亮蓝 R-250 染色液，置于摇床上室温染色 3 h，洗去染色液，用脱色液将凝胶脱色，每 3 h 更换一次脱色液至背景无色，用凝胶成像仪记录电泳结果，以标准蛋白质分子质量和迁移率制作工作曲线，计算目的条带的分子质量。

4. 凝集素生物化学性质的检测

（1）糖抑制实验

凝集素的特异性结合定义为能够抑制其凝集活性的单糖或寡糖。

将供试糖配置成 400 mmol/L 的母液，加 50 μL 于 96 孔血凝板 1 号孔，2～9 号孔加入 25 μL PBS 溶液（pH 7.2），将糖做系列 2 倍稀释，第 10 号孔以 PBS 为对照。在每孔中加入 25 μL 凝集素溶液（凝集活性为 16 U），糖的反应浓度分别为 200 mmol/L、100 mmol/L、50 mmol/L、25 mmol/L、12.5 mmol/L、6.25 mmol/L、3.12 mmol/L、1.56 mmol/L 和 0.78 mmol/L，室温下反应 30 min 后，加入 50 μL 2%兔血细胞悬液，1 h 后观察实验结果。计算完全抑制样品凝集活性的最小糖浓度。

（2）pH 的影响

分别配置 200 mmol/L、100 mmol/L、50 mmol/L 和 25 mmol/L 的 HCl 和 NaOH 溶液，加 25 μL 于 96 孔血凝板 1 号孔，每孔中加入 25 μL 的凝集素溶液（凝集活性为 64 U），HCl 和 NaOH 的反应浓度分别为 100 mmol/L、50 mmol/L、25 mmol/L 和 12.5 mmol/L，室温下处理 1 h 后，以等量酸或碱中和并加入 25 μL PBS 溶液（pH 7.2），2～9 号孔加入 25 μL PBS 溶液对凝集素样品进行系列 2 倍稀释，10 号孔为 PBS 溶液对照。加入 50 μL 2%兔血细胞悬液，1 h 后观察实验结果。

（3）阳离子的影响

将凝集素样品用 10 mmol/L EDTA 透析，去除阳离子的影响。测定透析后样品的凝集活性。将 50 μL 凝集素分别用 50 μL 20 mmol/L、10 mmol/L、5 mmol/L 和 2.5 mmol/L 的 $CaCl_2$、$MgCl_2$、$ZnCl_2$、$MnCl_2$、$FeCl_3$ 和 $AlCl_3$ 处理 2 h。2 倍稀释后，加入 50 μL 2%兔血细胞悬液，1 h 后观察实验结果。

（4）热稳定性

将凝集素样品分别在 10 ℃、20 ℃、30 ℃、40 ℃、50 ℃、60 ℃、70 ℃、80 ℃、90 ℃和 100 ℃水浴中处理 30 min。测定处理后凝集素样品的凝集活性。

五、实验结果

1. 计算实验各步骤凝集素的纯化倍数和回收率（表 24-1）

表 24-1　茶树菇凝集素各步纯化倍数与回收率

步骤	蛋白质含量/mg	比活性/（U/mg）	总活性/U	回收率/%	纯化倍数
生理盐水抽提					
硫酸铵沉淀					
DEAE-Cellulose					
CM-Cellulose					
FPLC					

2. 凝集素分子质量测定

分别根据 FPLC 和 SDS-PAGE 绘制标准曲线，计算凝集素的分子质量。

3. 凝集素的理化性质

分别记录凝集素的糖抑制特性、酸碱耐受、热稳定性和金属离子对凝集素活性的影响。

六、思考题

1. 请设计一个来源于微生物的天然抗菌蛋白质纯化程序。

2. 离子交换层析中，分段洗脱与线性洗脱相比有什么优缺点？

3. 凝胶过滤层析测定的蛋白质分子质量和SDS-PAGE测定的蛋白质分子质量之间有什么关系？

七、参考文献

文颖，李颖. 2008. 现代微生物研究技术. 北京：中国农业大学出版社

Han C H，Liu Q H，Ng T B，et al. 2005. A novel homedimeric lactosebinding lectin from the edible split gill medicinal mushroom *Schizophyllum commune*. Biochem Biophys Res Commun，336：252～257

Liu Q H，Wang H X，Ng T B. 2004. Isolation an characterization of a novel lectin from the wild mushroom *Xerocomus spadiceus*. Peptides，25：7～10

Liu Q H，Wang H X，Ng T B. 2006. Frist report of a xylose-specific lectin with potent hemagglutinating，antiproliferative and anti-mitogentic activities from a wild ascomycete mushroom. Biochimica et Biophysica Acta，1760：1914～1919

Wang H X，Ng T B，Liu Q H. 2002. Isolation of a new heterodimeric lectin with mitogenic activity from fruiting bodies of the mushroom *Agrocybe cylindracea*. Life Sci，70：877～885

实验二十五　野生食用菌资源调查

一、实验目的

1. 学习并掌握典型伞菌子实体结构特征。
2. 学习并掌握食用菌分类检索表使用方法。
3. 学习并正确填写标本采集记录表。

二、实验原理

我国野生大型真菌约 20 000 种，其中 3000 多种可食用或药用，500 多种有毒，其他用途不明。因而根据其经济用途，可将大型真菌分为食用菌、药用菌、食药兼用菌、毒菌、木腐菌、草腐菌和外生菌根菌等。野生大型真菌子实体一年四季均可采到，夏秋季节较多，春季次之，冬季最少。野生菌子实体的发生种类、数量与地理条件、气候类型、植被类型、生态条件等密切相关。前人根据多年的野外考察、标本收集和文献查阅，将我国大型真菌地理分布划分为 7 个区，包括东北区、华北区、华中区、华南区、西南区、蒙新区和青藏高原区。

大型真菌野外资源调查是食用菌驯化栽培和功能研究的第一步。野生菌子实体容易腐烂、变质、虫蛀，而失去原有的性状和颜色。因此，野外资源调查必须采集完整的标本，详细记录原始状态并拍照片（以彩照、数码照片为宜）。采集到的新鲜标本，应立即记录、拍照、编号、称重，填写采集记录表。随机抽样，每个类型采集 3～4 个样品，带回实验室进行进一步研究。

（一）典型伞菌类子实体结构特征

食用菌的子实体是食用菌繁衍后代的结构，也是人们主要食用的部分。担子菌的子实体称为担子果，产生担孢子；子囊菌的子实体称为子囊果，产生子囊孢子。以伞菌类为例，典型食用菌子实体的宏观形态一般由菌盖、菌柄两部分组成。某些种还有菌环、菌托、鳞片及菌索等（图 25-1）。食用菌子实体的形状多种多样，有伞状的，如双孢蘑菇、香菇、草菇等；贝壳状的，如平菇；漏斗状的，如鸡油菌；舌状的，如牛舌菌；头状的，如猴头菌；毛刷状的，如齿状菌；珊瑚状的，如珊瑚菌；绣球花状的，如绣球菌；盘状的，如盘菌；蜂窝状的，如羊肚菌；马鞍状的，如马鞍菌；耳状的，如木耳；花瓣状的，如银耳；以及脑状的金耳等。以伞状菌即伞菌为最多。可作为商品化栽培的食用菌大多为伞菌。

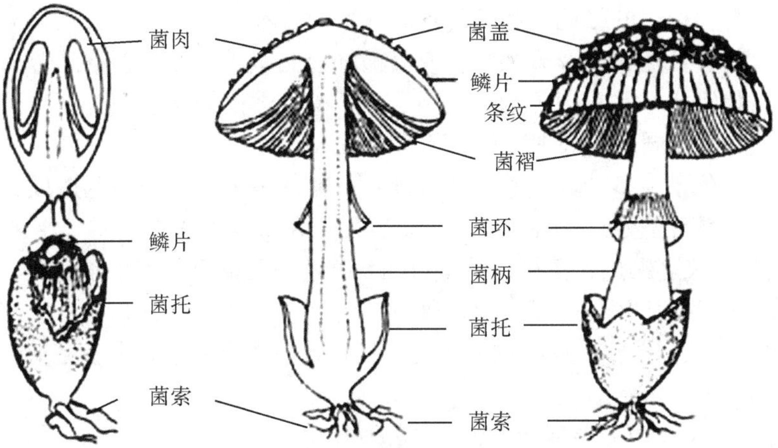

图 25-1　典型伞菌类子实体形态结构示意图（牛西午，1994）

1. 菌柄

菌柄是菌盖的支撑部分，它在菌盖上的着生位置典型地分为三类。

1）中生：菌柄着生于菌盖的中央，如双孢蘑菇、口蘑类、草菇、金针菇等。

2）偏生：菌柄着生于菌盖的偏心处，如香菇等。

3）侧生：菌柄着生于菌盖的一侧，如侧耳等。但侧耳或其他一些菌柄侧生的食用菌从树干侧面长出时，往往没有菌柄或菌柄不明显。

除胶质菌和马勃等少数种类外，多数食用菌都是具有菌柄的，其形状、长短、质地因种类而异。菌柄的形状一般有圆柱形、棒形、纺锤形等，直立或弯曲，或分枝，或基部膨大。菌柄的质地通常为肉质，有的为纤维质、脆骨质或半革质、革质等。此外，菌柄的表面光滑或有绒毛、鳞片，有条纹或网纹。菌柄内部松软、空心或实心，还有些种类随着菇体的不断生长，菌柄内部由实心变为空心。菌柄是一种不孕结构，它的形态虽然因食用菌的属种而不同，但是在组成上是相同的，组成菌柄的菌丝体基本上呈垂直排列状，菌柄皮层由厚壁细胞紧密靠拢构成。此外，菌柄的实心或空心，光滑或具鳞片、条纹等都是分类上的特征。

2. 菌盖

菌盖的形状也有丰富的类型，如圆形、半圆形、圆锥形、卵圆形、钟形、半球形、斗笠形、匙形、扇形、漏斗形、圆筒形、马鞍形等。其形状和大小因食用菌的种类而不同。菌盖的质地有肉质、膜质、胶质、蜡质、革质等。菌盖由表皮、菌肉及菌褶三部分组成。有的种表皮上还有鳞片。鳞片的有无及形状，菌盖中部及边缘的形状有无条纹，是否上翘、反卷及菌褶与菌柄着生情况等都是其分类上的依据。

3. 菌褶、菌管和菌刺

菌盖下呈辐射状排列的叶形薄片叫菌褶。菌褶是由菌肉菌丝向下生长形成的，是子实体上着生孢子的结构。其轮廓形状有宽形、窄形、披针形及三角形等。褶片有长短一致的、长短相间及分叉的，有具横脉或交织成网的，菌褶的边缘有全缘、波状及锯齿状等。一些真菌（如牛肝菌、多孔菌）菌褶特化形成菌管，而另一些食用菌（如猴头、珊瑚菌）等则特化成菌刺结构。

菌褶的颜色，除多汁乳菇等少数种外，一般都是由孢子的颜色造成的。菌褶与菌柄的着生关系常是分类的特征之一。一般可分为以下四种类型。

1）直生：又名贴生，菌褶内端呈直角状着生在菌柄上，如鳞伞属等。

2）弯生：又叫凹生，菌褶内侧与菌柄着生处呈一弯曲，如口蘑、香菇等。

3）离生：又叫游生，菌褶内端不与菌柄接触而形成一个游离于菌柄的环，如蘑菇属、草菇属等。

4）延生：菌褶内端延菌柄下延，如侧耳属等。

4. 菌环、菌托

双孢蘑菇、口蘑、大肥菇等食用菌，其幼小子实体被菌幕包被，在菌盖展开后，菌幕便部分地残留在菌柄上。内菌幕残留在菌柄上的环状物叫菌环，外菌幕遗留在菌柄基部的袋状或环状物称为菌托。菌环的大小、薄厚、质地及单层或双层都是分类特征。菌托的形状也有苞叶状、鞘状、鳞茎状、杯状及颗粒状等。

（二）食用菌子实体的微观形态

1. 菌肉

菌肉即位于菌盖皮层下的松软菌丝组织，也称菌髓。菌肉的结构因食用菌的种类不同而不同，是食用菌分科的依据之一。菌肉多为白色，少数有色，大多数白色菌肉受伤后不变色，但少部分食用菌的菌肉受伤后会变色，如蓝圆孔牛肝菌和小美牛肝菌，菌肉受伤后变蓝色。菌肉的风味对某些食用菌来说是分类的依据之一，如辣乳菇、苦乳菇的定名即根据其风味而来。

2. 子实层

子实层是担子菌或子囊菌的产孢器官。大多数食用菌的子实层位于菌褶两侧，牛肝菌位于菌管内壁，羊肚菌平铺于菌盖的凹穴表面，喇叭菌平铺于菌盖外侧，猴头菌平铺于各个菌刺上，珊瑚菌分布于全部分枝表面。担子菌的子实层由担子和囊状体构成，子囊菌的子实层由子囊和侧丝构成。侧丝或囊状体都是由菌丝发育而成的辅助物，是不育的，其作用可能与孢子的成熟有关。

3. 担子及担孢子

担子是担子菌子实层的能育部分，是菌丝上一个简单的顶端细胞或者由菌丝的分枝分化而成的。担子整齐排列成栅状，其上着生担孢子。在担子菌中，担子的构造和形状有很大差异，通常有 4 种：无隔担子，如双孢蘑菇等；横隔担子，如木耳等；纵隔担子，如银耳等；叉担子，如桂花耳等。

4. **子囊及子囊孢子**

子囊是子囊菌子实层的能育部分。子囊孢子是在子囊中产生的内生孢子，一般为 8 个。其形成过程是：两个单核细胞交配后，经质配形成双核细胞的产囊菌丝。由产囊菌丝顶端的双核细胞伸长和弯曲成为一种钩状体，双核并列，形成四个子核，其中二核移到钩头，一核位于钩尖，另一核位于钩柄。然后，钩头、钩尖和钩柄之间各生横壁，将钩状体分成 3 个细胞。钩尖、钩柄各一核，钩头细胞两核，此双核细胞即为子囊母细胞。母细胞伸长和双核进行核配后发育成子囊。子囊中的双倍体细胞核，经减数分裂形成 4 个单倍体细胞核，再经一次有丝分裂形成 8 个细胞核，此后每个核周围的细胞质与子囊中其余细胞质分离，并形成细胞壁，便成为 8 个子囊孢子。

5. **孢子形态**

孢子的形状、大小、颜色、表面特征及孢壁薄厚等是进行分类的重要依据之一。常见的有球形、卵形、椭圆形、圆柱形、腊肠形、肾形、多角形、星形、柠檬形、梭形、纺锤形等。其表面有光滑、粗糙、麻点小瘤、小疣、网棱、沟纹或条纹等不同。孢子的大小一般在（5～10）μm×（3～8）μm。孢子都是单细胞，且大多数孢子是单核。担子菌中担孢子的数量是相当大的。据统计，一个成熟的双孢蘑菇子实体在两天内能产生 1.8×10^9 个孢子，平均每小时产生 4×10^7 个孢子。

孢子多是无色透明的，但当大量堆积时便会呈现出特有的颜色。将菌柄剪去一部分，使菌盖朝下放在一张白纸或黑纸上，12～24 h 后即可见到纸上有辐射状的条纹称之为孢子印。制作孢子印时孢子印白色用黑纸，其他颜色的用白纸。孢子印的特征和颜色常作为鉴别种类的重要依据之一。例如，糙皮侧耳的孢子印为白色，而美味侧耳的孢子印为淡紫色。

（三）食用菌分类检索

食用菌分类，主要是根据食用菌的子实体及孢子的形态特征，根据二歧分类进行。

食用菌分类检索表

1. 子实体盘状、马鞍状或羊肚状，孢子生于子囊内……………………………子囊菌门
1. 子实体与上项不同，孢子生于担子上…………………………………………担子菌门 2
 2. 子实体胶质、脑状、耳状、瓣片状，无柄，黏或潮湿时黏，担子分隔或分叉…3
 2. 子实体肉质、韧肉质、革质、脆骨质或膜质，有柄或毛柄，黏或不黏，担子不分隔……………………………………………………………………………………5
3. 担子不分隔，但分叉；子实体匙状，不孕，无分生孢子……………………花耳目
3. 担子具纵或横分隔…………………………………………………………………4
 4. 担子具纵分隔，每一分隔上有一小梗，孢子生于小梗末端，子实体常为脑状‥银耳目
 4. 担子具横分隔，长圆柱形，小梗侧生，子实体常为耳状……………………木耳目

5. 子实体革质、脆骨质或幼嫩时肉质，老或干时革质或硬而脆；子实层体平滑，齿状、刺状或孔状 ……………………………………………………………………………… 非褶菌目
5. 子实体肉质，易腐烂；子实层体与上项不同，或若为孔状时，其子实体一定是肉质……6
6. 子实体典型地为伞状；子实层体通常为褶状，罕为孔状……………………… 伞菌目
6. 子实体闭合，子实层不明显，或于孢子成熟前才外露，或始终闭合 ·· 腹菌纲

子囊菌门的食用菌，著名的种类有羊肚菌、块菌、麦角及虫草菌等，它们分别隶属于盘菌目的羊肚菌科，块菌目的块菌科和地菇科，以及球壳目的麦角菌科。其分类检索表如下。

子囊菌门食用菌分类检索表

1. 子囊生于有孔口的子囊壳内 ……………………………………………………… 球壳目
1. 子囊生于盘状或杯状的子囊盘上，或生于脑状、鞍状、钟状等变形的子囊果上…… 2
2. 子囊果多地上生；子囊棍棒形至圆柱形，罕卵圆形……………………………… 盘菌目
2. 子囊果几地下生；子囊球形至棍棒形，生于子实层内或散生于组织内 ····· 块菌目
3. 子囊果一般有柄，柄端有蜂窝形、马鞍形、吊钟形或脑髓形的菌盖 ………………… 4
3. 子囊果常无柄………………………………………………………………………… 盘菌科
4. 子囊果具蜂窝形或吊钟形菌盖……………………………………………………羊肚菌科
4. 子囊果具马鞍形或脑髓形菌盖……………………………………………………马鞍菌科

担子菌门涵盖了绝大多数食用菌，包括目前作为商品生产的双孢蘑菇、香菇、草菇、金针菇、黑木耳、银耳、猴头菌和各种侧耳等种类，以及松口蘑、美味牛肝菌等名贵野生食用菌。这些食用菌分别隶属于担子菌门的木耳目、银耳目、花耳目、非褶菌目、伞菌目、鬼笔目和马勃目。其中木耳目、银耳目、花耳目食用菌属于胶质菌类，鬼笔目和马勃目属于腹菌类，这两大类的可食种类较少，且易识别。因此，下面只重点讨论非褶菌目和伞菌目的分类检索要点。

非褶菌目食用菌子实体具菌盖，有柄或无柄。柄单生或分枝。菌盖扁平状、杯状、扇形或珊瑚状，肉质或幼嫩时肉质，不易腐烂，老或干时变为革质、脆骨质或变脆而硬。子实层体平滑，齿状、刺状或疣状、管状。孢子光滑或有纹饰，有色或无色，淀粉质、非淀粉质或类糊精质反应。木生或地生。

非褶菌目分科检索表

1. 子实层体平滑………………………………………………………………………… 2
1. 子实层体不平滑……………………………………………………………………… 3
2. 菌柄粗壮，多分枝，末端分枝扁平或瓣状；孢子光滑，无色 ·········绣球菌科
2. 子实层体单根或分枝，珊瑚状，子实层生于分枝的四周，孢子光滑或有纹饰，

无色或有色……………………………………………………………………珊瑚菌科

3. 子实层体齿状或刺状，子实层生于菌齿或菌刺上；孢子光滑或有小疣……齿菌科

3. 子实层体管状……………………………………………………………………4

4. 菌管相互分离；有菌盖；有柄或无柄，常具泡囊状菌丝；木生……牛排菌科

4. 菌管互不分离；有柄或无菌盖；有柄或无柄；木生或地生…………多孔菌科

伞菌目食用菌子实体通常由菌盖、菌柄和菌褶所构成，有时还有菌环或菌托。伞菌类的子实体，无论大小、形状和质地都有很大的差异，这在分类上是十分重要的。

伞菌目分科检索表

1. 菌柄和菌盖的菌肉由泡囊状细胞和丝状菌丝构成；孢子以梅氏液处理变蓝色，且有纹饰……………………………………………………………………红菇科

1. 菌柄和菌盖的菌肉仅由丝状菌丝构成……………………………………2

2. 子实层体孔状，罕为褶状；孢子光滑或有纹饰……………………牛肝菌科

2. 子实层体褶状…………………………………………………………………3

3. 菌褶钝厚，由分叉的纵棱构成；担子狭而长……………………鸡油菌科

3. 菌褶薄而锐，分叉或不分叉………………………………………………4

4. 孢子角形至多角形，粉红色；孢子印葡萄酒红褐色至淡红肉桂色…粉褶菌科

4. 孢子非角形，若为角形时则孢子印白色至锈褐色…………………………5

5. 菌褶粗厚，蜡质；孢子印白色至淡白色；担子长度常为孢了长度的5倍以上…蜡伞科

5. 菌褶薄，非蜡质（若为蜡质，且孢子具有小刺时见口蘑科）……………6

6. 菌褶离生或近离生；子实体具菌托，有或无菌环；孢子印白色至轻微有色，单个孢子透明无色……………………………………………………鹅膏科

6. 不具备上项特征……………………………………………………………7

7. 孢子印粉红色至葡萄酒红色，孢子光滑，菌褶离生……………………光柄菇科

7. 不具备上项特征……………………………………………………………8

8. 孢子印白色、淡黄色、粉红色…………………………………………15

8. 孢子印与上项不同…………………………………………………………9

9. 孢子印暗褐色至橄榄绿褐色；孢子在显微镜下为暗褐色；菌褶延生，粗厚，较稀……………………………………………………………………铆钉菇科

9 孢子印淡黑至暗褐色，菌褶薄，较密……………………………………10

10. 孢子印暗褐色、污褐色至黑色，稀为葡萄酒红色至砖红色；菌褶薄，有时当其成熟时自行溶化；孢子多具顶生芽孔……………………………………鬼伞科

10. 不具上项特征的组合……………………………………………………11

11. 孢子印淡黑色、暗褐色、橄榄绿色或可可褐色；有菌环，无菌托；菌褶离生；菌

柄易与菌盖分开 ……………………………………………………………………………… 蘑菇科
11. 不具备上项特征的组合 ……………………………………………………………………… 12
12. 孢子印淡褐色至锈褐色，或紫罗兰褐色至紫褐色，若新鲜时为淡黄褐色，则菌盖外皮层由紧贴的、常胶黏的菌丝构成；单个孢子紫褐色，但遇 KOH 溶液时很快变为暗黄褐色，并具顶生芽孔……………………………………………………球盖菇科
12. 与上项特征不同 ……………………………………………………………………………… 13
13. 菌盖外皮层菌丝细胞状或栅状排列；孢子印锈褐色至黏土色，孢子具顶孔 ····· 粪伞科
13. 菌盖外皮层由菌丝构成，孢子无顶孔………………………………………………………14
14. 菌褶分叉或交错成网状，并易与菌盖分离；孢子印黄色至黄褐色，无菌幕……………………………………………………………………………………………… 桩菇科
14. 菌褶不成网状，也不易与菌盖分离，具丝状及蛛网状菌幕，尤以幼嫩时更明显；孢子锈褐色至土褐色；孢子常有纹饰，无顶生芽孔……………………丝膜菌科
15. 菌柄上有菌环；菌褶离生，菌柄易与菌盖分开；孢子印白色、淡黄色、粉红色……………………………………………………………………………………………环柄菇科
15. 无菌环；菌褶直生、狭附生至延生，罕离生；孢子印白色、淡黄色、粉红色，单个孢子透明无色 …………………………………………………………………………… 口蘑科

口蘑科分属检索表

1. 菌柄典型的偏生至侧生，具侧耳属习性………………………………………………………2
1. 菌柄典型的中生，具典型的口蘑属或金钱菌属习性 ……………………………………4
2. 成熟时褶缘为锯齿状；无囊状体而有菌丝柱 …………………………………… 香菇属
2. 褶缘平滑或有时波浪状 ………………………………………………………………………3
3. 菌盖具明显的胶黏层；子实层有结晶囊状体 ……………………………………亚侧耳属
3. 菌盖无胶黏层；子实层无结晶囊状体………………………………………………… 侧耳属
4. 菌褶宽，直生或延生，菌盖中凹或漏斗状 ……………………………………… 杯伞属
4. 与上项不同………………………………………………………………………………………5
5. 柄上有环，菌褶弯生，子实体多丛生……………………………………………………蜜环菌属
5. 菌柄上无菌环…………………………………………………………………………………6
6. 柄基有延伸的假根 ……………………………………………………………………………7
6. 柄基无延伸的假根 ……………………………………………………………………………8
7. 生于白蚁巢上，菌盖有明显的脐凸，边缘常成丝裂状，特别是成熟时更明显，孢子印粉红色 ………………………………………………………………………………蚁巢伞科
7. 不生于白蚁巢上，菌盖黏，常水渍状；孢子印白色或微粉红色 ··········小奥德蘑属
8. 菌盖薄，常为膜质，干后遇湿能恢复原状 ………………………………………小皮伞属
8. 菌盖肉质，干标本遇湿不能恢复原状…………………………………………………………9
9. 菌盖黏；菌柄具有淡褐色绒毛；孢子印白色，单个孢子透明无色；木生 ··· 小火焰菌属

9. 不具备上项特征的组合……………………………………………………………………10
10. 孢子粗糙，孢子印暗粉红、暗紫红或黄色，稀为淡粉红至奶黄红色，菌盖常水渍状……………………………………………………………………………香蘑属
10. 孢子光滑，孢子印白色至淡奶黄色……………………………………………11
11. 菌褶狭附生至直生；菌盖宽凸镜状，常有胶凸，边缘初时内卷；菌柄有时具有假根，常有锁状联合……………………………………………………………金钱菌属
11. 菌褶弯生至直生；菌盖平展后中凹形，常无锁状联合…………………………口蘑属

三、实验材料

地图或地形图、罗盘、海拔仪、GPS 定位仪、地质包、记录表册、硬铅笔、标本夹、塑料袋、刀、铲、锯、尖镊、放大镜、专用标本袋、广泛 pH 试纸、标准比色卡、标签、细麻绳、水壶、干粮、蕈菌分类专著、照相机、游标卡尺、皮尺、载玻片、显微镜等。

四、实验步骤

1. 准备工作

采集前准备好必备工具，确定采集区域时间、数量、住宿、生活安排等。

2. 采集前调查

到采集地后，先了解情况，熟悉地质、地貌、气候、植被、作物类型等。向当地人咨询有关野生真菌的情况，包括发生季节、与地形地貌关系、种类多少、有毒类型、可食类型，哪些条件对菌物生产有害，哪些区域发生量较多等。

3. 路线选择

确定能采集到全区域大多数种类的路线，寻找熟悉地形和蕈菌分布的向导。

4. 拍照记录

发现子实体后，先进行拍照和环境表述，分别对环境、整体、表面、菌褶、菌柄等部位进行拍照记录。

5. 采集与登记

将标本小心全部挖出或取下，每个物种单独放在一个塑料袋或盒中，并详细填写采集记录中各项内容。每天采集 20～40 号标本，晒干或烘干，或用标本浸泡液保存于玻璃瓶中。亦可将标本用快刀片切成数薄片，压于标本夹中，注意要多加几层吸水纸，并压以重物、及时换纸，直到菌片干燥。同时要注意防虫蛀、发霉、腐烂或残缺不全。制作孢子印时，将菌盖取下，菌褶部分向下放于白纸或黑纸上过夜，即可获得孢子印。

6. 分类鉴定

根据子实体形态特征、生境等，利用食用菌分类检索表，进行初步的分类鉴定。

五、实验结果

1. 填写采集记录表并进行分类检索

表 25-1　野生菌资源调查采集记录表

编号　　　　　　　　　　　　　日期

<table>
<tr><td rowspan="2">菌名</td><td colspan="3">地方名</td><td colspan="2">中文名</td></tr>
<tr><td colspan="5">学名</td></tr>
<tr><td>产地</td><td colspan="3"></td><td colspan="2">海拔：　m</td></tr>
<tr><td>生境</td><td colspan="3">针叶林、阔叶林、混交林、灌木丛、草地、草原</td><td colspan="2">基物：地上、腐木、立木、粪上</td></tr>
<tr><td>生态</td><td colspan="5">单生、散生、群生、丛生、簇生、叠生</td></tr>
<tr><td rowspan="3">菌盖</td><td colspan="3">直径：　cm</td><td colspan="2">颜色：边缘　　中间</td></tr>
<tr><td colspan="4">形状：钟形、斗笠形、半球形、漏斗形、平展</td><td>黏　不黏</td></tr>
<tr><td colspan="4">块鳞、角鳞、丛毛鳞片、纤毛、粉末、丝光、蜡质、龟裂</td><td>边缘有无条纹</td></tr>
<tr><td>菌肉</td><td colspan="5">颜色　　味道　　气味　　伤变色　　汁液变色</td></tr>
<tr><td rowspan="2">菌褶</td><td>宽度：　mm</td><td>颜色</td><td colspan="2">密度：稀、中、密</td><td rowspan="4">离生
弯生
直生
延生</td></tr>
<tr><td colspan="4">等长、不等长、分叉、网状、横脉</td></tr>
<tr><td rowspan="2">菌管</td><td>管口：　mm</td><td colspan="3">易分离、不易分离、放射状、非放射状</td></tr>
<tr><td colspan="2">颜色：管面　　管内</td><td colspan="2">管口：圆形、角形</td></tr>
<tr><td>菌环</td><td colspan="4">无、膜状、丝膜状、条纹、脱落、不脱落、上下活动</td><td>颜色</td></tr>
<tr><td rowspan="3">菌柄</td><td>长：　cm</td><td colspan="2">粗：　cm</td><td colspan="2">颜色</td></tr>
<tr><td colspan="3">圆柱形、棒状、纺锤状</td><td colspan="2">基本根状、圆头状、杵状</td></tr>
<tr><td colspan="5">鳞片、腺点、丝光、肉质、纤维质、脆骨质、实心、空心</td></tr>
<tr><td rowspan="2">菌托</td><td colspan="3">无、苞状、杯状、浅杯状</td><td colspan="2">颜色</td></tr>
<tr><td colspan="5">数圈颗粒组成、环带组成、消失、不易消失</td></tr>
<tr><td>孢子印</td><td colspan="5">白色、粉红色、锈色、褐色、青褐色、紫褐色、黑色</td></tr>
<tr><td>附记</td><td colspan="5">食、药、毒、产量</td></tr>
</table>

六、思考题

1. 典型食用菌子实体形态结构有何特征?
2. 食用菌菌褶类型有哪些？各有什么特征?
3. 如何制作伞菌的孢子印?

七、参考文献

陈青君，刘松. 2013. 北京野生大型真菌图册. 北京：中国林业出版社
黄年来，林志彬，陈国良，等. 2010. 中国食药用菌学. 上海：上海科学技术文献出版社
罗信昌，陈士瑜. 2010. 中国菇业大典. 北京：清华大学出版社
卯晓岚. 2000. 中国大型食用菌. 郑州：河南科学技术出版社
卯晓岚. 2009. 中国蕈菌. 北京：科学出版社
牛西午. 1994. 北方食用菌栽培. 北京：中国科学技术出版社
王贺祥. 2008. 食用菌栽培学. 北京：中国农业大学出版社

实验二十六　食用菌标本保存技术

一、实验目的

1. 了解食用菌标本保存的常用方法。
2. 学习并掌握子实体浸制标本和干制标本制作方法。

二、实验原理

食用菌标本的采集与保存是进行食用菌分类鉴定的原始资料，并为进一步开发利用和人工驯化提供依据。在温暖潮湿的季节，特别是在雨水较多的气候条件下，高山、森林、草原、旷野、腐木桩上都可以采到多种类型的食用菌，而另外一些不常见的种类，往往失去机会后就再也难以发现了。因此，食用菌研究者应随时采集遇到的标本并进行保存。

（一）准备工作

食用菌标本采集时应注意保持子实体各部分的完整性，要特别注意保护容易脱落的菌环、菌托和鳞片等附属物。有时菌托是埋在土内的，有的菌柄在土壤内延伸成很长的假根，挖取时要特别小心。采摘树干上的木腐菌时，可从子实体的基部或带些树皮割取。要尽可能采集那些子实体已经成熟的标本，如能采到不同发育时期的整套标本更为理想。有可能时应多采一些个体作为研究用的副本。

标本采集后，应立即作出详细记录，包括编号、产地、气候、生长处所、采集日期及采集人等，以便为将来的鉴定和研究工作提供依据。不能用回忆的方法进行描述，以免失实。为了表达标本的自然生态，可连同它们的环境一起拍摄下来或者绘图加以描述。例如，地形、地势、海拔、土壤种类、酸碱度、植被类型及气候条件等。对于那些肉质或胶质标本，切勿在菌柄或菌盖上留下指印，以防破坏菇体的外膜从而失去子实体固有的特征。采到的标本应及时系上标牌号，用蜡纸或白纸包好（表面黏滑的标本用蜡纸），形体小且易碎的标本可放在一块皱纹纸做成的漏斗中，菌柄朝下，两端将口拧好，再套上一层蜡纸。大型木栓质标本直接用白纸包好即可。采到的这些标本都应放在标本盒中带回。

（二）常用保存方法

食用菌大多是肉质的，水分多，颜色易变，随着子实体的成熟，水分逐渐消失，形态、颜色、大小也会发生变化，失去固有的特征，因此标本采回之后，应尽快进行整理。鬼伞属的子实体，菌盖极易潮解，不适宜保存，必须及时处理，如用药品浸制保存，或用沸水烫后晾干。牛肝菌和乳菇类菌盖和菌柄受伤后易变色，应及时照相或描绘一部分或全部彩色图。很多野生食用菌子实体内常有昆虫，容易破坏子实体，采后应尽快进行浸制或烘干。通常用于食用菌标本保存的方法有：浸泡保存、风干保存、烘干保存和低温冻干保存等。

1. 浸泡保存

浸泡保存能维持子实体原有的形状和颜色，但其保存时占用面积大，存放时间也受到限制，所以很少用于保存大量标本。浸泡液主要成分是具有防腐作用的甲醛、乙醇，对于一些产色素的食用菌标本，往往还要用到冰醋酸、乙酸汞、硫酸锌等。浸制标本时应根据保存目的选择适当的浸制液。标本浸制前，用清水洗去菇体上的泥沙。为避免菇体在浸液中移动或漂浮，应将标本绑缚在玻璃片或其他不易发生化学反应和变色的物体上。又因浸制标本的药品大多是易挥发或易氧化的，所以标本瓶要密封并放暗处。

（1）防腐浸制液

1）甲醛 6 mL，蒸馏水 100 mL。

2）70%乙醇。

3）甲醛 50 mL，95%乙醇 300 mL，水 2000 mL。

这些浸制液只有防腐作用，不能保持原色。常用于保存白色、浅黄色、淡褐色和浅灰色的菇类。

（2）通用浸制液

70%乙醇 100 mL，甲醛 6 mL。

此浸制液能较长时间保存标本。

（3）保存菇类色素的浸制液

1）乙酸汞 10 g，冰醋酸 5 mL，水 1000 mL。

2）甲醛 10 mL，硫酸锌 25 g，蒸馏水 1000 mL。

适宜于保存色素不溶于水的标本。标本必须新鲜，浸制后就在原液里保存。

3）乙酸铅 10 g，冰醋酸 10 mL，乙酸汞 1 g，95%乙醇 1000 mL。

4）氧化锌 50 g，甲醛 25 mL，甘油 25 mL，水 1000 mL。

适宜保存色素易溶于水的标本，利用其中的乙酸铅沉淀花青素等色素。

野外采集标本时，可将标本洗净，分别用纱布包好，放入号牌，浸入盛有防腐剂的大筒内，可以随采随浸，暂时保存。回工作室后再进行整理，分别浸制。

2. 风干保存

一般菇类经过干制以后，颜色、形状和大小会发生变化，但显微特征不受影响，在吸水恢复原来形状后，仍可供研究使用。干制的方法有风干、烘干和冻干三种。风干一般适用于木质、胶质、小型肉质或稍硬的种类，在天气干燥的情况下，将标本置于通风处阴干。风干后的标本应放在标本盒中存放。盒内放些吸湿剂和樟脑粉，以免霉烂或虫蛀，还应铺些洁净棉花，将干标本摆好，同时放上采集标签，盖上盒盖。将标本盒放在干燥通风处保存。

干制标本也可放入标本缸内保存。在缸的底层放些硅胶，硅胶上铺放三层无菌纱布，然后将干制标本放在纱布上，加盖后用蜡风口，硅胶可将缸内的潮气吸走。霉菌和蛀虫也无法繁殖。标本可以保存数年不变质。

3. 烘干保存

烘干保存适用于形体较大的种类。由于含有大量水分，所以一定要把菇体放在阳光下晒干、100 W 以上灯光下烘干，或在专用烘干设备（如电热干燥箱、土烘房等）中烘干。烘烤的温度不宜过高，开始时要慢慢升温，3～4 h 达到 40～50 ℃，温度不能超过 60 ℃，高温会导致标本变脆易碎。烘干完成后停止加热，经 1 h 散热后，装入标本盒、标本袋或标本缸中保存。野外大多数较软的肉质食用菌标本应在采集后 24 h 内进行烘干处理，避免腐烂、虫蛀。

4. 冻干保存

将除去杂物的标本置于搪瓷盘中，放入-20 ℃冰箱（有条件的要用-80 ℃冰箱）中进行速冻，24 h 后将冻透的子实体放入冷冻干燥机中冻干。冷冻干燥可以更好地保持食用菌标本的原始形态，因而逐渐被广泛使用。

三、实验材料

1. 样品

杏鲍菇、黑木耳新鲜子实体各 1000 g。

2. 主要试剂

浸泡液：70%乙醇 1000 mL，甲醛 60 mL。

3. 主要仪器

小型鼓风干燥器、标本瓶、标本盒等。

四、实验步骤

（一）杏鲍菇浸制标本的制作

1. 选择容器和配制浸泡液

根据杏鲍菇子实体的大小，选择适宜的标本瓶，用于标本的浸泡，并配制适当体积的浸泡液。

2. 标本处理

挑选大小适中、无破损、无虫蛀、无病斑的杏鲍菇子实体，小心把附着在子实体上的培养基等杂质去掉。

3. 标本浸制

选择长宽适宜的玻璃片一块，利用白色棉纱线将选好的标本固定在玻璃片上，投入标本瓶中，注入浸泡液完全没过杏鲍菇子实体。每 2 d 换一次浸泡液，第三次时将标本从瓶中取出，重新用白色棉纱线固定在玻璃片上放回标本瓶，再次注入浸泡液完全没过杏鲍菇子实体。利用凡士林或液态石蜡密封瓶口。

4. 标识和保存

封上瓶口后，标本瓶上贴上标签。标签上应包括中文名、拉丁文学名、采集地等。

（二）黑木耳烘干标本的制作

1. 标本处理

挑选大小适中、无破损、无虫蛀、无病斑的黑木耳子实体，小心把附着在子实体上的培养基等杂质去掉。

2. 标本干制

1）打开鼓风干燥器，调节温度至 35 ℃运行 1 h。

2）将整理好的黑木耳标本置于搪瓷盘中，放入鼓风干燥器中，35 ℃下干燥 1 h，然后每小时升高 5 ℃，直至温度达到 50～55 ℃后维持在该温度烘干 6～8 h 至恒重。

3）烘干结束关闭干燥器，1 h 后取出标本。

3. 标识和保存

将烘干后的黑木耳标本，放入预先装有干燥剂、樟脑粉，并铺有洁净棉花的标本盒中，并在正面贴上标签，置于干燥通风处保存。

五、实验结果

1. 获得杏鲍菇浸制标本 1 个。
2. 获得黑木耳干制标本 1 个。

六、思考题

1. 常见食用菌标本保存方法有哪些？各有什么特点？
2. 要做出好的食用菌浸制标本，需要注意哪些因素？
3. 食用菌标本的干制技术和食用菌加工的烘干工艺是一回事么？为什么？

七、参考文献

陈淑荣，栾玲玲. 2003. 大型真菌标本的采集与保存. 克山师专学报，3：5～6

罗信昌，陈士瑜. 2010. 中国菇业大典. 北京：清华大学出版社

王贺祥. 2008. 食用菌栽培学. 北京：中国农业大学出版社

谢鑫. 2005. 大型真菌标本的采集与制作. 生物学教学，30：62

附　　录

附录一　常用培养基配方

1. 母种培养基

（1）马铃薯葡萄糖培养基

马铃薯（去皮）	200 g	葡萄糖	20 g
琼脂	18～20 g	水	1000 mL
pH	自然		

适于培养多种真菌。

（2）马铃薯综合培养基

马铃薯（去皮）	200 g	葡萄糖	20 g
KH_2PO_4	3.0 g	$MgSO_4$	1.5 g
维生素 B_1	30 mg	琼脂	18～20 g
水	1000 mL	pH	自然

适于培养猴头菇和灵芝。

（3）马铃薯-麦芽糖-酵母膏培养基

麦芽糖	10 g	葡萄糖	10 g
酵母膏	4 g	琼脂	18～20 g
水	1000 mL	pH	自然

适于培养多种真菌。

（4）木生菌标准培养基

葡萄糖	20 g	酵母膏	2.0 g
蛋白胨	10 g	KH_2PO_4	1.0 g
$MgSO_4$	0.5 g	琼脂	18～20 g
水	1000 mL	pH	6.5～7.0

适于培养各种木生型菌类。

（5）完全培养基

葡萄糖	20 g	蛋白胨	2.0 g
KH_2PO_4	0.46 g	K_2HPO_4	1.0 g

$MgSO_4$	0.5 g	琼脂	18～20 g
水	1000 mL	pH	6.5～7.0

适于保藏各类菌种和培养银耳芽胞。

（6）玉米粉琼脂培养基

玉米粉	30 g	琼脂	18～20 g
水	1000 mL	pH	自然

因为没有过多可溶性糖，特别适于保藏菌种。

（7）玉米粉综合培养基

玉米粉	20～30 g	蛋白胨	1.0 g
葡萄糖	20 g	K_2HPO_4	1.0 g
$MgSO_4$	0.5 g	琼脂	18～20 g
水	1000 mL	pH	6.5～7.0

特别适于培养双孢蘑菇菌种。

（8）酵母粉蔗糖琼脂培养基

酵母粉	5.0 g	蔗糖	20 g
琼脂	18～20 g	水	1000 mL
pH	6.5～7.0		

对香菇孢子萌发有促进作用。

（9）波兰双孢蘑菇培养基

葡萄糖	2.5 g	果糖	2.5 g
蛋白胨	1.0 g	KH_2PO_4	0.3 g
$MgSO_4$	0.2 g	琼脂	18～20 g
水	1000 mL	pH	6.5～7.0

双孢蘑菇选育菌种用。

（10）草菇培养基

稻草（切碎）	200 g	马铃薯（去皮）	200 g
葡萄糖	20 g	琼脂	18～20 g
水	1000 mL	pH	自然

切碎稻草，浸泡，加水煮 20～30 min，用其浸汁煮马铃薯（方法与马铃薯葡萄糖培养基相同）。适于培养草菇菌种。

（11）蜜环菌培养基

杂木屑	100 g	麦麸	50 g
蔗糖	20 g	KH_2PO_4	1.0 g
琼脂	18～20 g	水	1000 mL

（12）茯苓培养基

葡萄糖	30 g	蛋白胨	15 g

$MgSO_4$	0.5 g	KH_2PO_4	1.0 g
琼脂	18～20 g	水	1000 mL

（13）马勃菌培养基

麦芽糖	20 g	硝酸钙	1.0 g
$MgSO_4$	1.0 g	KH_2PO_4	1.0 g
琼脂	18～20 g	水	1000 mL

（14）竹荪培养基

鲜竹根	100 g	鲜蕨根	100 g
葡萄糖	10 g	KH_2PO_4	0.6 g
维生素 B1	0.01 g	琼脂	18～20 g
水	1000 mL		

（15）松茸分离培养基

葡萄糖	20 g	干酵母	5 g
琼脂	18～20 g	水	1000 mL
pH	5.0		

（16）菌根菌培养基

可溶性淀粉	2 g	麦芽糖	2 g
葡萄糖	2 g	硝酸钙	0.5 g
$MgSO_4$	0.5 g	KH_2PO_4	0.25 g
琼脂	18～20 g	水	1000 mL

（17）羊肚菌培养基

葡萄糖	30 g	$NaNO_3$	1.5 g
$MgSO_4$	0.5 g	KH_2PO_4	1.0 g
$FeSO_4$	0.01 g	琼脂	18～20 g
水	1000 mL		

（18）大豆芽汁综合培养基

大豆芽	250 g	葡萄糖	30 g
蛋白胨	5 g	酵母膏	1 g
琼脂	18～20 g	水	1000 mL

适于培养各种食用菌，尤其适于猴头菇。

（19）小麦琼脂培养基

小麦粒	125 g	琼脂	20 g

将小麦粒在 4000 mL 水中煮 2 h，放置一整天，过滤，取滤液，加水至 1000 mL。适宜双孢蘑菇菌丝的生长。

（20）菇木煎汁培养基

菇木（或木屑）	200 g	米糠（或麦麸）	100 g

麦芽糖（或蔗糖）	20 g	硫酸铵	1 g
琼脂	18～20 g	水	1000 mL

适宜香菇菌丝的生长。

（21）堆肥浸汁葡萄糖培养基

堆肥（干）	100 g	葡萄糖	20 g
琼脂	18～20 g	水	1000 mL

适宜双孢蘑菇菌丝的生长。

2. 原种培养基

（1）麦粒原种

麦粒	20 kg	碳酸钙	60 g
石膏	240 g		

适于培养各种食用菌。

（2）木屑原种

阔叶树木屑	78 kg	麦麸或米糠	20 kg
白糖	1 kg	过磷酸钙或石膏	1 kg
水	120～125 kg		

适于培养木腐型食用菌。

（3）棉籽壳原种

棉籽壳	78 kg	麦麸或米糠	20 kg
白糖	1 kg	过磷酸钙或石膏	1 kg
水	120～125 kg		

适于培养木腐型食用菌。

3. 栽培种培养基

食用菌栽培种培养基的配方和制作方法与原种培养基相同，但栽培种是由原种转接而成的，而原种是由母种转接而成的。

附录二　消毒与灭菌

消毒只是杀死部分微生物，使之不再危害食用菌的生长发育，但不能杀死细菌芽胞和霉菌孢子，而灭菌是将所有微生物全部杀死。在食用菌栽培中，可根据不同要求，分别采用消毒或灭菌措施。消毒灭菌的方法有物理消毒灭菌（包括加温及辐射）和化学消毒灭菌。

化学消毒灭菌是利用化学药物来杀死微生物。用药方法主要有浸泡、擦拭、喷洒、熏蒸、撒粉等。根据药品和浓度不同，可分别起到抑制或杀死微生物的作用。

化学消毒灭菌应根据药品性能、灭菌对象、设备器械、环境条件等，选择适宜的药品、浓度和用药方法。

1. 常压蒸汽灭菌

常压蒸汽灭菌的温度为 100 ℃，其热力穿透靠水蒸气凝聚时放出的潜在热，水蒸气凝聚收缩后产生的负压，可使外层蒸汽又补充进来。因此，热力可不断穿透到深处。

常压蒸汽灭菌的优点是设备简单，投资较少，在常压 100 ℃的条件下，培养料的营养成分被破坏得程度低，可大量处理需灭菌的物品。其缺点是灭菌时间长，燃料耗费多，达到 100 ℃后需保持 8～10 h，有时更需要保持 16 h 以上，才能保证灭菌效果。

常压蒸汽灭菌一般都使用生产单位自行设计的灭菌灶，主要用于栽培料的灭菌。

2. 高压蒸汽灭菌

高压蒸汽的穿透能力比常压蒸汽强，温度也高，可在较短的时间内达到彻底灭菌的效果，是加热灭菌中使用最普遍、效果最可靠的一种方法，广泛用于食用菌生产。其缺点是需要专门设备，投资较大。

高压蒸汽灭菌所需要的时间，根据消毒物品的不同而有差异，如试管琼脂培养基，一般在 107.8 kPa 保持 30 min；麦粒原种培养基，需 107.8 kPa 保持 1.5 h；如是袋装培养料且袋较大，则需 137.3 kPa 保持 1.5～2 h。

高压蒸汽灭菌锅通常分为手提式、立式和卧式三类。使用高压蒸汽灭菌锅注意事项。

1）排尽灭菌锅内的冷空气。灭菌锅内如有冷空气存在，因降低了蒸汽分压，锅内温度将低于压力表所指示温度的响应值，从而影响灭菌效果。此外，局部空气阻留，使热力难以穿透，甚至形成温度分层现象。

2）防止棉塞受潮。棉塞如在灭菌时受潮，培养期间极易污染。待灭物品装入灭菌锅时，瓶塞不可紧贴锅壁，以免冷凝水进入灭菌物品内。

3）安全操作。高压蒸汽灭菌锅是在高温高压下进行工作，因此操作时必须注意安全。灭菌前应检查各部件是否完整无损、安全阀工作状态是否良好；手提式、立式灭菌锅的锅盖两侧对称的螺丝松紧程度应相同，防止受力不均而漏气；灭菌结束后，压力应徐徐下降，防止下降过快致使器皿破裂；压力未降到零时，绝对不允许打开灭菌锅盖。

灭菌失败的主要原因：①仪表失灵。②冷空气没有排尽。③物品排放不合理或装载物品太多。④加热时间太短就上升到了所需要的压力，而这时待灭物品的内部和外部还没有达到温度平衡。⑤已灭菌的物品从灭菌锅取出后被污染。

3. 灼烧灭菌

耐热物品可直接在火焰上灼烧灭菌，因处理温度高，所以灭菌时间短暂。一般灼烧几秒到几十秒即可。但这种处理破坏性较大，所以仅适用于某些金属物品，如接种铲、接种针和接种环等。食用菌生产中常用酒精灯灼烧灭菌，使用方法为：

1）酒精灯的火焰分焰心、内焰和外焰三部分，外焰燃烧充分，温度最高，内焰温度较低，焰心最低，故应用外焰灼烧受热物体。

2）熄灭酒精灯火焰时，必须用灯帽盖灭，不可用嘴吹灭，以防引起灯内酒精燃烧而发生危险。

3）酒精灯所用的乙醇浓度应不低于 95%，以免燃烧不良、热力不够而降低灼烧灭菌的效果。

4. 干热灭菌

培养皿、试管、吸管等玻璃器皿，棉塞、滤纸及不能与蒸汽充分接触的液体（如液体石蜡），可采用干热灭菌。干热灭菌的设备是电热干燥箱，待灭菌的物品洗涤干净后，晾干或擦干后再放入干燥箱内，接通电源，使温度缓慢上升到 65 ℃，再调整温度控制旋钮，将温度提高到 160 ℃，并保持 2 h，即可达到灭菌目的。灭菌结束后，切断电源，待温度下降到 45 ℃左右，才能取出灭菌物品，以防温度剧烈变化而使玻璃器皿破裂。干热灭菌的温度不能超过 160 ℃，以防箱内的纸、棉塞等纤维材料炭化变焦。

5. 紫外线消毒

紫外线是波长为 180～400 nm 的辐射线，作用于生物体时可导致细胞内核酸及蛋白质发生光化学变化而使细胞死亡。紫外线杀菌作用最强的波长为 250～265 nm，但其对各种微生物的杀灭效果不同，例如，对细菌的杀灭效果可靠，但对真菌的杀灭效果较差，所以只能作为其他灭菌方法的辅助措施，一般常用于接种室或接种箱的辅助消毒。

紫外线为低能量的辐射线，对物体的穿透力很差，甚至 2 mm 厚的玻璃亦可将其阻挡，白纸能透过 20%～40%的紫外线。因此其消毒作用仅适用于空气和物体表面。紫外线的消毒效果与灯管的功率和距离有很大的关系，紫外灯管一般有 30 W、20 W 和 15 W 等几种规格，其中 30 W 的应用较多。紫外灯管的使用时限约为 4000 h，消毒的有效区为灯管周围 2 m 内，1.2 m 以内消毒效果最好。一般 10 m^3 的空间，用 30 W 的紫外灯照射 20～30 min 即可达到消毒的目的。

紫外线可损伤人体，特别是可引起电光性眼炎。因此，不要在开启紫外灯的情况下工作，特别是不要用眼睛直视开启着的紫外灯。

6. 乙醇消毒

乙醇具脱水作用，当乙醇分子进入细胞蛋白质肽链空隙内，会使菌体蛋白质很快变性和沉淀。乙醇能与水任意混合，配制成不同浓度的溶液，但高浓度的乙醇杀菌作用不强，用无水乙醇或 95%的乙醇进行表面消毒时，接触菌体后会立即引起菌体表层蛋白质凝固，形成保护膜，不利于乙醇分子的渗入。70%（质量比）或 77%（体积比）的乙醇有较强的渗透力，杀菌效果最好。乙醇只能杀灭细菌的营养体，对芽胞作用不大或无作用。在 70%的乙醇内加入 1%硫酸或氢氧化钠，可杀死芽胞，但仍需 1～2 d 的时间。用乙醇进行表面消毒，使用浓度亦因被消毒物品的表面含水状态而异，表面干燥的物品，可用 70%～75%的乙醇；表面湿润的物品，要用 80%～85%的乙醇。

7. 过氧乙酸消毒

过氧乙酸又名过氧醋酸，无色透明液体，有刺激性酸味，易挥发，腐蚀性强，有漂白作用。遇热、重金属离子、强碱等易分解。高浓度（大于 45%）的过氧乙酸经剧烈碰撞或加热可爆炸。市售用于消毒的过氧乙酸浓度多在 20%左右，比较安全。

过氧乙酸是目前所知最强的杀菌剂，易溶于水，使用方便，其分解物为无毒成分，无残留毒性。浓度为 0.01%～0.5%的过氧乙酸 0.5～10 min 即可杀死微生物的营养体，杀死芽胞则需 1%的浓度作用 5 min。

浓度较高的过氧乙酸溶液对皮肤和黏膜有强烈的刺激性，甚至引起烧伤。浓度降至 0.2%时，对健康皮肤已无刺激作用。皮肤长期接触过氧乙酸会变粗糙、脱皮甚至干裂。过氧乙酸对棉毛织品有一定的腐蚀及漂白作用；对铁、高碳钢、铜等金属有较强的腐蚀性，涂漆、镀镍或镀铬可防止或减轻其腐蚀作用。

使用过氧乙酸溶液消毒的方法有浸泡、擦抹、喷洒和喷雾等。浸泡或擦抹，用 0.2%的浓度作用 1～2 min；室内喷雾或喷洒，用 2%的浓度并密闭 30 min。过氧乙酸按 3 g/m^3 的用量，置于陶瓷、搪瓷或玻璃容器内，加热使其蒸发，密闭 1～1.5 h 即可达到消毒的目的。过氧乙酸蒸气极易扩散，亦不产生聚合物，开窗通风半小时左右气味即消散。当温度与湿度降低时，处理剂量要相应增大。

使用过氧乙酸时应注意：①稀释液应新鲜配制。②过氧乙酸不稳定，应贮存于通风阴凉处。③使用高浓度药物时，谨防溅到眼内、皮肤或衣服上。若不慎溅上，要及时用水冲洗。

附录三　接　　种

将微生物移植到适于其生长繁殖的培养基上称为接种。根据移植操作粗放程度不同，又分为播种和接种。

1）在开放或半开放条件下进行的移植操作称为播种。

2）在严格的无菌条件下进行的移植操作称为接种。

播种简便快速，处理量大，主要用于箱栽、床栽、畦栽或短木栽培等。虽然也是将菌种移接到培养料中扩大培养，但不是在严格无菌条件下进行，因此技术简单、容易掌握。

在无菌条件下进行接种，是将所需的菌种移接到经过严格灭菌的培养基上，而且不允许其他任何微生物混杂其中，否则接种即失败。

为达到接种目的，操作人员必须树立严格的无菌观念，与接种有关的器皿、工具和培养基，必须处于严格的无菌状态，不得带有任何活着的微生物，以免在操作过程中造成污染。为此，必须做到：①对培养基和接种工具进行严格的灭菌；②对操作环境进行彻底的消毒；③操作者的手要用酒精棉球进行消毒；④严格遵守无菌操作规程。

即使做到了以上几点，整个操作区域仍难免有杂菌存在。因此，操作者必须小心细致。

1. 母种转管培养

1）左手拿两支试管，一支为经灭菌的斜面，另一支为已长好的菌种。右手拿接种钩（已在火焰上灼烧灭菌又冷却），并同时用右手轻轻拔下两支试管的棉塞或试管帽。

2）将试管口通过火焰数次，并稍转动，以防环境中的微生物落入。

3）首先将接种钩伸入有菌试管，连同培养基钩取直径为 3～5 mm 的菌丝块，取出接种钩，迅速伸入另一灭菌斜面上并将菌丝块放在斜面的中央。

4）烧试管口，塞好棉塞或盖好试管帽，如用胶塞，则不要烧试管口。将接种钩烧一下，插到酒精瓶中。

2. 母种接原种方法

斜面母种接瓶装原种培养基时，一般可按母种转管的要求操作，只是接种工具可根据不同接种内容而适当更换。一般先将斜面横向切割成 3～5 段，将每段连同培养基一同挑出并接入瓶内接种穴处。若两人配合接种，则更为方便。母种接袋装原种的方法与此相似。

3. 原种接栽培种方法

以瓶装原种接瓶装或袋装栽培种为例，在酒精灯火焰上方拔出原种瓶棉塞，将菌种瓶置于菌种瓶架上或两人配合接种，在酒精灯火焰上封口；用接种铲刮去瓶内菌种表面的老菌皮，再将菌种挖松并稍加搅拌，注意菌种应挖成花生米大小，不宜过碎，然后接种。若棉塞较大，不能全部拿在手里，可将菌种瓶塞放在经过高温灭菌的培养皿中，只将接种瓶握在手里，也可和菌种瓶塞放在一起。

4. 无菌操作要求

接种时的无菌操作有：斜面移接斜面、斜面移接菌种瓶、菌种瓶移接栽培袋等。尽管接种内容和形式不同，在操作上有一定的差异，但基本程序，特别是无菌要求是一致的。无菌操作的要求有以下几点：

1）接种空间一定要彻底灭菌。

2）经灼烧灭菌的工具，须贴在管（或瓶）的内壁冷却后，再取菌种，所取菌种也不得在火焰旁停留，以免灼伤菌种。

3）菌种所暴露或通过的空间，必须是无菌区。

4）菌种与容器外空间的通道口，须用酒精灯火焰灭菌。

5）各种工具与菌种接触前都应经火焰灼烧灭菌。

6）棉塞塞入管口或瓶口的部分，拔出后不得与未灭菌的物体接触。

7）每次操作时间宜尽量缩短，避免因室内空气交换而增加杂菌。

附录四　培养料中碳氮比例（C/N）的计算方法

各种食用菌在生长发育过程中不仅需要外界供给它足够的碳源和氮源，而且还要求碳源和氮源之间要有一恰当的比例，例如，草菇和双孢蘑菇菌丝体生长所需的 C/N 分别为 20∶1 和 17∶1。现以双孢蘑菇为例，说明培养料中碳氮比例的计算方法。

假设用 1000 kg 稻草、1000 kg 大麦秸秆、750 kg 黄牛粪、750 kg 水牛粪进行堆料，经测定得知，稻草含碳量为 45.58%、含氮量为 0.63%；大麦秸秆含碳量为 47.08%、含氮量为 0.64%；黄牛粪含碳量为 39.78%、含氮量为 1.78%；水牛粪含碳量为 38.60%、含氮量为 1.27%。

堆肥材料中的总含碳量为 1514.5 kg，总含氮量为 35.6 kg。按照双孢蘑菇堆肥材料的 C/N 应该是 33∶1 计算，1514.5 kg 的碳量所需要的氮量为 45.9 kg。如果用硫酸铵或尿素（含氮量分别以 21%和 46%计算）来补充所缺少的 10.3 kg 氮量，它们各自的用量分别为 49.0 kg 和 22.4 kg。如果用花生饼或大豆饼补充所缺少的氮量，还应考虑饼肥本身的含碳量。

在实际应用中，由于各地所采用的原料不同，碳、氮的含量也有所差异。因此，应根据主要原料的用量，按上述的计算方法，求出所需添加的辅助氮源的用量（表附-1），再补充适量的石膏和过磷酸钙，即可进行堆料。

表附-1　食用菌各种培养料的碳氮比

	C/%	N/%	C/N
木屑	49.18	0.10	491.80
栎落叶	49.00	2.00	24.50
稻草	45.39	0.63	72.05
大麦草	47.09	0.64	73.58
小麦秸	47.03	0.48	98.00
玉米秆	43.30	1.67	25.93
谷壳	41.64	0.64	65.06
马粪	11.60	0.55	21.09
猪粪	25.00	0.56	44.64
黄牛粪	38.60	1.78	21.69
水牛粪	39.78	1.27	31.32
奶牛粪	31.79	1.33	23.90

续表

	C/%	N/%	C/N
羊粪	16.24	0.65	24.98
兔粪	13.70	2.10	6.52
鸡粪	4.10	1.30	3.15
纺织屑	59.00	2.32	25.43
沼气肥	22.00	0.70	31.43
花生饼	49.04	6.32	7.76
大豆饼	47.46	7.00	6.78

附录五　培养料的含水量

表附-2　每 100 kg 干料中加入的水量和相应的含水量

每 100 kg 干料中加入的水/kg	料水比（料：水）	含水量/%	每 100 kg 干料中加入的水/kg	料水比（料：水）	含水量/%
75	1：0.75	50.3	130	1：1.30	62.2
80	1：0.80	51.7	135	1：1.35	63.0
85	1：0.85	53.0	140	1：1.40	63.8
90	1：0.90	54.2	145	1：1.45	64.5
95	1：0.95	55.4	150	1：1.50	65.2
100	1：1.00	56.5	155	1：1.55	65.9
105	1：1.05	57.6	160	1：1.60	66.5
110	1：1.10	58.6	165	1：1.65	67.2
115	1：1.15	59.5	170	1：1.70	67.8
120	1：1.20	60.5	175	1：1.75	68.4
125	1：1.25	61.3	180	1：1.80	68.9

注：1）风干培养料所含的结合水以 13%计算

2）含水量的计算公式：

含水量（%）=（加水质量+培养料含结合水）/（培养料干重+加水质量）× 100%

引自黄年来. 1993. 中国食用菌百科. 北京：中国农业出版社

表附-3　要求达到的含水量和每 100 kg 干料中应加入的水量

要求达到的含水量/%	每 100 kg 干料应加入的水/kg	料水比（料：水）	要求达到的含水量/%	每 100 kg 干料应加入的水/kg	料水比（料：水）
50.0	74.0	1：0.74	53.0	85.1	1：0.85
50.5	75.8	1：0.76	53.5	87.1	1：0.87
51.0	77.6	1：0.78	54.0	89.1	1：0.89
51.5	79.4	1：0.79	54.5	91.2	1：0.91
52.0	81.3	1：0.81	55.0	93.3	1：0.93
52.5	83.2	1：0.83	55.5	95.5	1：0.96

续表

要求达到的含水量/%	每 100 kg 干料应加入的水/kg	料水比（料：水）	要求达到的含水量/%	每 100 kg 干料应加入的水/kg	料水比（料：水）
56.0	97.7	1：0.98	61.0	123.1	1：1.23
56.5	100.0	1：1.00	61.5	126.0	1：1.26
57.0	102.3	1：1.02	62.0	128.9	1：1.29
57.5	104.7	1：1.05	62.5	132.0	1：1.32
58.0	107.1	1：1.07	63.0	135.1	1：1.35
58.5	109.6	1：1.10	63.5	138.4	1：1.38
59.0	112.2	1：1.12	64.0	141.7	1：1.42
59.5	114.8	1：1.15	64.5	145.1	1：1.45
60.0	117.5	1：1.18	65.0	148.6	1：1.49
60.5	120.3	1：1.20	65.5	152.2	1：1.52

注：1）风干培养料所含的结合水以 13%计算；

2）每 100 kg 干料应加入的水计算公式：

每 100 kg 干料应加入的水（kg）＝（含水量–培养料结合水）/（1–含水量）× 100%

引自黄年来. 1993. 中国食用菌百科. 北京：中国农业出版社

附录六　不允许使用的化学药剂*

食用菌生产中不允许使用的化学药剂有高毒农药、混合型基质添加剂和植物生长调节剂类物质。

高毒农药：按照《中华人民共和国农药管理条例》，剧毒和高毒农药不得在蔬菜生产中使用，食用菌作为蔬菜的一类，要完全参照执行，不得在培养基中加入，也不可在栽培场所使用。高毒农药有三九一一、苏化 203、一六零五、甲基一六零五、一零五九、杀螟威、久效磷、磷胺、甲胺磷、异丙磷、三硫磷、氧化乐果、磷化锌、磷化铝、氰化物、呋喃丹、氟乙酰胺、砒霜、杀虫脒、西力生、赛力散、溃疡净、氯化苦、五氯酚钠、二氯溴丙烷、四零一等。

混合型基质添加剂：含有植物生长调节剂或成分不清的混合型基质添加剂。

*任何种类的农药都只可在没有子实体生长的条件下使用，不可直接接触子实体。

附录七　食用菌产品的分级

这里的分级标准仅供参考，食用菌产品要根据收购部门的要求进行采收和加工。

1. 鲜双孢蘑菇

一级：菌盖直径1.8～4.0 cm，菌柄直径1.5 cm，菌柄长2.0～3.0 cm，色泽洁白明亮，菇形圆整，肉质肥厚，有菇香，菌膜紧包，柄基切削平整，无泥土、薄皮，无杂质、霉烂，无虫蛀病斑和机械损伤；菌盖破碎率10%以下。

二级：在一级菇的基础上，允许略有畸形菇，菌盖直径2～6 cm，菌柄直径1.5 cm。

三级：菌盖直径小于15 cm，柄长5～8 cm，其余同一级菇。

等外：菌盖直径大于15 cm，柄长大于10 cm，其余同一级菇。

2. 干黑木耳

一级：色泽纯黑，有光泽，朵大肉厚，体轻质细，无碎屑杂质，无小耳，无僵块，无霉烂。

二级：色泽黑，朵形完整，无僵块，无霉烂，耳根棒皮及灰屑不超过1%。

三级：色泽黑而稍带灰白，朵形不一，有部分碎耳、无泥杂虫蛀。

四级：不合以上规格、不成朵或碎耳占多数、无杂质、无霉变。

3. 鲜草菇

（1）鲜冻草菇

一级：高6～8 cm，宽4.5～5 cm（菇粒周长8～11 cm），内实。

二级：高5～6 cm，宽4～4.5 cm（菇粒周长6～8 cm），内实。

三级：高5～6 cm，宽4～4.5 cm，内松（包被未破，里面与周围脱离）。

（2）制罐原料

一级：菇色呈灰色、褐色或灰褐色，横径2～4 cm（每个应小于25 g），新鲜幼嫩，菇体完整，无霉烂，无异味，无破裂，无机械损伤，无病虫，无死菇，无表面发黄、发黏、萎缩积压变质现象；不开伞，不伸腰，允许轻微畸形，菇脚切面平整，不带泥沙杂质。一级菇主要用来做整粒的草菇罐头。

二级：菇体新鲜完整，横径2～4.5 cm；无霉烂，无破裂，无病虫，不开伞，允许小伸腰、畸形和表面轻度变色，无泥沙杂质。二级菇一般用于做草菇片罐头。

4. 鲜金针菇

一级：菇形完整，菌盖呈白色，菌盖直径小于1 cm，盖内卷呈半球形。菌柄长13～16 cm，白色或2/3白色、1/3为淡黄色，基部修剪干净不粘连。无畸形菇、无病虫害、无斑点、无霉烂变质及杂质。具有鲜金针菇应有的自然滋味和气味。

二级：菇形完整，菌盖呈白色或淡黄色，菌盖直径小于1.5 cm，盖内卷呈半球形。菌柄长10～18 cm，白色或1/3白色、2/3为淡黄色或金黄色，基部修剪干净。无畸形菇、无病虫害、无霉烂变质及杂质。具有鲜金针菇应有的自然滋味和气味。

三级：菇形较完整，菇体呈白色、金黄色或淡咖啡色，菌盖直径小于2.5 cm，菌柄长6～20 cm，无明显纤维质感，基部修剪干净。无畸形菇、无病虫害、无霉烂变质及杂质。具有鲜金针菇应有的自然滋味和气味。

5. 鲜滑菇

一级：菌盖直径小于 16 mm，柄长 30 mm 以下，未开伞，自然色泽，菇体鲜嫩，坚挺完整，不老化，根切净；无杂质、无虫蛀、无机械损伤。

二级：菌盖直径 17～22 mm，柄长 40 mm 以下，开伞及半开伞率在 20%以内，其余同一级菇。

三级：菌盖直径 28～40 mm，柄长 50 mm 以下，开伞及半开伞率在 40%以内，其余同一级菇。

6. 平菇

（1）鲜平菇

一级：菌盖直径 5 cm 左右，自然色泽，破碎率小于 5%，无霉烂，无杂质。

二级：菌盖直径 5～10 cm，自然色泽，破碎率小于 5%，无霉烂，无杂质。

三级：菌盖直径大于 10 cm，自然色泽，破碎率小于 5%，无霉烂，无杂质。

（2）平菇罐头原料收购的质量分级标准

一级：菌盖直径 4.0～6.5 cm，柄长不超过 2 cm，菇形完整，菌盖肥厚，卷边，自然色泽，菇柄切削整齐，菇体新鲜、清洁，无变色，无异味，无虫蛀，无病斑，无机械损伤，无杂质。

二级：菌盖直径 6.6～8.0 cm，其余同一级菇。

三级：菌盖直径 8.1～10.0 cm，其余同一级菇。

附录八　食品中可能违法添加的非食用物质和易滥用的食品添加剂名单（第 1～5 批汇总）

为进一步打击在食品生产、流通、餐饮服务中违法添加非食用物质和滥用食品添加剂的行为，保障消费者健康，全国打击违法添加非食用物质和滥用食品添加剂专项整治领导小组自 2008 年以来陆续发布了五批《食品中可能违法添加的非食用物质和易滥用的食品添加剂名单》。为方便查询，现将五批名单汇总发布（表附-4、表附-5）。

表附-4　食品中可能违法添加的非食用物质名单

序号	名称	可能添加的食品品种	检测方法
1	吊白块	腐竹、粉丝、面粉、竹笋	GB/T 21126—2007 小麦粉与大米粉及其制品中甲醛次硫酸氢钠含量的测定；卫生部《关于印发面粉、油脂中过氧化苯甲酰测定等检验方法的通知》（卫监发〔2001〕159 号）附件 2 食品中甲醛次硫酸氢钠的测定方法

续表

序号	名称	可能添加的食品品种	检测方法
2	苏丹红	辣椒粉、含辣椒类的食品（辣椒酱、辣味调味品）	GB/T 19681—2005 食品中苏丹红染料的检测方法　高效液相色谱法
3	王金黄、块黄	腐皮	无
4	蛋白精、三聚氰胺	乳及乳制品	GB/T 22388—2008 原料乳与乳制品中三聚氰胺检测方法 GB/T 22400—2008 原料乳中三聚氰胺快速检测　液相色谱法
5	硼酸与硼砂	腐竹、肉丸、凉粉、凉皮、面条、饺子皮	无
6	硫氰酸钠	乳及乳制品	无
7	玫瑰红 B	调味品	无
8	美术绿	茶叶	无
9	碱性嫩黄	豆制品	
10	工业用甲醛	海参、鱿鱼等干水产品、血豆腐	SC/T 3025—2006 水产品中甲醛的测定
11	工业用火碱	海参、鱿鱼等干水产品、生鲜乳	无
12	一氧化碳	金枪鱼、三文鱼	无
13	硫化钠	味精	无
14	工业硫磺	白砂糖、辣椒、蜜饯、银耳、龙眼、胡萝卜、姜等	无
15	工业染料	小米、玉米粉、熟肉制品等	无
16	罂粟壳	火锅底料及小吃类	参照上海市食品药品检验所自建方法
17	革皮水解物	乳与乳制品 含乳饮料	乳与乳制品中动物水解蛋白鉴定—L（-）-羟脯氨酸含量测定（检测方法由中国检验检疫科学院食品安全所提供。该方法仅适应于生鲜乳、纯牛奶、奶粉）
18	溴酸钾	小麦粉	GB/T 20188—2006 小麦粉中溴酸盐的测定　离子色谱法
19	β-内酰胺酶（金玉兰酶制剂）	乳与乳制品	液相色谱法（检测方法由中国检验检疫科学院食品安全所提供）
20	富马酸二甲酯	糕点	气相色谱法（检测方法由中国疾病预防控制中心营养与食品安全所提供）
21	废弃食用油脂	食用油脂	无
22	工业用矿物油	陈化大米	无
23	工业明胶	冰淇淋、肉皮冻等	无
24	工业酒精	勾兑假酒	无
25	敌敌畏	火腿、鱼干、咸鱼等制品	GB/T 5009.20—2003 食品中有机磷农药残留的测定
26	毛发水	酱油等	无
27	工业用乙酸	勾兑食醋	GB/T 5009.41—2003 食醋卫生标准的分析方法

续表

序号	名称	可能添加的食品品种	检测方法
28	肾上腺素受体激动剂类药物（盐酸克伦特罗、莱克多巴胺等）	猪肉、牛羊肉及肝脏等	GB/T 22286—2008 动物源性食品中多种β-受体激动剂残留量的测定，液相色谱串联质谱法
29	硝基呋喃类药物	猪肉、禽肉、动物性水产品	GB/T 21311—2007 动物源性食品中硝基呋喃类药物代谢物残留量检测方法，高效液相色谱-串联质谱法
30	玉米赤霉醇	牛羊肉及肝脏、牛奶	GB/T 21982—2008 动物源食品中玉米赤霉醇、β-玉米赤霉醇、α-玉米赤霉烯醇、β-玉米赤霉烯醇、玉米赤霉酮和赤霉烯酮残留量检测方法，液相色谱-质谱/质谱法
31	抗生素残渣	猪肉	无，需要研制动物性食品中测定万古霉素的液相色谱-串联质谱法
32	镇静剂	猪肉	参考 GB/T 20763—2006 猪肾和肌肉组织中乙酰丙嗪、氯丙嗪、氟哌啶醇、丙酰二甲氨基丙吩噻嗪、甲苯噻嗪、阿扎哌垄阿扎哌醇、咔唑心安残留量的测定，液相色谱-串联质谱法 无，需要研制动物性食品中测定安定的液相色谱-串联质谱法
33	荧光增白物质	双孢蘑菇、金针菇、白灵菇、面粉	蘑菇样品可通过照射进行定性检测 面粉样品无检测方法
34	工业氯化镁	木耳	无
35	磷化铝	木耳	无
36	馅料原料漂白剂	焙烤食品	无，需要研制馅料原料中二氧化硫脲的测定方法
37	酸性橙Ⅱ	黄鱼、鲍汁、腌卤肉制品、红壳瓜子、辣椒面和豆瓣酱	无，需要研制食品中酸性橙Ⅱ的测定方法。参照江苏省疾病控制中心创建的鲍汁中酸性橙Ⅱ的高效液相色谱-串联质谱法 （说明：水洗方法可作为补充，如果脱色，可怀疑是违法添加了色素）
38	氯霉素	生食水产品、肉制品、猪肠衣、蜂蜜	GB/T 22338—2008 动物源性食品中氯霉素类药物残留量测定
39	喹诺酮类	麻辣烫类食品	无，需要研制麻辣烫类食品中喹诺酮类抗生素的测定方法
40	水玻璃	面制品	无
41	孔雀石绿	鱼类	GB 20361—2006 水产品中孔雀石绿和结晶紫残留量的测定，高效液相色谱荧光检测法（建议研制水产品中孔雀石绿和结晶紫残留量测定的液相色谱-串联质谱法）
42	乌洛托品	腐竹、米线等	无，需要研制食品中六亚甲基四胺的测定方法
43	五氯酚钠	河蟹	SC/T 3030—2006 水产品中五氯苯酚及其钠盐残留量的测定　气相色谱法

续表

序号	名称	可能添加的食品品种	检测方法
44	喹乙醇	水产养殖饲料	水产品中喹乙醇代谢物残留量的测定 高效液相色谱法（农业部 1077 号公告—5-2008）；水产品中喹乙醇残留量的测定 液相色谱法（SC/T 3019—2004）
45	碱性黄	大黄鱼	无
46	磺胺二甲嘧啶	叉烧肉类	GB20759-2006 畜禽肉中十六种磺胺类药物残留量的测定 液相色谱-串联质谱法
47	敌百虫	腌制食品	GB/T5009.20-2003 食品中有机磷农药残留量的测定

表附-5 食品中可能滥用的食品添加剂品种名单

序号	食品品种	可能易滥用的添加剂品种	检测方法
1	渍菜（泡菜等）、葡萄酒	着色剂（胭脂红、柠檬黄、诱惑红、日落黄）等	GB/T 5009.35—2003 食品中合成着色剂的测定 GB/T 5009.141—2003 食品中诱惑红的测定
2	水果冻、蛋白冻类	着色剂、防腐剂、酸度调节剂（己二酸等）	
3	腌菜	着色剂、防腐剂、甜味剂（糖精钠、甜蜜素等）	
4	面点、月饼	乳化剂（蔗糖脂肪酸酯等、乙酰化单甘脂肪酸酯等）、防腐剂、着色剂、甜味剂	
5	面条、饺子皮	面粉处理剂	
6	糕点	膨松剂（硫酸铝钾、硫酸铝铵等）、水分保持剂磷酸盐类（磷酸钙、焦磷酸二氢二钠等）、增稠剂（黄原胶、黄蜀葵胶等）、甜味剂（糖精钠、甜蜜素等）	GB/T 5009.182—2003 面制食品中铝的测定
7	馒头	漂白剂（硫磺）	
8	油条	膨松剂（硫酸铝钾、硫酸铝铵）	
9	肉制品和卤制熟食、腌肉料和嫩肉粉类产品	护色剂（硝酸盐、亚硝酸盐）	GB/T 5009.33—2003 食品中亚硝酸盐、硝酸盐的测定
10	小麦粉	二氧化钛、硫酸铝钾	
11	小麦粉	滑石粉	GB 21913—2008 食品中滑石粉的测定
12	臭豆腐	硫酸亚铁	
13	乳制品（除干酪外）	山梨酸	GB/T21703—2008《乳与乳制品中苯甲酸和山梨酸的测定方法》
14	乳制品（除干酪外）	纳他霉素	参照 GB/T 21915—2008《食品中纳他霉素的测定方法》
15	蔬菜干制品	硫酸铜	无
16	酒类（配制酒除外）	甜蜜素	
17	酒类	安塞蜜	
18	面制品和膨化食品	硫酸铝钾、硫酸铝铵	

续表

序号	食品品种	可能易滥用的添加剂品种	检测方法
19	鲜瘦肉	胭脂红	GB/T 5009.35—2003 食品中合成着色剂的测定
20	大黄鱼、小黄鱼	柠檬黄	GB/T 5009.35—2003 食品中合成着色剂的测定
21	陈粮、米粉等	焦亚硫酸钠	GB 5009.34—2003 食品中亚硫酸盐的测定
22	烤鱼片、冷冻虾、烤虾、鱼干、鱿鱼丝、蟹肉、鱼糜等	亚硫酸钠	GB/T 5009.34—2003 食品中亚硫酸盐的测定

注：滥用食品添加剂的行为包括超量使用或超范围使用食品添加剂的行为

附录九　中华人民共和国农业行业标准

NY/T　1061-2006

香菇等级规格

Grades and specifications of *Lentinula edodes*(Berk.)Pegler

2006-07-01 发布　　　　2006-10-01 实施

中华人民共和国农业部发布

前　言

本标准由中华人民共和国农业部提出并归口。

本标准起草单位：农业部食用菌产品质量监督检验测试中心（上海）、上海市农业科学院食用菌研究所。

本标准主要起草人：邢增涛、谭琦、关斯明、王南、贾亚妮、门殿英、李明容、白冰。

香菇等级规格

1. 范围

本标准规定了香菇的等级规格要求、包装和标识。

本标准适用于干花菇、干厚菇、干薄菇、鲜香菇。

2. 规范性引用文件

下列文件中的条款通过本标准的引用而成为本标准的条款。凡是注日期的引用文件，其随后所有的修改单（不包括勘误的内容）或修订版均不适用于本标准，然而，鼓励根据本标准达成协议的各方研究是否可使用这些文件的最新版本。凡是不注日期的引用文件，其最新版本适用于本标准。

GB/T 191 包装储运图示标志

GB/T 6543 瓦楞纸箱

GB 7718 预包装食品标签通则

GB 8868 蔬菜塑料周转箱

GB 9687 食品包装用聚乙烯成型品卫生标准

GB 9688 食品包装用聚丙烯成型品卫生标准

GB 9689 食品包装用聚苯乙烯成型品卫生标准

GB/T 12728 食用菌术语

3. 术语和定义

GB/T 12728 确立的以及下列术语和定义适用于本标准。

3.1 花菇 flowery *Lentinula edodes*

菌盖表面有自然网状、菊花状或荔枝状龟裂花纹的香菇，不包括经人工切割等处理后产生的龟裂花纹的香菇。

3.2 菌盖厚度 pileus-thickness of *Lentinula edodes*

沿切去菌柄后的菌盖中心纵向切开后，量取菌柄着生处菌肉厚度。

3.3 厚菇 thick-fruitbody *Lentinula edodes*

菌盖边缘内卷、菌肉厚实的干、鲜香菇。

3.4 薄菇 thin-fruitbody *Lentinula edodes*

菌盖平展，菌肉薄的干、鲜香菇。

3.5 开伞度 cap-opening ratio of *Lentinula edodes*

菌盖卷边的内边缘直径与菌盖直径的比值。

注：开伞度以“分”表示，比值为 1 时，即菌盖平展时开伞度为 10 分。

4. 要求

4.1 等级

4.1.1 基本要求

根据对每个级别的规定和容许误差，香菇应符合下列要求：

——无异种菇；

——干香菇的含水量在 10%～13%之间，鲜香菇无异常外来水分；

——无异味；

——无霉变、腐烂，无虫体、毛发、动物排泄物、泥、蜡、金属等异物。

4.1.2 等级划分

在符合基本要求的前提下，香菇分为特级、一级和二级。各级应符合表 1 至表 4 的规定。

4.1.2.1 干花菇

表 1 干花菇等级

项目	特级	一级	二级
菌褶颜色	米黄至淡黄色		淡黄色至暗黄
形状	扁半球形稍平展或伞形，菇形规整		扁半球形稍平展或伞形
菌盖厚度，cm	>1.0	>0.5	>0.3
菌盖表面花纹	花纹明显，龟裂深	花纹较明显，龟裂较深	花纹较少，龟裂浅
开伞度，分	<6	<7	<8
虫蛀菇、残缺菇、碎菇体	无	<1.0%	1.0%～3.0%

4.1.2.2 干厚菇

表 2 干厚菇等级

项目	特级	一级	二级
菌盖颜色	菌盖淡褐色至褐色，或黑褐色		
形状	扁半球形稍平展或伞形，菇形规整		扁半球形稍平展或伞形
菌褶颜色	菌褶淡黄色	菌褶黄色	菌褶暗黄色
菌盖厚度，cm	>0.8	>0.5	>0.3
开伞度，分	<6	<7	<8
虫蛀菇、残缺菇、碎菇体	无	>2.0%	2.0%～5.0%

4.1.2.3 干薄菇

表 3 干薄菇等级

项目	特级	一级	二级
菌盖颜色	菌盖淡褐色至褐色		
形状	扁半球形平展，菇形规整	扁半球形平展	
菌褶颜色	菌褶淡黄色	菌褶黄色	菌褶暗黄色
菌盖厚度，cm	>0.4	>0.3	>0.2
开伞度，分	<7	<8	<9
残缺菇、碎菇体	<1.5%	1.5%～3.0%	3.0%～5.0%

4.1.2.4　鲜香菇

表 4　鲜香菇等级划分

项目	特级	一级	二级
颜色	菌盖淡褐色至褐色，菌褶乳白略带浅黄色		
形状	扁半球形平展或伞形，花菇菌盖表面应有白色或茶色天然龟裂纹		
菌盖厚度，cm	≥1.2		<1.2
菌膜连接状态	菌柄与菌盖边缘有完整或部分白色丝膜相连		无相连的丝膜
开伞度，分	<5	<6	<7
残缺菇	<1.0%	1.0%～2.0%	2.0%～3.0%
畸形菇、开伞菇总量	无	<2.0%	2.0%～3.0%

4.1.3　允许误差范围

等级的允许误差范围按其质量计：

a) 特级允许有 5%的产品不符合该等级的要求，但同时应符合一级的要求；

b) 一级允许有 8%的产品不符合该等级的要求，但同时应符合二级的要求；

c) 二级允许有 10%的产品不符合该等级的要求，但符合基本要求。

4.2 规格

4.2.1　规格划分

本标准根据鲜、干香菇按菌盖直径来划分香菇的规格，分三种规格，规格的划分应符合表 5 的要求。

表 5　干、鲜香菇规格

类别	小（S）	中（M）	大（L）
干香菇直径, cm	<4.0	4.0～6.0	>6.0
鲜香菇直径, cm	<5.0	5.0～7.0	>7.0

4.2.2　允许误差范围

规格的允许误差范围按其质量计：

a) 特级允许有 5%的产品不符合该规格的要求。

b) 一级和二级分别允许有 10%的产品不符合该规格的要求。

5　包装

5.1　包装要求

同一包装箱内，应为同一等级同一规格的产品，包装内的产品可视部分应具有整个包装产品的代表性。

5.2　包装方式

干香菇可采用塑料袋和纸箱包装，鲜香菇可使用蔬菜塑料周转箱或聚苯乙烯包装箱包装。包装体积可根据客户需要制定。

5.3　包装材质

5.3.1　干香菇外包装为双瓦楞纸箱，纸箱材质应符合 GB 6543 的规定。

5.3.2　鲜香菇为蔬菜塑料周转箱包装，包装材质应符合 GB 8868 的规定，聚苯乙烯包装箱或纸箱包装，包装材质应符合 GB 9689 和 GB 6543 的规定。

5.3.3　香菇内包装为聚乙烯或聚丙烯袋密封包装，包装袋材质应符合 GB 9687 和 GB 9688 的规定。

5.3.4　客户对包装有特殊要求时，按合同进行包装，但包装材料不得对香菇的食用安全性和环境保护有任何影响。

5.4　单位包装中净含量及其允许偏差

5.4.1　单位包装净含量应符合表 6 的要求。

表 6　单位包装的净含量及其允许偏差

单位包装净含量	允许负偏差
≤10kg	5.0%
10kg～40kg	3.0%

5.5　限度范围

每批受检样品质量不符合等级、大小不符合规格要求的允许误差，按所检单位的平均值计算，其值不应超过规定的限度，且任何所检单位的允许误差值不应超过规定值的 2 倍。

6　标识

包装标识应符合 GB/T 191 和 GB 7718 的规定，内容包括产品名称、等级、规格、产品的标准编号、生产单位及详细地址、产地、净含量和采收、包装日期。若需冷藏保存，应注明保藏方式。标注内容要求字迹清晰、规范、完整。

7 参考图片（略）

附录十　中华人民共和国国家标准

GB 7098—2003
代替 GB 7098—1996

食用菌罐头卫生标准

Hygienic standard for canned edible fungi

2003-09-24 发布　　2004-05-01 实施

中华人民共和国卫生部发布
中国国家标准化管理委员会

前　言

本标准全文强制。

本标准对应于国际食品法典委员会（CAC）标准 Codex Stan 55—1981《蘑菇罐头》，本标准与 Codex Stan 55—1981 的一致性程度为非等效。

本标准代替 GB 7098—1996《食用菌罐头卫生标准》。

本标准与 GB 7098—1996 相比主要修改如下：

——按照 GB/T1.1—2000 对标准文本格式进行了修改；

——增加了原料的卫生要求、食品添加剂、生产加工过程的卫生要求、包装、标识、贮存及运输、感官检验方法；

——参照 Codex Stan 55—1981 修改了锡指标的限量值，取消了铜指标。

本标准自实施之日起，GB 7098—1996 同时废止。

本标准由中华人民共和国卫生部提出并归口。

本标准起草单位：辽宁省卫生监督所、天津市卫生局公共卫生监督所、四川省食品卫生监督检验所、云南省食品卫生监督检验所、贵州省食品卫生监督检验所、贵州省食品卫生监督检验所、湖南省食品卫生监督检验所、河南省食品卫生监督检验所。

本标准主要起草人：王旭太、崔春明、毛朝明、杨仲亚、郑文康、马毛弟、易在明。

本标准所代替标准的历次版本发布情况为：

本标准于 1986 年首次发布，1996 年第一次修订。本次为第二次修订。

食用菌罐头卫生标准

1. 范围

本标准规定了食用菌罐头的指标要求、食品添加剂、生产过程的卫生要求和检验方法。

本标准适用于以食用菌为材料，经加工处理、排气、密封、加热杀菌、冷却等工序加工而成的罐头食品。

2. 规范性引用文件

下列文件中的条款通过本标准的引用而成为本标准的条款。凡是注日期的引用文件，其随后所有的修改单（不包括勘误的内容）或修订版均不适用于本标准，然而，鼓励根据本标准达成协议的各方研究是否可使用这些文件的最新版本。凡是不注日期的引用文件，其最新版本适用于本标准。

GB 2760　食品添加剂使用卫生标准

GB/T 4789.26 食品卫生微生物学检验 罐头食品商业无菌检验

GB/T 5009.11 食品中总砷及无机砷的测定

GB/T 5009.12 食品中铅的测定

GB/T 5009.16 食品中锡的测定

GB/T 5009.17 食品中总汞及有机汞的测定

GB/T 5009.19 食品中六六六、滴滴涕残留量的测定

GB/T 5009.189 银耳中米酵菌酸的测定

GB 8950 罐头厂卫生规范

3. 指标要求

3.1　原料要求

应符合相应的标准和有关规定。

3.2　感官指标

容器密封性完好，无泄漏、胖听现象存在，容器外表无锈蚀，内壁涂料无脱落，内容物具有食用菌罐头食品的正常色泽、气味，无异味、无杂质。

3.3　理化指标

理化指标应符合表 1 的规定。

表 1　理化指标

项目		指标
锡(Sn)/(mg/kg)	≤	250
铅(Pb)/(mg/kg))	≤	1.0
总砷(以 As 计)/(mg/kg)	≤	0.5
总汞(以 Hg 计)/(mg/kg)	≤	0.1
米酵菌酸[a]/(mg/kg)	≤	0.25

续表

项目		指标
六六六/(mg/kg)	≤	0.1
DDT/(mg/kg)	≤	0.1
[a] 仅限于银耳。		

3.4 微生物指标

应符合罐头食品商业无菌的规定。

4. 食品添加剂

4.1 食品添加剂质量应符合相应的标准和有关规定。

4.2 食品添加剂的品种和使用量符合 GB 2760 的规定。

5. 食品生产加工过程的卫生要求

应符合 GB 8950 的规定。

6. 包装

包装容器和材料应符合相应的卫生标准和有关规定。

7. 标识

定型包装的标识要求应符合有关规定。

8. 贮存及运输

8.1 贮存

产品应贮存在干燥、通风良好的场所。不得与有毒、有害、有异味、易挥发、易腐蚀的物品同处贮存。

8.2 运输

运输产品时应避免日晒、雨淋。不得与有毒、有害、有异味或影响产品质量的物品混装运输。

9. 检验方法

9.1 感官指标

在自然光线条件下观察容器密封情况、外观，并将内容物倒入洁净的瓷盘中，用肉眼观察其色泽及杂质，嗅其气味，尝其滋味，并检查空罐内壁涂料。结果应符合 3.2 的规定。

9.2 理化指标

9.2.1 锡

按 GB/T 5009.16 规定的方法测定。

9.2.2 铅

按 GB/T 5009.12 规定的方法测定。

9.2.3 总砷

按 GB/T 5009.11 规定的方法测定。

9.2.4　总汞

按 GB/T 5009.17 规定的方法测定。

9.2.5　米酵菌酸

按 GB/T 5009.189 规定的方法测定。

9.2.6　六六六、滴滴涕

按 GB/T 5009.19 规定的方法测定。

9.3　微生物指标

按 GB/T 4789.26 规定的方法检验。

附录十一　中华人民共和国国家标准

GB/T 14151—2006
代替 GB/T 14151—1999

蘑菇罐头

Canned mushrooms

2006-07-18 发布　　2006-12-01 实施

中华人民共和国国家质量监督检验检疫总局发布
中国国家标准化管理委员会

前　言

本标准参考了国际食品法典委员会 Codex Stan 55—1981《蘑菇罐头》。

本标准代替 GB/T 14151—1999《蘑菇罐头》。

本标准与 GB/T 14151—1999 相比主要变化如下：

——取消了合格品和普通级的分类；

——在标示中增加了标注原料属性、原料形态和固形物的要求；

——取消了净含量的具体数量规定。

本标准由中国轻工业联合会提出。

本标准由全国食品工业标准化技术委员会罐头分技术委员会归口。

本标准起草单位：中国食品发酵工业研究院、中国罐头工业协会、广东省微生物研究所。

本标准主要起草人：王柏琴、郭淑明、吴清平、张菊梅。

本标准所代替标准的历代版本发布情况为：

——GB/T 14151—1993、GB/T 14151—1999。

蘑菇罐头

1. 范围

本标准规定了蘑菇罐头的产品分类与代号、技术要求、试验方法、检验规则、标志、包装、运输和贮存的要求。

本标准适用于以新鲜蘑菇或盐渍蘑菇为原料、经加工制成的蘑菇罐头

2. 规范性引用文件

下列文件中的条款通过本标准的引用而成为本标准的条款。凡是注日期的引用文件，其随后所有的修改单（不包括勘误的内容）或修订版均不适用于本标准，然而，鼓励根据本标准达成协议的各方研究是否可使用这些文件的最新版本。凡是不注日期的引用文件，其最新版本适用于本标准。

GB 2760　食品添加剂使用卫生标准

GB 5461　食用盐

GB 7098　食用菌罐头卫生标准

GB 7718　预包装食品标签通则

GB/T 10786　罐头食品的检验方法

GB/T 12457　食品中氯化钠的测定方法（GB/T 12457—1990，neq ISO 1841:1981）

GB/T 1006　罐头食品的检验规则

GB/T 3600　罐头食品包装、标志、运输和贮存

3. 术语和定义

下列术语和定义适用于本标准。

3.1　开伞菇　grilling mushrooms

菌盖和菌柄间的菌膜破裂、菌褶明显外露的蘑菇。

3.2　规则片（整菇片）　sliced or sliced whole mushrooms

沿蘑菇轴平行纵向切片而成的带柄的片菇

3.3　薄皮菇　thin mushrooms

菌肉较薄、菌盖边缘似与菌柄脱离而形成浅沟状的蘑菇。

3.4　空心菇　mushroom with hole in stem

菌柄切削处中心部位有明显空洞且空洞的直径和深度大于 2 mm 的蘑菇。

3.5　盐渍蘑菇　salted mushrooms

将新鲜良好蘑菇经预煮、冷却，在浓度约 20° Bé的盐水中浸渍，不断加入食盐，

直到蘑菇中心部位平衡后盐水浓度在 18° Bé以上的蘑菇。

4. 产品分类与代号

4.1 产品分类

根据不同原料将产品分成两类。

4.1.1 以鲜蘑菇为原料加工的蘑菇罐头

以罐藏加工专用的新鲜白色双孢蘑菇为原料，经清洗、预煮、装罐、加盐水、密封、杀菌制成的罐头产品。

4.1.2 以盐渍蘑菇为原料加工的蘑菇罐头

以盐渍蘑菇为原料，经脱盐、预煮、装罐、加盐水、密封、杀菌制成的罐头产品。

4.2 产品代号

两类产品按蘑菇形态分为整菇、纽扣菇、特片菇、片菇、碎片（块）菇、扣片菇和帽菇七个品种。

4.2.1 整菇罐头：产品代号为 805。

4.2.2 帽菇罐头：产品代号为 805 0。

4.2.3 片菇罐头：产品代号为 805 1。

4.2.4 碎片（块）菇罐头：产品代号为 805 2。

4.2.5 特片菇罐头：产品代号为 805 3。

4.2.6 纽扣菇罐头：产品代号为 805 4。

4.2.7 扣片菇罐头：产品代号为 805 5。

4.2.8 以盐渍蘑菇为原料加工的蘑菇罐头在产品代号后面再加“B”。

5. 技术要求

5.1 原辅材料

5.1.1 鲜蘑菇及盐渍蘑菇的感官要求应符合表 1 的规定。

5.1.2 鲜蘑菇预煮得率：不低于 61%。

5.1.3 盐渍蘑菇氯化钠含量：（18～22）° Bé。

5.1.4 盐渍蘑菇 pH 值：4.5～5.3。

表 1 原料鲜蘑菇及原料盐渍蘑菇的感官要求

项目	要求	
	鲜蘑菇	盐渍蘑菇
色泽	乳白色	淡黄色、盐卤水清晰
气味	应具有鲜蘑菇应有的气味，无异味	具有盐渍蘑菇应有的滋味与气味
形态	蘑菇整只无根带柄。菌盖形态完整，表面光滑无凹陷，呈圆形或近似圆形，直径 20 mm～40 mm。菇柄切削平整，长度不大于 8 mm。无薄皮菇、无开伞、无鳞片、无空心、无脱柄、无泥根、无斑点、无病虫害、无机械伤、无污染、无变色菇、无杂质。	经轻压有弹性，其他同鲜蘑菇

5.1.5 食用盐

应符合 GB 5461 的规定。

5.2 感官要求

5.2.1 以鲜蘑菇为原料加工的蘑菇罐头

感官要求应符合表 2 的规定。

表 2 鲜蘑菇罐头感官要求

项目		优级	普通级
色泽		淡黄色，片菇和帽菇菌褶允许稍带浅褐色。汤汁清晰，呈淡黄色	淡灰黄色，片菇和帽菇菌褶允许稍带浅褐色。汤汁较清晰，呈淡黄色
滋味、气味		具有用鲜蘑菇加工的蘑菇罐头应有的滋味和气味，无异味	
组织形态	整菇	柔嫩而有弹性，菌径 18 mm～35 mm，菌盖形态完整，无畸形菇和开伞菇，菌柄切面平整，长度不超过 8 mm，同一罐内菌径大小均匀，菌柄长短基本一致	柔嫩而略有弹性，菌径 18 mm～35 mm，菌盖形态基本完整，允许少量薄菇、小裂口、小修整和小畸形菇，无开伞菇，菌柄切面较平整，长度不超过 8 mm ，同一罐内菌径大小大致均匀，菌柄长短尚一致
	纽扣菇	柔嫩而有弹性，菌径 18 mm～35 mm，同一罐内菌径大小均匀，菌盖形态完整，无畸形菇和开伞菇，菌柄切面平整，长度不超过 5 mm	柔嫩而略有弹性，菌径 18 mm～35 mm，同一罐内菌径大小大致均匀，菌盖形态基本完整，允许少量薄菇、小裂口、小修整和小畸形菇，无开伞菇，菌柄和菌盖底部不超过 5 mm
	特片菇	将菌径 22 mm ～35 mm 的蘑菇沿菇轴平行纵向切片，片厚 3.5 mm～5mm，规则片的大小和厚度大致均匀，规则片不少于固形物重的 80%，脱落或破碎部分的菌体及碎屑不超过 3%	将菌径 22 mm ～35 mm 的蘑菇沿菇轴平行纵向切片，片厚 3.5 mm～5mm，规则片的大小和厚度大致均匀，规则片不少于固形物重的 80%，脱落或破碎部分的菌体及碎屑不超过 5%
	片菇	将蘑菇沿菇轴平行纵向切片，片厚 3.5 mm～5mm，规则片的大小和厚度大致均匀，无连片，规则片不少于固形物重的 60%，脱落或破碎部分的菌体及碎屑不超过 5%	将蘑菇沿菇轴平行纵向切片，片厚 3.5 mm～5mm，规则片的大小和厚度大致均匀，无连片，规则片不少于固形物重的 60%，脱落或破碎部分的菌体及碎屑不超过 10%
	碎片菇	不规则的碎片或碎块	
	帽菇	柔嫩而有弹性，菌径 30 mm～45 mm，同一罐大小均匀，无菌柄，菌盖形态完整，无畸形菇、机械伤、开伞菇，无氧化菇	柔嫩而略有弹性，菌径 30 mm～45 mm，同一罐大小大致均匀，无菌柄，菌盖形态基本完整，允许少量小裂口、小修整和小畸形菇，无开伞菇，有轻微氧化菇
	扣片菇	采用纽扣菇切片，菌柄与菌盖底部不超过 5 mm 。将菌径 20 mm～40 mm 的纽扣菇沿菇轴平行纵向切片，片厚 3.5 mm～5mm，规则片的大小和厚度大致均匀，无连片，规则片不少于固形物重的 60%，碎屑不超过 2%	采用纽扣菇切片，菌柄与菌盖底部不超过 5 mm 。将菌径 20 mm～40 mm 的纽扣菇沿菇轴平行纵向切片，片厚 3.5 mm～5mm，规则片的大小和厚度大致均匀，无连片，规则片不少于固形物重的 60%，碎屑不超过 3%

5.2.2 以盐渍蘑菇为原料加工的蘑菇罐头

感官要求应符合表 3 的规定。

表 3 盐渍蘑菇罐头感官要求

项目		优级	普通级
色泽		呈黄色至淡灰黄色。片菇和帽菇菌褶允许有稍浅褐色，汤汁清晰，呈淡黄色	呈灰黄色，稍带浅褐色，片菇和帽菇菌褶允许有稍浅褐色。汤汁较清晰，呈黄色
滋味、气味		具有用盐渍蘑菇加工的蘑菇罐头应有的滋味与气味，无异味	
组织形态	整菇	略有弹性，其他执行表 2 中整菇的规定	
	纽扣菇	略有弹性，其他执行表 2 中纽扣菇的规定	
	特片菇	执行表 2 中特片菇的规定	
	片菇	执行表 2 中片菇的规定	
	碎片菇	执行表 2 中碎片菇的规定	
	帽菇	执行表 2 中帽菇的规定	
	扣片菇	执行表 2 中扣片菇的规定	

5.3　理化要求

5.3.1　固形物含量：固形物含量大于或等于 53.0%。

5.3.2　氯化钠含量：0.6%～1.3%。

5.3.3　pH 值：以盐渍蘑菇为原料加工的蘑菇罐头为 5.0～5.6；以新鲜蘑菇为原料加工的蘑菇罐头为 5.2～6.4

5.3.4　卫生要求：应按 GB 7098 规定执行。

5.4　食品添加剂要求

食品添加剂的使用应符合 GB 2760 的规定。

5.5　缺陷

样品的感官和物理指标如不符合技术要求，应记作缺陷，缺陷按表 4 分类。

表 4　缺陷分类

类别	缺陷
严重缺陷	有明显异味，如霉味、酸味、臭味； 含有害杂质，如碎玻璃、金属屑、头发、塑料片、外来昆虫等； 净含量负偏差超过允许偏差； 硫化铁明显污染内容物。
一般缺陷	有一般杂质，如竹丝、木屑、棉线、尼龙线、纸片等； 整菇罐头中虫害菇、小畸形、严重机械伤、破碎、脱柄、薄菇和空心菇等缺陷菇，按个数记不超过 15%，氧化变色菇按个数记不超过 10%；净含量 425g（含 425g）以下的泥根菇超过 1 粒；净含量 655g（含 655g）以上的泥根菇超过 2 粒；片菇的规则片低于规定限制； 固形物含量负偏差超过允许偏差。

6. 试验方法

6.1　鲜菇预煮回收率测定

称取样品1kg，置于100℃沸水中煮8 min，用流动水冷却至30℃以下，沥干2min后称重，按式（1）计算预煮得率，其数值以%表示：

$$预煮得率=\frac{沥干后质量}{样品质量}\times 100$$

6.2　感官要求、净含量、固形物和pH值

按GB/T 10786中规定的相应方法检验。

6.3　氯化钠

按GB/T 12457 规定的方法检验。

6.4　卫生指标

按GB 7098 规定的方法检验。

7. 检验规则

按QB/T 1006 执行。感官、净含量、固形物含量、pH值、微生物为每批必检项目，其他项目作不定期抽检。

8. 标志、包装、运输和贮存

8.1　标签

8.1.1　应将蘑菇的形态特性作为产品名称的一部分或将其标注在产品名称旁边，如：整菇、纽扣菇、特片菇、片菇、碎片菇、帽菇、扣片菇等。

8.1.2　标签上应标明固形物含量。当固形物含量标示为平均值或绝对值时，固形物含量在245g以下的允许偏差为⊥11%，固形物含量在246g--500g时的允许偏差为±9%，固形物含量在1600g以上时的允许偏差为±4%。每批产品平均固形物含量不能低于标示值。

8.1.3　配料表中应明确注明所用的原料属性，如："新鲜蘑菇"或"盐渍蘑菇"。

8.1.4　其他标志按GB 7718规定执行。

8.2　包装、运输和贮存

包装、运输和贮存按QB/T 3600 规定执行。

固形物含量标签标示值的允许负偏差要求：净含量在500g(mL)范围内的为11%；净含量在501g（mL）至1000g（mL）范围内的为9%；净含量在2000g（mL）至3000g（mL）范围的为4%。